J'étais médecin à la campagne

Paul SANLAVILLE

En Bourgogne,
J'étais médecin à la campagne

Éditions de l'Escargot Savant
2010

DANS LA MÊME COLLECTION :

Légendes du Morvan *Sandra Amani*, 2009
Contes de Dame Nature *Lucienne Delille*, 2009
Fils de Héros *Paul Sanlaville*, 2009 *Epuisé*
Toinette, fille de ferme, *Odette Vadot*, 2010

L'AUTEUR

Paul Sanlaville est né en 1925 à Pierre-de-Bresse en Bourgogne du Sud, à la limite de la Franche-Comté.
Il fait des études classiques et s'inscrit en Faculté de Médecine à Dijon puis à Lyon.
Après avoir excercé son métier quelque temps en ville, il préfère s'installer à la campagne, non loin de son village natal, désireux de retrouver son pays et ses habitants auxquels il était resté très attaché et dont il a pu apprécier les vertus en les fréquentant de plus près.
En 1990, il a pris sa retraite pour se consacrer à différentes activités, en particulier artistiques et littéraires.

ISBN : 978-2-918299-05-9
EAN : 9782918299059
Imprimé par Orthdruk, Bialystok, Pologne
Avril 2010

Photographies de couvertures :
peinture de Samuel Luc Fildes (1891) et photographie de Paul Sanlaville.

Éditions de l'Escargot Savant
Le Thillot
21230 VIEVY – France
Tél : 03 80 84 89 91
Fax : 03 80 90 17 40
Email : christian.ours@wanadoo.fr
www.escargotsavant.fr

AVANT-PROPOS

En écrivant ce livre, je n'ai pas eu l'intention de faire un reportage exact de mon activité professionnelle. Je n'ai jamais tenu de journal pendant le demi-siècle – études comprises – que j'ai consacré à la médecine. J'ai donc puisé dans ma mémoire qui, Dieu merci, est encore fidèle mais certainement pas infaillible. Autour de souvenirs marquants, j'ai essayé de recréer, le mieux possible, l'ambiance et les conditions dans lesquelles j'ai exercé ma profession de médecin à la campagne.

À cette époque qui va du début des années 50 à la fin des années 80, et fait la part belle aux « Trente Glorieuses », la société a connu une transformation d'une ampleur encore jamais atteinte grâce aux découvertes scientifiques. J'ai assisté en témoin et en acteur privilégié à la désertification de la campagne, au vieillissement de la population, à la modernisation de l'habitat rural et aux progrès prodigieux de la médecine.

Par respect des personnes et du secret médical, j'ai changé les noms, les prénoms des hommes, des femmes et des enfants qui ont inspiré les récits de ce volume. Dans le même souci, les villages, les hameaux ont été rebaptisés. J'ai introduit de la fiction, délocalisé les actions, travesti les faits, enfin, brouillé les pistes afin que nul ne puisse absolument se reconnaître.

Au cours d'une longue carrière, le médecin se trouve en présence de multiples situations suscitant des sentiments extrêmes, qui vont de la joie à l'affliction. Il m'a paru sage de ne pas relater tout ce qui serait susceptible de choquer les lecteurs.

Ainsi, beaucoup découvriront, dans ces pages, un « docteur tant mieux ». Il est vrai que je ne manquais pas d'enthousiasme. Plutôt que d'exposer les échecs qui, hélas n'ont pas manqué, j'ai préféré raconter, avec complaisance, les batailles gagnées sur la mort. Je n'ai pas insisté sur la dernière car chacun sait bien qui la gagne. La médecine la plus conquérante n'est, en fin de compte, jamais victorieuse.

Volontairement, je n'ai pas évoqué mes souvenirs les plus pénibles, ceux que me rappellent ces pauvres corps dolents, en particulier ceux d'enfants devant lesquelles l'homme au cœur le plus endurci a du mal à retenir ses larmes.

Ce mystère de la souffrance est l'un des plus incompréhensibles et des plus révoltants. Il ne cesse d'interroger notre humanité.

MON PREMIER REMPLACEMENT

Après sept ans d'études secondaires en internat, enfin la liberté estudiantine ! Le temps était venu de faire un choix. En cet automne 1944, la France n'était pas encore totalement libérée. La guerre se poursuivait aux frontières du nord et de l'est. Que de tergiversations avant d'opter pour la médecine : un cursus long et coûteux qui heureusement ne présentait pas de grandes difficultés ! Les étudiants de ma génération, titulaires d'un deuxième bac scientifique – j'étais de ceux-là – étaient en général bien préparés pour entreprendre des études médicales. J'en avais conscience mais je ne m'attendais pas à ce que le futur médecin fût soumis à un tel bourrage de crâne. Que de connaissances en partie inutiles ! Rarement, il était fait appel à son intelligence. Il lui suffisait de dégurgiter ce qu'il avait ingurgité à force de rabâchage pour être bien noté. Ne parlons pas des concours. Quand j'ai commencé mes études universitaires, j'en ignorais jusqu'à l'existence et encore davantage, les tenants et les aboutissants. Ils étaient entachés des mêmes défauts que les examens, avec en prime, le favoritisme. J'en arrivais à regretter les leçons et les devoirs de français, de maths, de latin, de grec et autres disciplines des années studieuses précédentes.

Heureusement l'étudiant ne fréquentait pas que les amphis de la faculté mais aussi les laboratoires, la salle de dissection et surtout l'hôpital. Là, il prenait contact avec les malades et recevait un enseignement clinique. Obligé à contrecœur de me soumettre aux exercices de gavage intellectuel, je me mis à travailler d'arrache-pied. Pour moi, redoubler aurait été catastrophique. J'étais donc décidé à ne pas faire plus que les six années requises et validées, de passer ma thèse le plus vite possible et, aussitôt le diplôme en poche, de m'installer médecin généraliste à la campagne. Il n'était pas question de réduire mon savoir médical si laborieusement acquis à une spécialité. D'autant plus que quelques années d'études supplémentaires étaient imposées à ceux qui faisaient ce choix.

Au préalable, avant d'accéder aux études médicales proprement dites, il fallait s'inscrire à la faculté des sciences – ce que je fis à Dijon – et passer favorablement les épreuves du P.C.B. Pendant l'année de préparation à ce certificat de Physique, Chimie, Biologie, nous n'avions pas d'entrée à l'hôpital. Pourtant les aînés – externes, internes – qui y exerçaient des fonctions et des responsabilités plus ou moins importantes selon leur titre nous considéraient comme des carabins potentiels et s'empressaient d'exercer sur nous leur emprise. Pour ce faire, ils n'avaient rien trouvé de mieux depuis des générations que de soumettre les nouveaux à des séances de bizutage. Pour les avoir subies, je peux vous assurer qu'elles n'avaient rien de drôle. À mesure qu'elles se succédaient et progressaient dans l'impudeur, l'insulte et la menace, elles devenaient de plus en plus, insupportables.

La dernière, en particulier, solennelle et qui précédait de peu les examens de fin d'année, donnait libre cours à tous les excès. Les plus anciens, internes pour la plupart, déguisés en prélats, siégeaient sur une estrade. Entourés d'enfants de chœur, suppôts du bourreau, ils rendaient des jugements immédiatement exécutoires. Les peines encourues, pas toujours de bon goût, étaient humiliantes et stressantes aussi bien pour les bizuts mâles comparaissant à poil, que pour les filles qui avaient droit au maillot de bain une pièce. Le bikini n'était pas inventé. À part cela, elles n'étaient guère mieux traitées, sans égard à leur féminité.

Quand vint mon tour de comparaître, à l'appel de mon nom, je me présentai donc nu devant ce tribunal inquisitorial vociférant des injures. L'un des membres du jury m'infligea ce gage : étant donné le clair de lune, décrire le clair de l'autre. On me donna deux minutes pour répondre et si possible en vers. Je restai bouche bée ou, au mieux, bredouillant sous une avalanche de quolibets. Enfin le président prononça la sentence : « Il est vraiment trop con, encore plus con que la lune. Qu'on lui fasse subir la peine maximale : le supplice du clair de lune, qu'on lui foute une bougie dans le c... et qu'on l'allume ! » Des hurlements d'approbation acclamèrent ces fortes paroles. Je n'en menais pas large. Aussitôt deux enfants de chœur me saisirent, chacun par un bras et me conduisirent vers un individu vêtu de rouge vociférant des insanités. Heureusement, l'un de ses acolytes était un bressan de mes connaissances et ami de l'exécuteur de ces basses œuvres. Il désarma la main qui déjà me brandissait un cierge sous le nez. C'est ainsi que j'échappai, de justesse, à une humiliante sodomisation publique. En réalité, je ne risquais guère. Tous ces justiciers avaient beaucoup plus de gueule que d'effet. Les sentences les plus absurdes et infâmantes n'étaient jamais appliquées. Il y avait toujours un bon apôtre pour s'interposer entre le bourreau et la victime. Le temps des brimades passé, elles étaient vite oubliées. Je ne me souviens pas que quelqu'un en ait gardé rancune.

Ces premiers obstacles scientifique et vexatoire franchis, les portes d'une école ou d'une faculté de médecine s'ouvraient aux titulaires du P.C.B. Alors commençait une longue période d'études, d'une part, théoriques : cours magistraux en amphi et, d'autre part, pratiques en labo, en salle de dissection et surtout à l'hôpital où les futurs médecins recevaient un enseignement clinique. Bien qu'un numerus clausus ne limitât pas l'accès à la profession, les apprentis médecins d'alors étaient beaucoup moins nombreux qu'ils ne sont aujourd'hui. De ce fait, ils avaient cet avantage considérable de pouvoir, dès la première année de médecine – je l'ai vécue à Dijon où le nombre d'étudiants était restreint –, approcher les malades, les interroger, les examiner sous la surveillance d'un externe ou d'un interne. En bref, voir et apprendre, sans attendre, les gestes qu'ils seraient appelés à faire au cours de leur vie professionnelle. Ainsi, à la fin de leur cursus hospitalier, ils avaient acquis les éléments de base d'un bon exercice médical. Il ne leur manquait que l'expérience du terrain. Il est, en effet, bien différent d'exercer dans un milieu sécurisé où les responsabilités sont partagées que de se retrouver, livré à soi-même, de prendre de graves décisions et d'en supporter, seul, les conséquences.

Le Conseil de l'Ordre permettait aux médecins de se faire remplacer, le temps de leurs vacances ou en cas de maladie par des étudiants en fin d'études. Il fallait avoir vingt inscriptions validées, ce qui correspondait à la fin de la cinquième année.

Je fis l'apprentissage de la médecine de campagne dans un gros chef-lieu de canton du Morvan. Le praticien, mon aîné d'une quinzaine d'années, était un homme rond, jovial, un bourreau de travail qui jouissait d'une haute considération et avait une énorme clientèle. Remplacer un tel homme n'était pas de tout repos. Sa salle d'attente comme son carnet de visites était toujours abondamment pourvue. D'autre part, malgré la présence d'une maternité dans le pays, sa réputation d'accoucheur mettait en confiance les futures mères. La plupart des femmes préféraient accoucher chez elles, sous sa surveillance, plutôt que s'enfermer en milieu médicalisé. Lors de notre première rencontre, il me remit et me commenta une liste de malades à surveiller avec une particulière attention. Puis il me tendit un papier sur lequel étaient inscrits les trois noms des femmes susceptibles d'accoucher pendant les quinze jours de mon remplacement. Je ne sais si mon visage lui révéla mon embarras. Mais il me dit, souriant : « Que voulez-vous, vous arrivez en période de pleine lune et les femmes en profitent pour accoucher. » Je m'interdis de lui répondre que je m'en serais bien passé. C'était la seule réponse spontanée et honnête que j'aurais pu lui faire.

Dès lors, mes connaissances en obstétrique occupèrent une grande part de mes pensées. Sans aucun doute, il me faudra déployer tous mes talents d'accoucheur. Plus je relisais les dates prévues du terme des différentes grossesses, plus j'en étais persuadé. En effet, s'il est souvent possible de repousser de quelques jours une consultation voire même une visite, retarder la date d'un accouchement ne dépend pas de la volonté de la parturiente. C'est ainsi que certains patients préféreront attendre le retour de leur docteur habituel plutôt que de passer entre mes mains mais les femmes à terme n'auront pas le choix. Les premières coliques nécessiteront que l'on fasse appel au remplaçant.

Ma formation en obstétrique, comme celle de la plupart de mes condisciples qui se destinaient à exercer la médecine générale, était plus théorique que pratique. Je connaissais assez bien le sujet par mes lectures et j'avais fait quelques accouchements mais trop peu pour me juger vraiment expérimenté. Je ne quittais pas des yeux la liste des parturientes possibles. Il me revenait en mémoire tous ces cours révisés fébrilement la veille des examens. Comment pourrais-je faire face si une de ces complications rares mais souvent dramatiques survenait à l'occasion d'une naissance ? J'en avais vu quelques cas lors de mon stage à la maternité. Quel branle-bas de combat mobilisant sages-femmes et accoucheurs ! Que de sang-froid et de déploiement de techniques pour sauver deux vies en péril ! Le plus souvent, je n'avais fait qu'y assister en spectateur. Dans cet environnement protecteur, on ne m'avait jamais confié que des parturientes idéales qui s'étaient chargées elles-mêmes de faire la plus grande partie du travail, même si, deux fois, j'avais eu la chance d'appliquer correctement le forceps sous la surveillance d'un interne ami. Sans doute avait-il choisi des cas relativement faciles. Seul, face à une souffrance de l'enfant, à des saignements cataclysmiques de la mère ou à beaucoup d'autres situations tout aussi graves, que serais-je capable de faire avec toute ma science livresque et mon manque d'expérience ?

Le premier soir de mon remplacement, j'eus du mal à m'endormir et passais une nuit agitée, l'esprit tracassé par des scénarios catastrophes. C'était toujours l'une ou l'autre des trois parturientes annoncées qui en était la victime. Attentif au moindre bruit, je craignais que la sonnerie du téléphone ou du timbre de la porte d'entrée ne retentît. Le lendemain, après une journée certes bien remplie mais où tout s'était déroulé pour le mieux, je m'endormis d'un sommeil profond. Francis, mon chauffeur attitré, m'en tira peu avant minuit. « Dépêchez-vous. Une femme qui va accoucher a besoin de nos services. » Me cria-t-il après avoir frappé vigoureusement à la porte de ma chambre.

C'était bien de nos services dont cette parturiente avait besoin. Car Francis, le jardinier et factotum du docteur était devenu, par la grâce de son patron, non seulement chauffeur mais aussi infirmier particulièrement spécialisé en obstétrique, ce qui le distrayait des travaux fastidieux de jardinage et d'entretien de la maison. En période de surmenage, le médecin craignant de s'endormir au volant au cours des trajets de nuit, avait pris l'habitude de se faire conduire par son fidèle serviteur. Celui-ci en était ravi et ainsi, de visite en visite, avait acquis un certain savoir-faire. Il aimait particulièrement assister son maître au cours des accouchements où il mettait beaucoup de zèle à s'occuper du nouveau-né.

Mis à la disposition du remplaçant 24 heures sur 24, il

lui était d'une grande utilité. Non seulement il le conduisait sans hésiter à la porte même du demandeur le renseignait sur la mentalité de la population et l'originalité de certaines familles mais aussi donnait des conseils, insistait sur la façon de faire du docteur. Sans ce cicérone, que de temps j'aurais perdu à courir la campagne avant de m'arrêter enfin devant la maison où l'on m'attendait souvent avec impatience ! Je connaissais la Bresse plate avec ses bourgades et ses hameaux alentour rassemblant quelques fermes. Ici, dans le Morvan, à distance d'un gros bourg où les maisons des commerçants et artisans étaient serrées les unes contre les autres, les exploitations agricoles étaient très dispersées souvent isolées, n'étant accessibles qu'après avoir parcouru un long sentier de desserte. Dans les replis d'un terrain accidenté, parfois cachées par de hauts buissons et des bosquets, elles apparaissaient après une longue approche. Tout alentour, aucune habitation n'était visible. Cette impression de grande solitude, loin de tout secours, m'aurait sans doute été insupportable dans certaines circonstances comme les accidents graves et les accouchements sans la présence de Francis. De jour et de nuit, il m'accompagnait et semblait parfaitement satisfait d'abandonner, pour un temps, ses fleurs et ses salades.

Je me laissai conduire, à demi-somnolent. Je n'avais pas le cœur à admirer la campagne que la pleine lune éclairait d'une lumière ambrée. De nouveau, je me sentais en proie à des pensées angoissantes : « Bientôt, responsable de deux vies, il faudra que je fasse preuve de compétence et de décision. Serais-je plus froussard qu'une sage-femme ? Beaucoup exercent à la campagne et ne font pas tant d'histoires. Je n'y avais jamais pensé auparavant ». Ces femmes me parurent vraiment admirables. Francis rompit enfin le silence.

– C'est son premier, dit-il, ça risque d'être long.

– Et si ça se complique, ça risque d'être plus embêtant.

– Vous en faites pas. Ça va bien se passer. Les femmes accouchent bien dans le Morvan.

– Je ne demande qu'à voir ! Répondis-je, quelque peu rasséréné.

– Moi ce qui me tracasse, reprit-il, c'est de savoir si c'est un prématuré ou si la petiote qui était une délurée a fait Pâques avant Rameaux.

– Un prématuré d'un mois, pas plus, j'espère ?

– Oui, d'un mois, si j'ai bien calculé. Mais j'y crois pas. C'est plutôt que la petiote était trop amoureuse de Joseph. Elle a pas pu attendre.

– Alors, ce serait plutôt un faux prématuré.

– Je crois que c'est plutôt ça. Vous avez tout compris. Et comme c'est une belle et grande gaillarde, le petiot va passer comme une lettre à la poste.

L'auto stoppa devant l'une de ces fermes coupées du monde. Encadrant une vaste cour, les bâtiments d'habitation et agricoles se découpaient presque comme en plein jour sur le fond bleu nuit du ciel piqueté d'étoiles. Nous fûmes accueillis par les aboiements d'un chien qui tirait sur sa laisse près de la porte d'entrée. Un jeune paysan noiraud, râblé, en vêtement de travail, nous attendait sur le seuil. L'horloge sonnait les douze coups de minuit, quand l'homme rasé de frais – ce qui n'était pas sans surprendre à cette heure tardive et au beau milieu de la semaine – nous fit entrer. La grande salle commune sobrement meublée était éclairée d'une lampe à pétrole qui découpait un cône de lumière au milieu de la pièce et rejetait l'ombre dans les encoignures. Dans l'angle le moins sombre, la jeune femme couchée sur son lit paraissait calme : à peine quelques soupirs. Deux vieilles femmes assises à son chevet l'assistaient. L'une d'elles serrait un boîtier électrique dans les mains. Elle se leva à mon approche, alluma sa lampe et, dès que j'eus soulevé la couverture, en dirigea la lumière entre les cuisses de l'alitée.

– Elle a perdu ses eaux depuis presque une heure, me dit l'autre grand-mère.

– Très bien, répondis-je, regardez ! C'était temps que j'arrive. On aperçoit la tête.

– À nous deux, on aurait peut-être pu se débrouiller. Dans le temps, c'est arrivé qu'on a fait des accouchements sans la sage-femme. Regarde, Joséphine ! Tu vois ses cheveux noirs, comme son père.

– Dis donc, Marie ! Tu crois que c'est un gars ? Moi j'y vois pas grand-chose.

– Je vas te mettre de la lumière. T'y vois ?

– Cette fois, je vois ben qu'il est pas loin de sortir.

– C'est vrai, approuvai-je. Voudriez-vous vous asseoir un peu plus loin. Je vais circuler autour du lit et je risque de vous marcher sur les pieds.

– Quand vous voudrez, j'allumerai, me proposa la porteuse de lampe, en éteignant l'ampoule. On va s'asseoir un peu plus loin.

Et toutes deux reculèrent d'un bon mètre leur chaise. À l'examen, l'état de la parturiente me parut satisfaisant et surtout l'enfant ne présentait aucun signe de souffrance. Sur mes conseils, la jeune femme commença à faire des efforts d'expulsion qu'elle accompagnait d'ahans plaintifs. Puis se fut un long gémissement rauque bientôt suivi par les cris aigus d'un beau bébé, un garçon dont Francis prit possession.

Après l'avoir longuement montré à sa mère, il le transporta sur la table où il procéda à la ligature du cordon sous le regard vigilant des deux grands-mères qui l'aidèrent à langer le nouveau-né. Elles étaient au courant du rôle dévolu au chauffeur car elles ne s'en étonnèrent pas. Le mari souriant s'était approché de son épouse et lui parlait à voix basse. Assis à l'écart dans la pénombre, je goûtais de cette atmosphère sereine. Le premier acte de l'accouchement s'était bien passé, j'attendais tranquillement la délivrance. L'heureux père s'affairait maintenant à garnir la table de fromages, jambon cru et gâteaux autour d'une bouteille de Bourgogne. Il commençait à s'impatienter me jetant des regards interrogateurs chaque fois que je me déplaçais pour surveiller son épouse prête à s'endormir. Tout semblait bien se passer mais trop lentement à mon sens. J'essayais de rester calme, assis près du lit de la parturiente, me contentant de regarder les autres s'affairer.

Quand je découvris pour la énième fois la jeune femme, il me sembla que le bassin était rempli de sang. Effrayé, j'étais près de céder à la panique qui me faisait battre le coeur et trembler sur les jambes. Un « comment ça va, docteur ? » me fit sursauter. C'était Francis qui m'interpellait. Sans doute s'était-il aperçu de mon affolement. Sa voix me rassura et m'encouragea à agir aussitôt. Je saisis à pleine main l'utérus vide et déjà contracté, facilement palpable sous la paroi abdominale et le repoussai vers le pubis. J'eus la chance de voir aussitôt le placenta glisser dans le bassin. Mon geste avait-il été déterminant ? Ensuite, l'hémorragie se réduisit à ce qu'elle devait être en une telle circonstance. Dès que Francis eut vérifié l'intégralité de la délivrance, il revint, l'air satisfait. À ma grande surprise, il ne fit pas allusion – et jamais par la suite – à ce qui m'avait paru être une perte de sang anormalement abondante. Je pouvais faire confiance à son expérience : l'accouchement s'était déroulé de la meilleure des façons.

Ce fut détendu, heureux que je passai à table quand le maître de maison nous y invita. Il s'absenta quelques instants et revint en exhibant une bouteille de mousseux : « C'en est une que j'ai eue chez un vigneron de Rully, un copain de régiment ! » nous dit-il en faisant sauter le bouchon. Ce qui, momentanément, fit taire les deux grand-mères en chamaille sur la ressemblance du nouveau-né avec tel ou tel membre de la famille. Quand l'heureux papa eut rempli les verres, pour la plupart débordant de mousse, il leva haut le sien.

– On va boire à la santé et au bonheur du petiot Pierre. On l'a appelé comme son grand-père qui aurait bien aimé être là aujourd'hui. À la santé de sa maman et à la nôtre !

– Au bonheur du petit Pierre, à la santé de sa maman et à la nôtre ? Fut-il répété par tous les convives, verre en main.

Les deux vieilles dames s'essuyèrent une larme au coin de l'œil puis goûtèrent au vin pétillant avec un peu de retard sur les autres. Personne ne manifestait le moindre signe de sommeil et ne manquait d'appétit.

– Dis donc, Joseph ! T'es rasé de bien près aujourd'hui ? Demanda Francis.

– C'est pendant que je vous attendais que j'ai eu l'idée de me faire beau pour recevoir mon petiot. J'ai pas eu le temps d'en faire plus.

– Si j'avais su, j'en aurai fait autant. Mais faut que je te félicite. Pour un petiot qui a un mois d'avance, vraiment c'est un beau petiot. Un peu plus de sept livres sur la balance.

– Toi, Joseph ! Précisa sa mère, t'es né aussi plus tôt et tu devais peser à peu près le même poids.

– C'est, en tous cas, à cause de la pleine lune que les femmes accouchent avant leur terme, affirma l'autre grand-mère, mémé Marie.

– Ah ça, c'est bien sûr, insista mémé Joséphine. Puis se tournant vers moi,

– Vous y croyez, vous, docteur, que les femmes accouchent plutôt en pleine lune ?

– J'ai vu des gens qui avaient une plus grande expérience que moi et qui y croyaient. Des médecins, des sages-femmes à la maternité. Pourquoi pas ? Puisque que la lune a une influence sur les marées et ça, on en est certain.

– Et pas que sur les marées ajouta Francis. Tous les cultivateurs et les jardiniers savent qu'il faut compter sur la lune pour le travail de la terre, les semences, la taille des arbres et l'abattage. On coupe pas les bois de chauffage ou de menuiserie n'importe quand.

– Et n'est-ce pas, Joséphine, que la lune blanchit le linge ? Interrogea Marie.

– Bien sûr que oui, répondit l'interpellée, moi, quand je veux du linge bien blanc, je le mets sécher à la pleine lune. J'y mettais toujours les chemises de mon pauvre Pierre.

La collation se passa dans la bonne humeur. Il fut encore beaucoup question de cet astre mystérieux et de ses influences sur le monde des vivants : de la pousse des cheveux aux troubles du sommeil. À tout propos, Francis se faisait un malin plaisir de congratuler Joseph, l'heureux père d'un fils si plein de vie, ajoutant à son compliment le même leitmotiv : « Des prématurés comme ça, j'en ai jamais vu ! » La réponse de l'une ou l'autre des grand-mères, de plus en plus agacées par cette allusion, ne se faisait pas attendre. Pour elles, la lune avait une influence certaine sur la date de la naissance et le poids du bébé.

– Quand elle est bien ronde, dit en dernier argument la grand-mère Marie, elle ressemble au ventre d'une femme qui est prête à accoucher. C'est pas étonnant que ça déclenche l'accouchement chez les femmes pas loin du terme ?

– La lune, ça ressemble plutôt à des fesses. Répliqua aussitôt Francis.

Un éclat de rire fit le tour de la table et fut suivi d'un long silence. Je fis mine de prendre la parole pour raconter « le supplice du clair de lune » auquel j'avais été condamné et heureusement échappé de justesse lors de mon bizutage mais je me ravisais. Ma mimique, une sorte de sourire crispé n'échappa pas à la grand-mère Joséphine

– Vous souriez, me dit-elle. Je vois ben que vous ne croyez pas à ces histoires de lune, me demanda la vieille dame, sur un ton de reproche.

– Mais si, que j'y crois, je vous l'ai déjà dit. Peut-être, moins fort que vous, parce qu'on ne peut pas l'expliquer scientifiquement. Et un médecin ne peut pas affirmer n'importe quoi.

A-t-elle été satisfaite de cette explication ? Sûrement pas.

Mais je ne pouvais pas lui dire que je pensais à tout autre chose peu convenable à entendre pour ses vieilles oreilles.

Un peu plus tard, les deux grand-mères quittèrent la table et après avoir admiré une dernière fois leur petit-fils, regagnèrent leur chambre. Mes deux compagnons de beuverie et moi, restés attablés nous bûmes encore, à la santé du nouveau-né, une bonne rasade de goutte servie dans la tasse encore tiède du café. Il était temps pour Francis et moi de quitter cette maison. À près de trois heures du matin, il me restait à peine quatre heures de sommeil si tout se passait bien.

Les trois autres accouchements prévus n'attendirent pas le retour du docteur. Ce qui aurait pourtant bien fait mon affaire et celle de l'une des parturientes, qui, dès que je m'approchai de son lit, me posa l'une des questions les plus déstabilisantes pour un débutant: « Vous en avez déjà fait ? » Dans tous les cas, il vaut mieux répondre « Oui, bien sûr ! » Ce que je fis, sans autres commentaires. Francis se chargea de les faire à ma place et, comme d'habitude, il s'en tira d'une manière exemplaire. J'ai donc encore aidé à mettre au monde deux filles et un garçon dans la campagne morvandelle. Tout se passa dans les meilleures conditions, avec l'assistance de mon fidèle chauffeur.

Ces quinze premiers jours de remplacement m'apprirent beaucoup et me familiarisèrent avec l'obstétrique. Je ne dus faire appel à un médecin consultant qu'une seule fois. Dans tous les autres cas, j'avais fait de mon mieux pour la plus grande satisfaction, je pense, de ceux qui m'avaient confié leur santé. Cette activité ne me laissait guère de loisirs pourtant j'avais bien conscience que certains habitués à leur médecin avaient préféré attendre son retour. Sinon, quelle galère ! Mon successeur – en remplacement – en tira la même conclusion. Ayant l'intention de s'installer à la campagne, cette expérience le fit changer d'orientation. Il choisit la carrière hospitalière et devint chef de service à l'hôpital de Dijon...

C'est avec une grande satisfaction que je retrouvai mon service à l'hôpital et une vie plus tranquille. J'en profitai pour réfléchir sur mon avenir. Ce premier contact avec la médecine libérale avait de quoi décourager. Répondre au besoin d'une clientèle rurale n'était pas de tout repos et ne laissait guère de place à d'autres activités sportives et artistiques que je m'étais promis de pratiquer quand je serai « docteur ». De plus, chaque jour apportait son lot de soucis et de lourdes responsabilités. J'en avais maintenant tout à fait conscience.

J'envisageai d'autres possibilités que celle de m'installer à la campagne. Faire une spécialité qui me permettrait de mieux gérer mon temps et de ménager quelques espaces de liberté. Et pourquoi pas gynécologie-obstétrique ? J'avais plutôt bien réussi en remplacement. Mais cette intention fut très vite rejetée. Pendant quelques semaines, je pensai même à m'expatrier. Marié depuis peu, j'associais à ma réflexion mon épouse qui fut aussitôt partante pour le Québec. Manque de chance, le Canada ouvrait son territoire aux professionnels du bois et de l'alimentation, mais pas aux médecins. Notre projet tomba à l'eau. Pourtant, à la même époque, un condisciple, d'un an mon aîné, réussit à se faire accepter dans la Belle Province. Plus tard il poursuivit une brillante carrière aux États-Unis, couronnée en 1977 par le prix Nobel de médecine. Je parle de Roger Guillemin. Il est vraiment dommage que son nom ne soit pas mieux connu en France et surtout à Dijon, la ville où il est né en 1924 et où il a fait toutes ses études, en particulier, médicales.

Sans trop de regret, je me mis en quête d'une installation moins dépaysante. Une troisième éventualité me parut alors intéressante : m'installer en ville et de préférence en association. Une occasion se présenta peu après. Pour être en mesure de la saisir, je me hâtais donc de passer mes cliniques et de terminer ma thèse.

MON PAYSAGE MÉDICAL

Après un essai non réussi d'association avec un médecin de ville, je décidai de pratiquer mon art à la campagne. L'opportunité me fut offerte alors de m'installer dans une région que je connaissais bien : la Bresse. Non pas précisément à Gravière, le pays qui m'avait vu naître et où j'avais passé mon enfance et la plus grande partie de ma jeunesse mais à quelque quinze kilomètres de là, à Cerlans. Les deux villages étaient à peu près d'égale importance – un peu moins de 2000 habitants – avec un léger avantage pour le premier, chef-lieu de canton et légèrement plus peuplé. Le second, avec une population plus disséminée, plus nombreuse dans les hameaux, avait mieux conservé, me semblait-il, les anciennes coutumes paysannes de bon aloi. Ce qui n'était pas pour me déplaire. Dans le parler local, certains mots de patois, familiers dans mon enfance et plus ou moins oubliés, m'étaient de nouveau fréquemment rappelés. Ils éveillaient d'agréables et anciens souvenirs et me paraissaient plus savoureux et plus évocateurs que leur synonyme en « bon français ».

Au début des années 50, l'exode des ruraux vers les villes ne faisait que commencer et n'avait pas encore de conséquences sur l'activité locale. La vie des villages avait repris peu à peu le rythme d'avant la guerre. Avec le retour des prisonniers, nombreux parmi les paysans, fantassins de première ligne pour la plupart, les hommes avaient retrouvé les travaux de la terre et les femmes étaient retournées à leur ménage et leur basse-cour. Après cinq ans passés dans les stalags, presque tous avaient retrouvé leur place au pays. Les commerces regarnissaient progressivement leurs rayons. Les ateliers redoublaient d'activité. Mais déjà, les attelages omniprésents sur les routes et les chemins creusés de nids de poules devaient s'accommoder des autos qui, encore rares, recommençaient à circuler. Les conducteurs de ces véhicules bruyants, dans l'euphorie de la liberté retrouvée, faisaient fumer et pétarader les moteurs de leurs véhicules brinquebalants. Filant à vive allure, ils klaxonnaient sans retenue, au risque d'écraser la volaille affolée et d'effrayer les troupeaux de vaches, les boeufs et les chevaux de trait, habitués à occuper le beau milieu de la chaussée. Bientôt tout ce bétail gros et petit allait disparaître de la circulation, laissant la place aux engins motorisés : tracteurs et voitures de plus en plus nombreux.

À part quelques différences sans grande importance, je retrouvais donc à Cerlans l'ambiance que j'avais connue à Gravière dans ma jeunesse. D'anciennes connaissances nous reçurent, moi et mon épouse, à bras ouverts, nous firent les honneurs de leur maison, et nous invitèrent à leur table. Ma femme, qui ne connaissait jusqu'alors que la vie citadine, apprécia particulièrement l'accueil chaleureux que nous réservèrent les habitants des plus humbles aux plus en vue. Cette convivialité nous fit chaud au cœur. Je retrouvais une des vertus paysannes que je croyais non pas disparue mais de moins en moins pratiquée. Les associations ne furent pas en reste. C'est ainsi que dans les premières années de mon installation, je fus promu médecin des pompiers et élu président du club sportif. On y pratiquait le football, mon sport favori, celui qui m'avait fait rêver dans mon enfance.

Le maire se montrait particulièrement satisfait de mon choix pour sa commune et me manifestait beaucoup d'égards. Il pensait, et la population avec lui, que, cette fois, il tenait le bon numéro : le médecin qui s'installait pour une longue carrière, aussi longue, peut-être, que celle du vieux docteur de Cerlans, toujours vaillant à la tâche après plus de cinquante ans de « bons et loyaux services ». Ma naissance dans un village voisin était rassurante. Je risquais de m'enraciner dans le pays davantage que les deux jeunes confrères qui m'avaient précédé dans le poste. Tous deux l'avaient quitté après un peu plus d'une année d'exercice. L'un pour cause de maladie, l'autre pour se rapprocher de son Alsace natale.

Je m'attendais donc à voir d'emblée affluer une nombreuse clientèle. Pas du tout. Ma déception fut grande. Je passais de longues heures, dans mon cabinet, à lire des revues médicales. Je les gardais, empilées sur mon bureau : il fallait faire sérieux au cas où... Ma femme et moi-même, nous tendions l'oreille au moindre bruit extérieur. L'un et l'autre nous nous précipitions sur le téléphone ou à l'entrée dès qu'une sonnerie retentissait. Les premiers jours d'attente furent désespérants. J'enrageais de ne pas voir l'ombre d'un seul consultant. Je passais mon temps à bouquiner, à griffonner quelques vers, à sculpter des figurines dans le bois et surtout j'attendais le client, tout en ruminant de sombres pensées. J'étais très loin d'avoir autant d'activité qu'au cours de mes remplacements de fin d'études. J'avais du mal à comprendre le comportement de cette population si sympathique : « C'est vrai qu'on ne confie pas sa peau au premier venu et la méfiance paysanne est un fait bien connu. Tant de fois, ces braves gens avaient été grugés et s'étaient retrouvés Gros Jean comme devant. Toujours aux premières loges en cas de danger puis, aussitôt oubliés dans le partage des honneurs et mis en bout de table. »

Enfin, de semaine en semaine, et la mauvaise saison aidant, les appels se firent plus nombreux et ma salle d'attente commença à se remplir. Bientôt, elle devint trop petite.

Sur le cahier de visites les appels s'inscrivaient de plus en plus nombreux. Je laissai progressivement et sans trop de regrets, plume et ciseaux et même, certains jours, je commençai à me plaindre de ce surcroît de travail. Cette période où la confiance commence à s'établir entre les patients et le médecin est cruciale. Le bouche-à-oreille se charge d'établir une réputation. Alors, toute erreur – vraie ou supposée – peut être fatale et stopper net la progression d'une clientèle. Il sera ensuite difficile de redresser la barre. Mais au contraire, un succès, même fortuit, est du meilleur augure et, presque à coup sûr, l'assurance d'une future réussite. Par un heureux hasard, c'est ce qui m'arriva.

Pour la première fois, j'étais appelé dans ce foyer campagnard où quatre générations cohabitaient. Le nourrisson de quelques mois était l'objet de ma visite. Deux couples suivirent de près mon examen, les parents et les grands-parents. Je diagnostiquai une rhino-pharyngite sans gravité chez un bébé par ailleurs en bon état général. Je n'avais pas été sans remarquer, dès mon entrée, le beau visage anormalement pâle de l'aïeule. Assise à table, dans la lumière de la fenêtre, elle n'avait pas cessé de trier des haricots de ses longs doigts gourds, noueux, déformés par les rhumatismes. Je m'installai en face d'elle pour rédiger l'ordonnance et ne pouvais m'empêcher, tout en écrivant, de jeter sur son faciès un regard interrogateur.

– Vous me voyez bien caduque, me dit-elle soudain d'une voix chevrotante.

– Je vous vois bien pâle en effet mais vous avez encore de bonnes joues.

– J'ai jamais eu le teint coloré. Mais à ce point, j'en suis jaune. J'ai plus de force même si je fais pas trop mauvaise figure.

– Vous avez de l'appétit ?

– Ah ça ! Presque plus et pourtant je maigris pas. Presque

toute ma vie, j'ai mal digéré et j'ai hésité à manger. J'avais peur que ça me fasse du mal.

– Et vous vous soignez ?

– Bah ! À mon âge, je sais ben qu'on y peut rien faire. De temps en temps, je prends de la poudre ou un comprimé. Maintenant je souffre pas trop mais je tiens pas debout. Peut-être qu'un bon fortifiant me ferait du bien.

– Avant de vous ordonner quoi que ce soit, il faudrait faire des examens.

– M'en parlez pas. Je suis prou vieille pour mourir.

Je remis mes prescriptions et les expliquai aux parents du petit malade. Pendant mon dialogue avec la vieille dame, à aucun moment, ils n'étaient intervenus, pas plus d'ailleurs que les grands-parents. Ceux-ci m'accompagnèrent jusque dans la cour. J'allais monter dans ma voiture, quand l'homme m'interpella :

– Alors, docteur qu'est-ce que vous pensez de ma mère ?

– Sa pâleur est caractéristique. Elle a une grosse anémie. C'est facile à voir. Mais même si j'ai une petite idée sur le diagnostic, il faudrait le confirmer par des examens.

– Et elle pourrait guérir ? Intervint la femme.

– On peut guérir de certaines anémies mais beaucoup, à cet âge, sont dues à un cancer. Alors on ne peut pas faire grand-chose. Celle-ci me semble avoir une autre origine mais seuls des examens pourraient nous renseigner.

– Le docteur qui l'a vu l'an dernier, reprit le fils de la malade, pensait qu'elle pouvait avoir une tumeur à l'estomac et qu'il n'y avait rien à faire.

– On a fait des radios ?

– Elle a pas voulu qu'on en fasse. Pourtant on a insisté. Elle dit qu'elle est trop vieille pour être opérée si on lui trouvait quelque chose.

– Pour les radios, on verra plus tard. Pour le moment, on se contentera de faire une prise de sang. Je suis prêt à lui faire tout de suite si elle est d'accord.

L'aïeule ne fit aucune difficulté à ce que je lui fasse une piqûre au bras où les veines bleues se dessinaient sous une peau laiteuse, fine, tendue par un léger œdème. Les résultats de l'analyse me revinrent quelques jours plus tard. Je fus très satisfait à leur lecture. Je pouvais tenter de soigner cette grand-mère et, peut-être, la guérir.

Je me souvins alors de la première leçon clinique – au lit du malade – à laquelle j'avais assisté, étudiant. Le patron avait fait le diagnostic d'anémie pernicieuse et nous avait traité brillamment le sujet. Cette vieille dame en était atteinte. Et c'était une chance : depuis peu de temps, cette maladie bénéficiait d'un traitement vitaminique efficace. Une longue série d'intramusculaires pourtant douloureuses fut supportée par cette malade qui bientôt en ressentit l'heureux effet. Le résultat fut spectaculaire. La vieille dame reprit des couleurs, des forces et de l'appétit. C'était un miracle, une résurrection. Sa famille qui faisait ma promotion, ne s'embarrassait pas de nuances. J'avais guéri un cancer. Ma réputation de thaumaturge se propagea. Elle retomba bien vite quand, après l'examen des quelques malades qui me furent présentés à bout de force, maigres et dénutris, je dus convaincre les familles trop crédules, de mon impuissance face aux tumeurs malignes. Celle que j'avais prétendument guérie n'avait jamais existé.

Ce fut une chance au début de mon installation d'avoir eu l'occasion, sans grand mérite, d'obtenir une telle guérison. Dans d'autres circonstances où pourtant le médecin a mis tout son savoir et son énergie au service du patient, la réussite euphorisante ne vient pas en récompense. Alors si l'erreur supposée – ce n'est parfois qu'un coup du sort – est portée par la rumeur sur la place publique, elle peut faire des ravages dans l'opinion. Heureusement, je n'eus jamais trop à en souffrir. Pourtant, dans certaines occasions, quelques commères n'ont pas été tendres à mon égard. Ces souvenirs me reviennent parfois en mémoire et m'attristent encore mais je me garderai bien de les rapporter et surtout de les commenter. Ces atteintes à la renommée m'ont appris à me méfier des flatteurs et surtout des flatteuses dont la langue mielleuse en ma présence pouvait se transformer en langue de vipère devant un auditoire avide de cancans.

La confiance acquise, je vis mon activité s'accroître et même, certains jours et certaines nuits, à la limite du supportable. Dès lors, la reconnaissance de certains patients se manifesta par des dons en produits de la ferme, le plus souvent. Ils le faisaient en toute discrétion et humilité. Un jour, alors que je remerciais un de ces donateurs, comme gêné par mes compliments et pour couper court, il me dit, avec une pointe d'ironie : « C'est bon, docteur, arrêtez vos politesses. Je vas tout vous dire. Y en a tellement qu'on sait plus quoi en faire, même nos cochons n'en voulont plus. » Bien entendu, ce n'était pas seulement en période d'abondance, que je bénéficiais de cette générosité mais aussi périodiquement, à l'occasion des fêtes carillonnées. Que de produits et des meilleurs ont agrémenté notre table : fruits, légumes, œufs, boudin et autres cochonnailles, sans oublier la fameuse volaille de Bresse : poulet, dinde etc. ! Vraiment, j'exerçais en pays de Cocagne.

Pendant quatre décennies, j'ai eu en charge la santé d'une population rurale de plus en plus vieillissante et contrainte à s'adapter à l'évolution de la société. L'exode s'accélérant, j'ai vu se transformer rapidement cette civilisation paysanne dans laquelle je m'étais intégré et dont j'avais pu apprécier les vertus.

Les plus petits villages d'abord puis progressivement, même les plus importants ont vu, d'année en année, se fermer ateliers et magasins. Au début du XXIe, c'est uniquement dans les gros bourgs que les commerces ont conservé une certaine activité mais sans comparaison avec celle qu'ils avaient cinquante ans auparavant.

À Cerlans, par exemple, l'implantation d'une supérette a fait disparaître les épiceries. Sur la douzaine de cafés et restaurants, il n'en reste que trois dont un seul sert des repas. Les artisans, sont réduits à ceux du bâtiment et aux mécaniciens. Les autres : chapelière, couturières, bourrelier, cordonniers, forgerons, maréchaux-ferrants, bijoutiers, horlogers, menuisiers, charrons, carrossiers etc. encore actifs au temps de mon installation ont, tour à tour, fermé boutique. Les deux scieries ont cessé toute activité. Les emplacements de leur chantier, débarrassés des empilements de grumes et de planches, ont trouvé des acquéreurs dont les activités correspondent parfaitement à l'évolution de la société. Sur le plus petit des terrains s'est établi un garagiste. Un des hangars du second a été transformé en atelier floral qui a pour particularité de ne s'animer qu'un mois de l'année et de ne traiter qu'une seule fleur : le muguet. En avril, vingt à trente ouvrières et ouvriers saisonniers mettent en bouquet les brins pourvus d'un nombre suffisant de clochettes, récoltés dans les bois alentour. Ce « muguet des bois » est ensuite distribué dans toutes les régions de France pour y être vendu le premier mai soit chez le fleuriste, soit dans la rue. À côté de ce calme négoce, un dancing fait éclater des décibels stridents plusieurs fois par semaine et de préférence la nuit. Ce que n'apprécie guère le voisinage ! Quant aux agriculteurs, ils sont réduits à leur plus simple expression. On en comptait deux cent cinquante au milieu du XXe siècle, ils ne sont plus qu'une dizaine aujourd'hui.

Dans la plupart des villages, les cloches de l'église appellent encore à la prière matin et soir et son horloge sonne les heures. Mais le tintement de l'enclume, la stridence des scies, le claquement des sabots sur le chemin n'accompagnent plus les travaux des jours. On n'entend plus qu'un brouhaha confus où se mêlent le vrombissement des moteurs de voitures et les bruits assourdissants de nouvelles mécaniques – tondeuse à gazon, taille-haies, tronçonneuse – manipulées par de nouveaux habitants désireux de vivre à la campagne. Les uns, jeunes encore en activité, ont choisi un habitat rural tout en travaillant en ville. Les autres plus âgés dont certains viennent de l'étranger – Suisse, Hollande etc. – y sont en retraite et ont tout loisir pour entretenir leur jardin.

Cette évolution considérable de la société rurale n'a pas été sans influence sur la pratique du médecin de campagne. Dans les années 50, le praticien se voulait disponible, 24 heures sur 24, chaque jour de toutes les semaines que compte une année, fêtes et dimanches. Il ne pouvait s'absenter même un court laps de temps sans accrocher à la porte une pancarte avec toutes indications permettant de le contacter. Cela paraissait normal à une population besogneuse qui ne craignait pas ses peines et ne comptait pas son temps. « Les paysans sont sans cesse au travail et c'est un mot qu'ils n'utilisent jamais. » Cette constatation de Tchekhov concernant les paysans russes pouvaient parfaitement se vérifier en Bresse. Pourtant, dès la deuxième année de mon installation, j'osai m'offrir un espace de liberté, une dizaine de jours de vacances, en été, grâce à la bonne entente avec un confrère du canton voisin, que je remplaçais et qui me remplaçait à charge de revanche. Ce court repos utile et agréable devint, au fil des ans, nécessaire puis indispensable. À partir de la seconde année, personne n'y trouva rien à redire.

Au début de mon installation, je ne me contentais pas d'être clinicien, thérapeute, accoucheur et chirurgien à l'occasion, mais aussi infirmier et ambulancier. Ces auxiliaires médicaux ne sont venus en renfort qu'à partir des années 70. Heureusement, une sage-femme dévouée et compétente m'aida à vaincre les dernières résistances des femmes qui tenaient absolument à ce que ce fût un « docteur » qui les accouchât. Passer la nuit à attendre qu'une parturiente mît au monde un enfant – les naissances se font le plus souvent de nuit – ne me dispensait pas de me lever tôt le lendemain. Cela ne m'était plus possible si je voulais être disponible à mes patients pendant toute une longue journée. Je laissai donc cette tâche à la « mère des petiots » comme la nommaient certains, expérimentée et plus apte que moi à prodiguer des soins postnatals.

Aussi longtemps que de jeunes femmes ont préféré accoucher à la maison plutôt qu'à la maternité, elle et moi n'avons jamais cessé d'avoir de bons rapports. Elle n'hésitait pas à prendre mon avis et à m'appeler en cas de difficultés, pour poser un forceps ou en cas de dystocie ou d'hémorragie de la délivrance. Cette partie de mon activité ne dura pas. Peut-être pendant les trois ou quatre premières années de mon exercice. Ensuite, les accouchements se firent de plus en plus en cliniques spécialisées.

Heureusement, la sage-femme et moi, nous n'eûmes jamais à déplorer de pépins tout le temps de cette collaboration. Il me reste en mémoire la grande peur que nous avons partagée au chevet d'une parturiente victime d'une inertie utérine.

Après un accouchement qui s'était bien passé, la parturiente d'une quarantaine d'années, multipare, avait bien du mal à ne pas s'assoupir malgré les recommandations de la sage-femme. Soudain celle-ci s'aperçut que le visage de l'accouchée devenait de plus en plus pâle. Le faible lumignon qui éclairait la pièce n'aidait pas à apprécier ce teint blafard. Mais pas de doute : la femme saignait. Pourtant le sang n'apparaissait pas dans le bassin. Il était retenu dans ce ventre volumineux et rebondi où une main experte décela le caillot retenu à l'intérieur de l'utérus. « À bout de force, après l'évacuation du placenta, cet organe peut se laisser dilater, incapable qu'il est de se contracter et de faire l'hémostase c'est-à-dire d'arrêter le saignement. » C'est ce que savait la sage-femme qui, en pleine nuit, fit appel à mon aide. Je me hâtais de la rejoindre. Heureusement, la distance était courte de mon domicile à la ferme où venait de naître l'enfant.

Quand j'arrivai, tout était prêt pour la désinfection des mains : eau bouillie, savon de Marseille, alcool à 90°, en vue d'une intervention. Je ne perdis pas de temps à examiner cette parturiente à bout de force, qui répondait avec difficulté à mes questions. La prise de tension me révéla la gravité de l'hémorragie. Dès lors, il me parut urgent de vider l'utérus. Après avoir soumis mes mains aux règles d'une asepsie élémentaire, je fis en sorte d'agir avec le plus de précaution possible, de mesurer mes mouvements afin d'éviter à cette femme exsangue mais consciente toute souffrance inutile.

Je sortis de ce ventre atone un énorme caillot puis, avec l'aide de la sage-femme, je m'appliquai à faire une compression abdominale, d'abord avec les poings, puis avec des tissus enroulés, retenus par une ceinture de flanelle serrée au maximum. Pendant ces manœuvres quelque peu brutales, de fréquents gémissements sortaient des lèvres décolorées de la moribonde. Plutôt que de m'en inquiéter, je les considérais comme des signes de vie, tant le silence et l'inertie de la parturiente au cours de l'intervention m'avaient effrayés. J'avais cru, un court instant, qu'elle allait passer. Le bandage hémostatique semblait être efficace mais la semi-conscience de l'opérée et sa tension artérielle qui restait très basse nous causaient du souci. Une transfusion sanguine à l'hôpital s'imposait. Le mari ne voulut pas en entendre parler et, pendant notre discussion la parturiente davantage éveillée, lui manifesta son approbation par quelques mots et des hochements de tête.

Enfin elle sembla reprendre quelque couleur et je constatai que son cœur battait à un rythme moins rapide. Elle s'intéressa à nos gestes, nous parla d'une voix plus assurée et ne tarda pas à nous demander à boire. Un bol de bouillon de légumes qui restait du souper fut vite bu, bientôt suivi d'une tasse de café au lait puis d'une deuxième. L'accouchée se sentit mieux, put s'asseoir sur son lit sans ressentir de malaise. L'examen cardiovasculaire que je fis alors marquait une nette amélioration par rapport au précédent. Sans être satisfaisant, il me permit de rejoindre mon lit. J'étais à peu près rassuré quand je quittai la sage-femme qui s'était proposée de demeurer auprès de sa cliente le reste de la nuit.

Je revins le lendemain, tôt le matin. Dès que j'eus franchi le seuil, je restai un moment sidéré, pensant au grand malheur qui aurait pu frapper cette maisonnée et mesurai, à sa juste valeur, le risque qu'avait couru cette femme encore jeune. Je la trouvai assise sur le lit, son nouveau-né dans les bras, sous le regard amusé de quatre marmots. Elle me parut revigorée, moins pâle à la lumière du jour naissant. L'examen médical confirma mon impression. Par la suite, je la vis fréquemment au cours de nombreuses visites et consultations. Il fallut plus de trois mois d'un traitement médical assidu pour que cette mère de famille épuisée par les travaux et les grossesses recouvrît une santé à peu près normale.

Cet accouchement mouvementé et qui aurait pu tourner à la tragédie s'est déroulé la troisième année de mon installation à Cerlans. Dans les années suivantes, de telles circonstances ne risquaient plus de se présenter. Les femmes qui, jusqu'alors, accouchaient à la maison – sauf en cas de dystocies graves – prirent l'habitude d'aller à la maternité. De mois en mois, la sage-femme vit sa clientèle diminuer et disparaître. Bientôt, elle se trouva en chômage. À ma grande satisfaction, elle se reconvertit et exerça à temps plein le métier d'infirmière. Pour ma part, je continuai, dans un premier temps, à faire les consultations prénatales ensuite elles devinrent, peu à peu, la prérogative des obstétriciens, surtout quand l'utilisation des ultrasons se généralisa. Ils décelaient le sexe du fœtus et la curiosité des parents en fit un examen très prisé.

Peu avant de prendre ma retraite, j'eus encore l'occasion d'aider une toute jeune femme à accoucher dans la voiture ambulance des pompiers, stationnée devant mon cabinet. La parturiente avait perdu ses eaux et le bébé était pressé de sortir. J'intervins sans doute à bon escient quoique de façon fort discrète, car tout se passa pour le mieux. Le placenta expulsé, le cordon ombilical du nourrisson lié, l'ambulance reprit sa route vers la maternité où le lit de la jeune maman était retenu.

J'eus les honneurs de la presse locale. Plus tard, j'appris du secrétaire de mairie que cette naissance à Cerlans était la première depuis près de deux décennies. Quelques jours plus tard, j'eus l'heureuse surprise de recevoir des honoraires fort convenables reversés par le centre hospitalier à l'accoucheur de fortune.

J'aurais compris, ce jour-là, si je n'avais pas déjà compris auparavant, pourquoi les médecins généralistes, surtout à la campagne, se faisaient de plus en plus rares. Mais il paraît que, bientôt, les maternités vont manquer de médecins. Bien sûr, l'enfant qui va naître n'annonce pas sa venue, à l'heure près et, facétieux, il choisit souvent la nuit pour amorcer sa sortie. En conséquence, l'accoucheur doit s'attendre à des réveils fréquents. D'autre part, ses responsabilités sont grandes : la moindre anomalie du bébé lui est imputée. Et je me suis laissé dire que les assureurs en prenaient prétexte pour augmenter les primes d'assurances professionnelles des médecins accoucheurs. Aujourd'hui, elles s'élèvent, paraît-il, à des sommets vertigineux.

Sur quelles spécialités vont donc se rabattre les étudiants

en médecine ? Peut-être sur l'homéopathie ? On travaille sur rendez-vous et les visites de nuit et des jours fériés sont plutôt rares. C'est pourquoi, je suis triste quand j'entends et vois écrit un peu partout que la France va manquer de médecins. Est-ce uniquement la faute du numerus clausus ? Moi qui n'ai jamais prétendu avoir la vocation, je peux pourtant témoigner que médecin généraliste à la campagne est l'un des plus beaux métiers. Je ne prétends pas que celui qui se collette, en solitaire, avec la mort a du panache mais cela lui permet de mieux appréhender la souffrance humaine et d'apprécier les vertus des plus humbles.

CHARLES DIT LOLOT

Dans les années 30, le service militaire était une institution bien établie et bien acceptée dans le milieu rural. À vingt ans, – les sursitaires étaient très rares – la plupart des jeunes hommes étaient fiers d'endosser l'uniforme et de servir la France. Comme beaucoup d'enfants, j'aimais les soldats de plomb, les défilés, les musiques militaires et les sabres de bois. « Plus tard, je serai capitaine. » Je me souviens de mon admiration pour mes aînés qui allaient faire leurs classes. Ils partaient pour une durée d'un an qui fut portée à deux en 1935, ce que beaucoup commencèrent à trouver long. Et ils ne savaient pas ce qui les attendait.

Le service militaire était l'un des évènements attendus de la vie dans les campagnes. La première communion et le certificat d'études marquaient le passage de l'enfance à l'adolescence tandis que l'incorporation dans l'armée, tel un adoubement, faisait entrer le jeune homme en responsabilité. Beaucoup attendaient cette échéance pour prendre femme.

De là, l'importance du conseil de révision. La plupart des conscrits l'appréhendaient. L'angoisse était à son comble chez les maladifs, les malingres, chez tous ceux dont le poids ou la taille n'était pas conforme aux normes. De cet examen, les ajournés sortaient dépités et les exemptés jugeaient qu'ils étaient victimes d'une discrimination presque infâmante.

Ce jour-là, à Gravière, la place de la mairie s'animait dès le petit matin. Aux fenêtres de l'édifice municipal, étaient accrochés les écussons aux armes de la ville et aux initiales de la République française, surmontés chacun d'un drapeau tricolore. Les employés communaux s'affairaient, donnant les derniers coups de balai. Le brigadier faisait manoeuvrer sa petite troupe de quatre gendarmes. Déjà, les jeunes gens arrivaient en bandes de toutes les communes du canton. Quelques-uns ne tardaient pas à rôder autour des trois ou quatre stands chargés de cocardes et rubans tricolores étincelants d'ors de pacotille. De solides gaillards sûrs d'eux faisaient déjà leur choix mais résistaient toutefois aux sollicitations du camelot. Ce n'était pourtant pas l'envie qui leur manquait d'afficher, au plus tôt, sur la poitrine « bon pour les filles ». Ils promettaient de repasser, ne doutant pas de leur réussite. D'autres étaient moins flambards, ceux qui redoutaient d'être déclarés inaptes et à qui, du même coup, il serait interdit d'épingler la fameuse insigne proclamant leur virilité. L'émotion grandissait au moindre mouvement de foule.

Elle était à son comble quand le maire se présentait sur le perron de la mairie et que, sur l'ordre du brigadier, les gendarmes se mettaient au garde-à-vous. Des voitures officielles arrêtées sur la place, s'extirpait, avec peine, le sous-préfet suivi de militaires et notables devant lesquels les conscrits devaient comparaître. Bientôt, nus comme des vers, ils seront soumis à un examen médical puis exposés, comme le bétail sur le champ de foire, à l'appréciation de juges a priori compétents. Ceux-ci seront-ils sérieux, rigolards, sarcastiques, rabelaisiens ou indifférents ? La minute de vérité était proche. Bientôt, le jury fera la part des appelés sous les drapeaux et des malheureux exclus. Les uns enrubannés et médaillés participeront aux orgies où ils rivaliseront d'appétit avec une prédilection pour les boissons alcoolisées. Les autres se terreront tristes et penauds à la maison. Certains même resteront longtemps persuadés que, ce jour-là, ils ont été, en quelque sorte, mis au ban de la nation.

« Courir le conscrit. » était une coutume à laquelle peu

de « bons pour le service » se dérobaient. À grands renforts de « huchements », de battements de tambours, de sonneries de clairon, les futurs appelés quêtaient dans le village et la campagne alentour pendant deux semaines. La première semaine précédant la fête patronale en septembre, ils allaient, de maison en maison offrir une gravure du saint patron de la paroisse, en échange d'une obole. Cette image pieuse était épinglée dans chaque foyer ou parfois clouée à la porte de la grange. Là, elle remplaçait avantageusement la chouette ou le corbeau crucifié qui, eux aussi, avaient la vertu d'éloigner le mauvais sort. La seconde semaine, en janvier, était préparatoire au banquet. La récolte des fonds se faisait sans contrepartie. Ce vagabondage donnait l'occasion aux conscrits de faire de solides gueuletons arrosés plus que de raison. Ce qui, pensaient-ils, les confirmait dans leur statut d'hommes, capables de tenir le coup à table comme dans l'épreuve, et les préparait à faire bonne figure au banquet. À eux, revenait le soin d'organiser cette journée et de convoquer leurs aînés de dix, vingt, trente, quarante ans et plus.

Le dimanche 16 Janvier 1955, j'assistais à la messe et participais au banquet des conscrits des classes en 5. J'étais accompagné de Charles Perret. Je l'avais récupéré la veille en gare de Chalon. Nous nous étions connus dans notre petite enfance et devenus les meilleurs copains, assis sur le même banc de l'école communale de Gravière. À mon grand regret, il ne l'avait fréquentée qu'une seule année. Ses parents avaient quitté la campagne pour la ville. Pourtant Charles dit Lolot et moi, nous avions gardé le meilleur souvenir de cette première amitié si tôt interrompue. Il restait encore très présent dans ma mémoire après plus de vingt ans de séparation sans la moindre relation, pas même épistolaire.

Ce fut le téléphone qui renoua le fil. La première semaine de décembre avait été surchargée de travail pour le médecin de campagne que j'étais. Des maladies respiratoires fébriles s'étaient précocement déclarées nécessitant de nombreuses visites à domicile. Même ce dimanche, j'avais dû répondre à plusieurs appels. Il était 21 heures. Bien calé dans mon fauteuil, je m'apprêtais à passer une soirée de lecture. Le téléphone me fit sursauter.

– Bonsoir Paul ! Ici Charles Perret... un revenant ! Tu sais, Lolot !

À cette interpellation faite sur un ton enjoué, je me sentis aussitôt soulagé – ce n'était pas un malade à visiter – mais je restai un moment muet. Pourtant il n'y avait pas de doute sur l'identité de mon interlocuteur et cette voix ne m'était pas complètement étrangère. Elle avait gardé un zeste du défaut que je lui avais connu naguère.

– Bien sûr, c'est toi Charles, Lolot de Grandval ! Depuis le temps, j'aurais pu oublier mais pas du tout, je me souviens parfaitement de toi et je suis heureux de te saluer ...

– Eh bien ! Moi aussi. Tu sais, je pense toujours à Gravière et particulièrement à toi, mon petit copain de la communale. C'est pourquoi, ce soir, je te téléphone.

– Où es-tu ? Si tu n'es pas trop loin, fais un saut jusqu'à la maison. On trouvera pour te nourrir et te coucher... même tard.

– Pas question pour ce soir. Je te téléphone de Paris. Mais ce sera pour bientôt. J'irai à Gravière le 16 Janvier, au banquet des conscrits. J'espère bien t'y voir.

– Si j'y serai ? Plutôt deux fois qu'une, puisque tu y seras ! D'ailleurs, j'ai déjà répondu à l'invitation. Fais en sorte d'avoir quelques jours libres pour les passer à la maison. Comme tu dois le savoir, depuis trois ans, je suis installé à Cerlans, à quinze kilomètres de Gravière.

La communication se poursuivit pendant presque une demi-heure sur un ton de plus en plus gai et même blagueur. Chacun avait tant de questions à poser que les réponses rapides restaient incomplètes et laissaient maints points à préciser lors de la prochaine rencontre. Je retins de notre dialogue que Charles, comme moi, avait fait des études de médecine. Il était cardiologue et venant de terminer son clinicat, il avait l'intention de s'installer, le plus tôt possible, en libéral. Une ville de moyenne importance en Bourgogne l'intéresserait. Je lui proposai Chalon-sur-Saône. Il sauta sur l'occasion pour répondre à mon invitation. Il s'installerait chez moi pendant deux ou trois jours en janvier, le temps de se faire une opinion sur la carte médicale de la région. En échange de ce service, il me proposa d'être témoin de son mariage au printemps prochain. Après avoir replacé le téléphone, je me posai la question : « Comment les conscrits avaient-ils pu connaître l'adresse de mon ami ? » Je l'avais questionné plusieurs fois à ce sujet mais il était resté évasif. Par la suite, plusieurs conversations téléphoniques ne m'en apprirent pas plus. Il fallait attendre de voir Charles face à face pour qu'il m'en parlât.

Je m'installai de nouveau dans un fauteuil, les pieds proches de la cheminée et laissai, sur la table basse, mon bouquin ouvert, à peine commencé. Les yeux fermés, je me laissai bercer par le murmure des flammes dont les langues brûlantes consumaient lentement les bûches. Bientôt le film de mes souvenirs se déroula dans ma pensée et me transporta à Gravière au temps de mon enfance. Je revis avec une grande précision le jour de ma première rentrée scolaire à l'école des garçons...

Sous un épais duvet de brume, le village silencieux paraissait encore endormi. Par ce froid matin d'automne, quelques enfants emmitouflés commençaient à stationner sur la place de la mairie. Ils se rassemblaient par petits groupes, au pied des platanes dénudés qui bordaient les bâtiments scolaires. Les uns piétinaient, d'autres soufflaient sur leurs doigts ou faisaient des moulinets avec leurs bras : tout était bon pour se réchauffer. Ils se parlaient du bout des lèvres avec, parfois, des éclats de voix sur un ton de dispute ou de rigolade. Beaucoup jetaient un œil sur le portillon de la cour de récréation, pressés de découvrir leur salle de classe et d'entendre le ronronnement chaleureux de l'énorme poêle de fonte.

Des quatre routes qui convergeaient vers la place, de la Grand-rue surtout, émergeaient de la brume, de jeunes garçons engoncés dans des vêtements de laine qui ne laissaient apercevoir qu'un minimum de frimousse. Sac au dos et mains dans les poches, ils pressaient le pas ou même piquaient un galop avant de rejoindre leurs camarades les hélant à distance d'un salut retentissant. Le brouillard se faisait de plus en plus dense : son opacité était telle qu'au-delà de quelque trente mètres, on ne distinguait que des ombres se signalant avant leur apparition par des claquements de sabots ou de galoches. Les platanes semblaient amputés de leurs menues branches et dressaient vers le ciel comme des poings menaçants au bout de longs bras nus. D'un groupe d'écoliers à l'autre, les discussions s'animaient et devenaient de plus en plus bruyantes. Dans ce brouhaha, il n'était plus possible d'entendre les pas sonores des retardataires avant qu'ils n'aient mis le pied sur la place.

Ce fut alors qu'un trio quelque peu insolite attira les regards et du même coup fit cesser les bavardages et les criailleries : un petit gamin encadré de deux solides gaillards semblait s'extirper de l'épaisse purée de pois. Ils s'avançaient au rythme lent d'une marche pesante et ensabotée. Les deux grands étaient connus de leurs condisciples des années précédentes : ils furent accueillis chaleureusement. De nombreux saluts furent échangés : « Salut Joseph ! », « Salut Félix ! » fusaient de tous les groupes.

Personne ne semblait connaître le plus jeune. Il était attifé d'une longue pèlerine qui lui descendait jusqu'aux chevilles et dont l'énorme capuchon enveloppait un bout de visage noiraud aux yeux de jais. Ainsi le dernier d'une fratrie est-il souvent très largement vêtu. J'étais donc le seul à connaître Charles Perret dit Charlot ou plutôt Lolot ? Je me décidai à l'interpeller : « Lolot ! Lolot ! Viens par là ! » Aussitôt il quitta ses gardes du corps et se précipita vers moi. La galopade de ce gnome sans pattes, qui semblait propulsé par une mécanique dissimulée dans les plis mouvants de sa cape, provoqua rires et quolibets.

Accompagné par une bande de braillards qui lui faisait comme une haie d'honneur, il s'approcha au plus près de moi pour me lancer en pleine figure :

– Salut Popaul !

– Salut Lolot !

– Vous vous connaissez ? Demandaient les copains qui, curieux, s'étaient agglutinés autour de nous. Ils interrogeaient le nouveau venu de Grandval, un des hameaux de Gravière.

– Comment tu t'appelles ?

– Lolot Perret.

– Lolot, Lolot... C'est pas un nom.

Charles imperturbable ne voulait pas en démordre et ne cessait de répéter :

– C'est comme ça qu'on m'appelle. Si vous croyez pas, allez demander à mes frères.

Un coup de sifflet retentit. Les écoliers se précipitèrent dans la cour de l'école saluant au passage le directeur debout près du portillon d'entrée. Chacun se découvrait avec plus ou moins de bonheur, arrachant de sa tête, une coiffure enfoncée jusqu'aux oreilles. Charlot eut du mal à se débarrasser de son capuchon et de son bonnet...

Heureux et étonné d'avoir revécu en pensée cette première rentrée scolaire avec tant de précision, je repris mon bouquin pour une petite heure de lecture avant de me coucher. Le feu dans la cheminée ne vivait plus que de quelques braises rougeoyantes, prêtes à s'éteindre. Je pensais vaincre ma somnolence tenace en lisant. Mais le texte, malgré tous mes efforts, n'accrochait pas mon attention. Je décidai d'aller au lit. Après quelques minutes d'insomnie, hanté par les souvenirs de Gravière, je m'endormis et passai une nuit tranquille.

Le lendemain, je me réveillai de bonne humeur. Il restait encore un bon mois avant les retrouvailles. Je les attendais avec une certaine impatience. Grâce aux fêtes de fin d'année, heureusement, le temps me parut moins long. Chaque jour, l'amitié éphémère pour ce petit copain d'enfance me revenait en mémoire et me ramenait dans cette école de village où il avait été mon condisciple.

Après son départ de Gravière, Charles Perret fit longtemps parler de lui pour la façon astucieuse dont il avait déjoué les pièges de la maîtresse. Celle-ci était l'institutrice qui avait la responsabilité de la petite classe. À la rentrée, elle accueillait les nouveaux. La plupart ne sachant ni lire ni écrire ni compter trouvaient leur place en première division. Parmi les autres, quelques-uns, dont je faisais partie, passaient d'emblée en seconde division. Ils avaient eu le privilège, habitant au bourg, de fréquenter l'école maternelle plus communément appelée « l'asile ». Les plus nombreux venant des hameaux n'avaient appris en famille que quelques chiffres et quelques lettres. Lolot était de ceux-ci mais lui, était « savant ». Il monta vite en grade. Ce gamin venu de la campagne profonde avait autant de connaissances sinon plus que les mieux instruits. Aussi, après trois jours de classe, vint-il s'asseoir près de moi. Ensuite, tout au long de l'année scolaire, nous avons usé notre fond de culotte sur le même banc et les manches de notre blouse noire sur la même table en chêne. Le plateau incliné de celle-ci était percé de deux trous qui logeaient un encrier de porcelaine blanche, un pour chacun de nous, situé à notre droite. À cette époque tous les écoliers étaient droitiers de gré ou de force. Ainsi, côte à côte,

Lolot et moi nous avons appris à écrire avec des pleins et des déliés, en tirant la langue et en faisant baver la plume sergent-major surchargée d'encre violette. De cette proximité, sans doute, est née notre amitié.

Je connaissais Charles avant de fréquenter l'école des garçons. Bien que la ferme de ses parents fût située à plus de trois kilomètres du bourg, mes parents s'y approvisionnaient. La qualité de leurs produits faisait la différence : la crème, le beurre, les poulets étaient incomparables. Il ne se passait pas une semaine sans que nous allions y faire des achats. J'accompagnais le pourvoyeur ou la pourvoyeuse. Ainsi j'eus de fréquentes occasions de rencontrer Lolot, un gamin espiègle que j'admirais beaucoup. À bonne école auprès de ses deux grands frères, il était capable de fabriquer toutes sortes d'objets de ses mains.

Mes parents avaient une grande estime pour les Perret. C'est du moins ce qu'en a retenu ma jugeote d'enfant. Chaque fois qu'un poulet bien dodu et rissolé à point était présenté sur la table familiale, c'était une avalanche de compliments. L'eau venait aussitôt à la bouche. « On en avait jamais mangé de meilleur ! » Et, dans la foulée, les parents enchaînaient sur la propreté de la ferme, le courage de ce couple qui n'avait pas une minute de repos du matin au soir. « Que de mérites avait cette femme ! » Malgré les tâches multiples et des plus rebutantes, elle se présentait toujours bien mise et bien coiffée. De plus, elle assurait, presque seule, l'éducation de ses trois garçons. Et quelle éducation ! À la moindre incartade, ma mère ou mon père me donnait en exemple les frères Perret. Ils avaient toutes les qualités : polis, travailleurs, intelligents et j'en passe. Joseph et Félix étaient premiers de leur classe comme au catéchisme. Aussi le maître et le curé portaient-ils sur eux un regard bienveillant et leur prodiguaient-ils des conseils pour les inciter, l'un, à préparer l'Ecole Normale d'Instituteurs et l'autre, à entrer au Petit

Séminaire. Quant au dernier fils, il promettait. Sa mère qui, chaque jour, lui donnait quelques leçons, comme elle l'avait fait pour les aînés, s'étonnait des facilités de son benjamin. Cependant elle était très contrariée de ce qu'il prononçait les ch. comme des s. Malgré tous ses efforts, elle ne pouvait le débarrasser de ce blèsement qui prêtait à rire aujourd'hui mais qui, demain, pourrait être un handicap. Ses grands frères s'en moquaient gentiment. À un mois de la rentrée scolaire, l'enfant commença à s'en inquiéter. Car probablement, à l'école, il serait en but aux railleries de garçons toujours prêts à se moquer. Mais en si peu de temps, il ne parvint pas à améliorer sa prononciation. Charles était toujours : « Sarles » dans sa bouche et Charlot, toujours : « Sarlot ». Il se résigna donc à se présenter à ses copains de classe sous le prénom de « Lolot. »

Les premiers jours d'école étaient consacrés à l'évaluation des savoirs. Dans la petite classe, l'épreuve de lecture à voix haute était la plus redoutée. Beaucoup de nouveaux n'avaient jusqu'alors entendu parler qu'en patois. Devant un texte français, certains ne pouvaient épeler que quelques lettres, d'autres ânonnaient en un charabia incompréhensible. Lolot fut le seul de la première division à lire sans trop d'hésitation, aussi bien que l'auraient fait les meilleurs de la classe. Mais son défaut de prononciation éclata au grand jour. En récréation, il avait su maîtriser son vocabulaire. Jusqu'à ce jour, aucun mot contenant un ch. ne lui avait échappé. Pour l'occasion, il avait mêlé français et patois.

Mais aujourd'hui, ses camarades – « cet âge est sans pitié » – avaient découvert la faille. Dès lors, ils ne l'appelèrent plus que « Sarlot » puis Salot. La maîtresse prit l'enfant moqué sous sa protection, ce qui ne fit qu'augmenter l'animosité et la jalousie à l'égard de son protégé, d'autant plus qu'il s'avérait maintenant l'un des meilleurs élèves de la deuxième division. C'était « le chouchou de la dame ». Beaucoup ne l'admettaient pas et supportaient mal qu'elle s'intéressât désormais tant à la prononciation. Au cours des leçons de lecture, elle portait une attention particulière à la diction au grand dam des petits « zézéyeurs » édentés et surtout de Lolot qui, de plus en plus exaspéré, passait du S. au Z. pour prononcer le Ch. Pourtant, un jour mémorable, il prit sa revanche et du même coup devint la vedette de la classe. Sa prestation fit même taire toutes les moqueries.

Ce matin-là, l'institutrice posa, devant mon voisin de table, un livre illustré qui traitait de la vie à la ferme. À mesure que Lolot tournait une page, il devait donner le nom de l'animal ou de l'objet que la maîtresse pointait de sa règle. Le premier qu'elle désigna fut un cheval. La réponse fut : « une jument ». Le second, un cochon fut appelé : « un nourrain », un chat : « un matou », une vache : « une taurie », une pioche : « un fossou », une ruche : « un bouénon », une hache : « une cognée ». Toute la classe était attentive comme rarement. Déjà, certains riaient sous cape. Mêlant français et patois, l'élève marquait des points exaspérant son interrogatrice. Celle-ci le saisit par les cheveux sans violence et lui demanda :

– Et ça, qu'est-ce que c'est ?

– Des « tifs ! » s'écria le gamin.

– Et encore ?

– Des poils.

L'éclat de rire fut général même l'institutrice y participa. Ce fait divers eut un grand succès dans le milieu scolaire, puis devint une histoire connue de tout le village. Chacun se plaisait à la raconter à sa manière avec des retouches en plus ou en moins. Moi-même, je ne suis pas certain de la rapporter avec exactitude. Pourtant j'étais aux premières loges lors de l'évènement. De ce jour, Lolot devint populaire. Quelle déception pour ses copains d'apprendre, à la rentrée, qu'il avait quitté Gravière ! L'éloignement en fit un héros. Il nous manquait, lui, le rusé qui s'était si bien joué de la maîtresse. Et c'était mon meilleur ami.

Ce souvenir me revenait en mémoire alors que je me rendais à la gare de Chalon-sur-Saône au volant de ma voiture. Je me réjouissais d'y accueillir bientôt Charles. Je n'eus pas de difficultés à trouver une place de parking, toute proche de la sortie des voyageurs. Pendant un bon quart d'heure d'attente, j'essayai de m'imaginer l'allure de mon hôte. Qu'en était-il devenu de ce gamin malingre, noiraud, au regard vif ? Comment le reconnaître après une si longue séparation ? Je comptais sur l'instinct ou plutôt sur le flair. Les bons médecins ne doivent-ils pas en avoir ? Aucun de nous deux n'avait jugé bon de donner le moindre trait de son signalement. Et pourtant les communications téléphoniques avaient été très nombreuses. Pour calmer mon impatience, je marchais de long en large dans la salle des pas perdus. L'heure de l'arrivée du train qui devait me livrer mon ami était passée de quelques minutes quand les premiers voyageurs en provenance de Paris affluèrent à la sortie. Le flot des débarqués souvent chargés de lourdes valises se faisait plus dense et plus lent. Je repérai, dominant cette foule, la tête d'un jeune homme dont les yeux de jais étaient en recherche. Pas de doute, c'était lui. Je retrouvais certains caractères de son visage allongé, hâlé, aux traits réguliers : ses cheveux noirs, son grand front, la ligne pure de son nez aquilin, son regard pétillant d'intelligence. Il m'aperçut et dut me reconnaître car tout naturellement il se dirigea vers moi. Le temps de poser sa valise, nous étions dans les bras l'un de l'autre avant d'avoir échangé un mot. Nous avions tant de choses à nous dire que nous ne savions pas par quel bout commencer. Charles le premier, la main posée sur mon épaule, me fit part de son plaisir.

– Que je suis content de te voir, Paul ! Après tant d'années…

– Et moi donc, mon cher Charles ! Ces derniers jours, je piaffais d'impatience. Ma voiture n'est pas loin. Embarquons pour Cerlans. Nous aurons une longue soirée pour parler.

Sur le chemin du retour à la maison, de quoi aurions-nous pu parler, sinon de médecine ? Non pas de notre pratique mais de nos études, de notre installation. Et ceci, une bonne fois pour toutes, pour nous en débarrasser en quelque sorte, avant d'évoquer notre enfance. Je lui conseillai vivement le choix de Chalon. Un nouveau cardiologue y trouverait sa place et il nous serait facile de nous voir souvent. Cela m'enchantait.

Au cours du dîner, le rappel de nos souvenirs communs se fit dans une ambiance joyeuse ponctuée de grands éclats de rire. Mon épouse, à qui je les avais pourtant ressassés, prenait plaisir à nous voir les évoquer avec tant d'enthousiasme. Elle ne paraissait même pas contrariée que ce repas traînât en longueur, que les mets refroidissent dans les assiettes. En sa présence, j'hésitais à poser la question que mon ami avait, chaque fois, éludée au téléphone, repoussant la réponse à notre prochaine rencontre. Quand elle s'absenta pour s'occuper de nos filles, l'une de 9 mois, l'autre de 4 ans qui babillaient dans leur chambre, je l'interrogeai :

– Comment les conscrits ont-ils pu te contacter? Qui leur a donné ton adresse?

Je vis mon ami embarrassé. Après quelques secondes d'hésitation, il me répondit :

– Si je suis là aujourd'hui, c'est grâce à Emile Chavet. Tu dois connaître. Ses parents et ses grands parents habitaient près de chez nous. Il exploitait la grosse ferme de Grandval. Je l'ai rencontré par hasard à Caen. Je venais de visiter les plages du débarquement et les cimetières de Normandie. Il était midi passé. Je m'attardais devant la devanture d'une librairie quand je sentis une main se poser sur mon épaule. Je me trouvai face à face avec un jeune homme que je ne reconnus pas d'emblée : « Excusez-moi, me dit-il, je vous ai pris pour un autre.» Il me semblait l'avoir déjà vu mais impossible de le situer. J'engageai donc la conversation. Quand il m'apprit qu'il était de Gravière, nous nous sommes souvenu l'un et l'autre, de ce temps où nous prenions le chemin de l'école ensemble. Il était mon aîné de trois ans. Il me parla avec un plaisir évident du pays mais se montra moins bavard quand je l'interrogeai sur cet autre qui me ressemblait. J'appris toutefois que c'était le fils Bernard du colonel Charles Morizet. De celui-ci, j'avais beaucoup entendu parler. C'est l'un des meilleurs amis de mon oncle Henri. Ils se sont connus étudiants : l'un préparait Saint-Cyr, l'autre, les Arts et Métiers. Tu les connaissais ?

– Ton oncle, sûrement pas. Il n'habitait pas au bourg. Quant au colonel, j'en ai un vague souvenir. J'ai dû l'apercevoir une ou deux fois. Par contre, je revois bien ses parents. Ils avaient une grande et belle maison sur la route de Chalon.

– Justement le fils qui sera bientôt en retraite l'occupe depuis la mort récente de sa mère. C'est tout ce que j'ai pu tirer d'Emile. Il commençait à m'en parler quand soudain, il me quitta précipitamment, appelé par des camarades, pour rejoindre son groupe de voyage : des anciens combattants de l'armée d'Afrique.

– Je suis resté en très bonnes relations avec Emile Chavet. Je peux même dire que c'est un ami. Il passe fréquemment à la maison, pas seulement pour me consulter.

– J'ai eu l'impression, poursuivit Charles, qu'il savait des choses mais ne voulait pas les dire. Je suis resté sur ma faim. Tu sais sans doute dans quelles circonstances, mes parents ont quitté Gravière. Après pas mal de pépins les deux ou trois années précédentes, le cheval de trait chèrement et récemment acquis a péri en pleine moisson. Mon père qui avait tendance à boire un peu trop de vin et de goutte força encore la dose. C'est alors que ma mère qui n'avait pas un fol attrait pour la campagne fit appel à son frère Henri, son aîné de trois ans. Ingénieur chez Renault, il fit embaucher son beau-frère à l'usine de Billancourt et trouva, pour sa sœur, une place de concierge. Les salaires de mes parents n'étaient pas mirobolants, mais, avec le coup de pouce que l'oncle ne manqua jamais de leur donner et la proximité des lycées et des facs, mes frères et moi avons pu faire des études supérieures. Nous n'habitions pas loin de cet oncle providentiel. Célibataire, il venait fréquemment dîner à la maison, les mains pleines de toutes sortes de cadeaux pour ses neveux et aussi d'un dessert acheté chez les meilleurs pâtissiers. Ses visites étaient très appréciées et attendues avec impatience. Ma mère admirait ce frère qui, par sa réussite, faisait honneur à la famille. Elle en buvait les paroles. Elle aimait se retrouver seule avec lui pour évoquer des souvenirs, lui demander des nouvelles de ses amis, d'un certain Charles, en particulier. Je n'étais pas sans remarquer qu'elle en parlait plus volontiers en l'absence de mon père. Alors, elle lui posait des questions à voix étouffée, son visage devenait grave.

Dès que mon épouse nous eut rejoint, elle dut s'apercevoir que l'ambiance était moins gaie et même à la limite de la morosité. Elle nous proposa aussitôt de retrouver des souvenirs d'enfance. Sans attendre notre approbation, elle disparut et revint avec un album qu'elle remit à mon ami. Celui-ci, dès les premières pages, manifesta un grand intérêt pour les photos en noir et blanc. Elles se succédaient d'année en année. Il y reconnut beaucoup de visages d'anciens condisciples. Il les retrouvait alignés en pyramide sur le perron de l'école, vêtus en enfants de choeur devant le porche de l'église, déguisés sur scène au cours de la séance récréative et en balade de fin d'année, mais aussi à la baignade, sur la place du marché parmi les chalands ou en tout autre lieu, prenant plus ou moins la pause.

Charles me pressait de questions dont la plus courante était : « Et celui-ci, qu'est-ce qu'il fait ? » La plupart des anciens camarades surtout les fils de cultivateurs n'avaient pas quitté le pays ou les alentours : ils succédaient le plus souvent à leur père. De même pour quelques fils d'artisans et de commerçants qui avaient repris l'atelier ou la boutique des parents. Parmi les autres qui ne bénéficiaient pas d'une situation toute tracée, peu étaient restés dans le village. Pour la plupart, ils avaient trouvé un emploi en ville parfois à la faveur d'un mariage. Charles s'étonnait qu'un si petit nombre de garçons de cette époque aient fait des études supérieures. Le cas d'Emile Chavet l'intriguait particulièrement. Il se souvenait que son frère Joseph admirait ce garçon turbulent qui, disait-il résolvait les problèmes avant même de les avoir lus et ne faisait pas de fautes dans les dictées. Or Joseph était professeur, agrégé de mathématiques. Qu'avait donc fait Emile avec de telles qualités intellectuelles ? Je lui précisai le C.V. de ce dernier : « Après son certificat d'études obtenu avec le premier prix du canton, Emile refusa obstinément de poursuivre ses études. Non pas être pensionnaire dans un collège ou un lycée mais préparer, au cours complémentaire, l'entrée à l'Ecole Normale d'Instituteurs. Ses parents sollicités par le directeur avaient donné leur accord. Lui, choisit de faire un apprentissage de mécanicien. Dès lors, il commença à mener une vie dissipée tant et si bien qu'en automne 1940, après une incartade réprimée par la police qui usa de chantage, il n'eut pas d'autre choix que la correctionnelle ou s'engager dans l'armée d'armistice. C'est ainsi qu'avec un de ses copains, il se retrouva militaire en Algérie et, de là, débarqua à Cavalaire et fut l'un de ces soldats français qui participa à la libération de la France. Ce dont il ne tira jamais vanité. À l'armée, il fut vite caporal, sergent. Il aurait pu suivre le peloton, devenir officier et faire une belle carrière. Pour lui, il n'en était pas question. Démobilisé, il fut embauché comme manutentionnaire dans une entreprise multinationale. Aujourd'hui, chef de chantier, il mène une vie de vieux garçon sans contrainte et semble heureux de son sort. »

Charles m'écoutait d'une oreille distraite, les yeux fixés sur une photo de groupe jaunie. Dès que je me tus, il referma l'album, le posa sur la table basse du salon.

– J'espère, dit-il, que, demain, je reconnaîtrai les copains en chair et en os aussi facilement que sur les photos. Mais depuis le temps...

– Pourquoi pas ? Hier, nous nous sommes bien reconnus aussitôt aperçus.

– Tu crois qu'ils seront nombreux au rendez-vous ?

– D'après ce que je sais, nous serons au moins dix de la 45. Ce sera, sans doute, la plus représentée des classes invitées.

– Si je me souviens bien, nous étions 18 en 1931, à faire notre première rentrée. Combien il en reste de vivants ?

– Je crois que trois sont morts. Roger Richard, de tuberculose : une méningite foudroyante à dix ans. Alfred Truchot et Henri Martinet ont été tués dans la Résistance. Nous aurons sûrement l'occasion d'en reparler.

– Ces trois-là, je les ai vus sur les photos, en particulier Henri, avec son éternel sourire, c'était ton copain. Mais dis-moi, toi tu as fait de la Résistance ?

– Pas du tout. J'ai continué mes études. Pensionnaire après avoir passé le certif, je suis devenu un élève studieux en secondaire, séduit par le latin et le grec et comme ça me réussissait, j'ai envisagé de faire des études supérieures, encouragé par toute la famille. Entré à douze ans en sixième, je supportais mal ce retard et ne voulais pas l'accentuer. Redoubler une année, pour moi, n'était pas possible.

– En ville, je n'ai pas eu ton problème. J'étais à dix ans en sixième. Mon oncle me poussait à faire des études, comme il avait poussé mes frères, toujours prêt à aider mes parents pourvu qu'on réussisse. C'était un sacré stimulant. C'est pourquoi, j'ai pu faire ma médecine. Tu le sais comme moi, des études longues et coûteuses. J'ai cru que mon boulot était de m'y appliquer. Pas question de m'en distraire. Avons-nous fait le bon choix ?

– Je me suis aussi posé la question. C'était déjà très tard en 1945, quand deux copains du P.C.B. se sont engagés. Content d'être reçu à l'examen et pressé d'entrer en première année de médecine, je n'ai pas hésité longtemps.

– Moi, la question, je me la suis vraiment posée plus tard, en Normandie, dans les cimetières militaires. Devant cet alignement de croix, j'ai été bouleversé d'autant plus que beaucoup de ces soldats avaient notre âge et même certains, plus jeunes. Ces Américains, ces Anglais, ces Canadiens et aussi ces Français ont donné leur vie pour nous permettre de continuer nos études. Et nous voilà Docteurs en Médecine, tandis qu'eux sont morts en pleine jeunesse. À part Albert et Henri, d'autres étaient dans le maquis ?

– Je ne suis sans doute pas des mieux informés. Les résistants étaient tenus à un certain secret. De notre âge, je n'en vois qu'un autre, Jacques Clerc. Il y a laissé deux doigts, dit-on, en manipulant une arme. Tu le verras demain. Tu pourras l'interroger. Parmi mes copains de vacances, trois de notre âge faisaient des études secondaires. Ce qui ne s'était jamais vu à Gravière. Aucun de ceux-ci n'est entré au maquis. Pourtant certains affichaient un solide gaullisme familial.

– Notre classe a vraiment été vernie. On a échappé à l'armée et même au S.T.O., convoqués quand l'armée allemande était en pleine débâcle. Et après la libération, à peine un peu de préparation militaire pour justifier nos galons.

– Je n'ai même pas répondu à l'invitation des recruteurs du S.T.O. À cette époque, pas besoin de se cacher dans une ferme, par exemple, ou de prendre le maquis comme ceux de la classe 44 avaient été obligés de faire. Le repli de l'armée allemande commençait. Quant à la préparation militaire, j'ai assisté à un minimum de cours. Juste assez pour obtenir le certificat d'assiduité exigé pour s'inscrire en fac. Ensuite, j'ai fait une période d'une semaine au Val Dahon pour compléter mon instruction. Le temps s'est étiré à suivre quelques cours, à regarder monter un hôpital de campagne par de jeunes rappelés qui auraient été mieux chez eux à faire les moissons. Le dernier jour, il fut inauguré et mis en service avec de vrais médecins et infirmiers et de faux blessés, en présence d'officiels, en particulier du général de la région qui nous passa en revue.

– Et après de tels états de service te voilà, comme moi, lieutenant.

– Exact. Ces jours mêmes, j'ai reçu ma nomination au grade de lieutenant à la condition de passer une visite médicale dans une caserne, à Chalon. J'ai écrit au général que je ne tenais pas à me rendre à cette convocation, ne souhaitant pas spécialement être lieutenant. Par retour de courrier, il m'a demandé de préciser si j'étais objecteur de conscience. Je m'empressai de le rassurer. Ma réponse fut non. Cela m'a suffi pour bénéficier de la promotion.

– Enfin tu ne trouves pas un peu fort qu'on soit galonnés alors qu'on n'a rien fait pour ça.

– D'accord. La meilleure preuve : quand on m'a demandé mon avis, j'ai refusé le grade.

– C'est tout à fait vrai, intervint mon épouse, que Paul a refusé d'être nommé lieutenant. Je lui avais déconseillé mais il n'en fait qu'à sa tête. Bonsoir ! Permettez que je vous quitte.

Elle embrassa Charles avant de nous quitter. Après quelques secondes de silence, le temps de vider notre verre d'alcool – une eau de vie de prune offerte par un malade reconnaissant –, la conversation reprit à voix plus basse :

– Crois-tu que demain, nous aurons la chance de voir le colonel Morizet ?

– Je ne peux pas te répondre. Je sais que, depuis deux ou trois ans, il revient plus souvent à Gravière. Moi, il y a longtemps que je ne l'ai pas vu. La dernière fois, c'était tout de suite après la guerre. Je ne me le remets pas bien mais je crois que je le reconnaîtrais. Sais-tu s'il est d'une classe en 5.

– Il a l'âge de mon oncle. Il est de 1902. Si tu savais comme j'aimerais le rencontrer. C'est une question qui me tient vraiment à cœur.

– Je te comprends. Mais dis-moi, tu n'as jamais eu cette envie, tu ne t'es jamais posé de questions avant d'avoir rencontré Emile ?

– Pas vraiment. Pourtant certains comportements m'ont parfois mis la puce à l'oreille. Les longs apartés de mon oncle avec sa sœur, toujours en l'absence de mon père. Pas une fois que je n'ai entendu parler de l'ami Charles. Et les réflexions de beaucoup de ceux qui fréquentaient la famille : « Il ne ressemble pas à ses frères. Lui, c'est bien le fils de sa mère.». Heureusement que j'avais emprunté pas mal de traits à ma mère. Quant à mon teint basané, mes parents n'y étaient pour rien. L'un et l'autre avaient le visage pâle. Et toi, Paul, dis-moi. N'as-tu jamais entendu parler de cette soi-disant paternité du colonel qui, tu n'as pas été sans le remarquer, se prénomme Charles... comme par hasard ?

– À vrai dire, non. J'étais bien jeune quand tu as quitté le pays et plus tard, je ne me souviens pas avoir entendu la moindre rumeur à ce sujet et surtout pas à la maison : mon père faisait vite taire les qu'en dira-t-on. Pourtant, je me rappelle ce que le Baptiste Grimaud, un ami de tes parents, m'a dit un jour que je lui parlais de toi : « Lui, au moins, son père ne peut pas le renier. » J'ai pensé qu'il ne voyait pas clair ou qu'il voulait blaguer.

– Si demain nous avons l'occasion de voir le colonel Morizet, pourras-tu le reconnaître ? Ma ressemblance avec son fils est-elle si frappante ?

– Je ne connais pas son fils. Nous verrons demain en ce qui concerne le père. Il n'est pas impossible qu'il soit au monument. Le 11 novembre dernier, il a remis des décorations à des combattants de la dernière guerre.

– J'ai hâte d'être fixé. Je te propose de nous coucher, je me suis levé tôt ce matin.

– J'allais te le proposer.

Le lendemain, Charles se leva du bon pied. Je l'entendis chantonner pendant sa toilette. Il me lança un bonjour joyeux dès qu'il m'aperçut. En pleine forme et des plus loquaces, il était impatient de revoir son pays natal, il m'en parla d'abondance, évoquant à tous propos, quitte à se répéter, le colonel, son présumé père.

Le programme de la journée devait commencer par la messe, à 10 heures 30, en l'église de Gravière. Avec un bon quart d'heure d'avance sur l'horaire, nous pensions nous assurer une place confortable mais à notre arrivée, non seulement la nef mais aussi les deux chapelles latérales étaient déjà bien remplies. Nous dûmes nous contenter de rester « sous les cloches » où des bancs avaient été rapportés pour la circonstance. De là, il nous était possible, dressés sur les orteils et d'une taille dépassant la moyenne, de voir une partie du chœur et des personnalités placées au premier rang. Notre attention fut aussitôt attirée par un militaire aux larges épaules galonnées, dont la tête couronnée de cheveux noirs dominait la brochette de notables.

– Tu crois que c'est lui ? me chuchota Charles, en me frôlant du coude.

– Très probable, répondis-je. J'attends de voir son visage.

Il me parut sage de n'être pas plus affirmatif. Nous avions une vue trop partielle du colonel pour le reconnaître à coup sûr. Pourtant j'étais persuadé qu'il s'agissait bien de lui et mon ami devait avoir la même certitude. Aussi, pendant toute la durée de l'office, ce crâne largement tonsuré, que les cierges et les lustres illuminaient, fut notre point de mire. Nous aurions préféré qu'il se présentât sous une autre incidence. Mais pas une distraction, pas la moindre rotation, la nuque restait raide comme au garde-à-vous.

La messe dite, Charles fut le premier à sortir. Il m'attendait au bas du perron accédant au porche. Nous pensions que les officiels passeraient à proximité. Soudain notre attention fut attirée par une voiture qui, à l'avant du capot, arborait un petit drapeau tricolore. Elle stoppa devant le portillon latéral de l'église. Nous eûmes juste le temps de voir un officier s'y installer et de la voir repartir. Cette fois, sans hésitation, je reconnus le colonel Morizet et en fit part aussitôt à mon ami.

Cette année-là, les invités des classes en 5 étaient venus nombreux. Presque tous avaient participé à l'une des deux dernières guerres. La petite place de l'église en fut bientôt toute occupée. Ils s'y attardaient, rassemblés par petits groupes d'âge, des plus jeunes aux plus vieux, dans la même camaraderie.

Les Poilus de 14-18, souvent moustachus, rescapés de la terrible hécatombe, avaient vu tomber sur les champs de bataille tant de leurs proches en pleine jeunesse. La plupart dépassaient largement la soixantaine. D'année en année, ils étaient de moins en moins nombreux : les uns étaient morts, pour la plupart des suites de leurs blessures, d'autres infirmes, mutilés ou malades, ne quittaient plus la maison.

Combattants de 39-45 dont beaucoup avaient été faits prisonniers et retenus presque cinq ans dans les stalags allemands où ils avaient supporté des hivers particulièrement rigoureux. Certains avaient passé sept ou huit ans de leur jeunesse sans revoir leur famille. Quelques uns ayant échappé à cette rafle étaient connus pour leurs actions dans la Résistance.

Notre classe la plus représentée – hormis la 55 qui, bientôt, serait appelée sous les drapeaux – non seulement n'avait pas été mobilisée en temps de guerre mais n'avait pas fait de service militaire. Pourtant deux de nos camarades avaient été tués lors d'accrochages du maquis avec la Wehrmacht. Charles interrogea à leur sujet, tous ses anciens camarades d'école, en particulier Jacques. Il se faisait un plaisir de les reconnaître avant présentation et s'intéressait à leur profession. Tout en parlant, notre groupe prit la direction du monument.

Rassemblés autour du drapeau, les conscrits chamarrés de rubans tricolores et de décorations rutilantes prirent la tête d'un cortège formé dans le plus grand désordre. Charles était attentif à l'environnement. Devant l'école des garçons, il s'éloigna de notre groupe, le temps de jeter un coup d'œil par-dessus le portillon. Quand il nous rejoignit, son visage reflétait son émotion.

– Rien de changé, dit-il, d'une voix blanche. Les mêmes platanes et les mêmes chiottes.

– Là, on n'est pas à Paris, répondit Jacques. Les W.C., ça sera pour plus tard.

La marche se poursuivit, moins animée, jusqu'au monument aux morts des deux guerres, autour duquel les premiers arrivants s'étaient dispersés par petits groupes silencieux. Le colonel y était bien en vue debout au milieu des officiels. Les traits du visage de Charles Morizet, qui s'étaient estompés dans ma mémoire m'étaient de nouveau précisés. Je ne pouvais m'y tromper. C'était bien les mêmes. La ressemblance avec mon ami me paraissait, elle aussi, évidente : ce teint basané, ces yeux noirs, ce vaste front bombé, ce nez aquilin. Même cette belle prestance que le colonel avait conservée malgré l'âge soutenait la comparaison avec celle de son fils. Mon ami demeurait immobile, muet, les yeux fixés devant lui, au-delà de la stèle où les noms des morts étaient inscrits en lettres d'or. Je respectais son silence. La cérémonie se déroula selon le rite habituel : dépôt de gerbes, sonnerie aux morts, discours du maire et du conseiller général.

La remise de décoration retint particulièrement notre attention. Dès les premières paroles du colonel qui épinglait la médaille militaire sur la poitrine du sergent-chef, Emile Chavet, je me tournai vers mon ami. Il avait les yeux embués de larmes. Je l'entendis murmurer : « C'est bien lui mon père. » La voix qu'il entendait était semblable à la sienne. Elle en avait le timbre et aussi le même et léger blèsement.

Les dernières notes de la Marseillaise venaient de retentir. Le colonel figé dans un garde-à-vous se détendit. Le bras qui avait porté la main au képi retomba brusquement le long du corps. Il prit congé de son entourage, jeta sur la foule un regard scrutateur puis, fixant les yeux sur nous, il marcha dans notre direction. Au passage, il salua militairement le plus âgé des poilus présents. Je sentais mon ami ému mais heureux. Enfin il allait voir son père face à face et lui parler. Le colonel s'arrêta devant nous et dit en nous abordant.

– Colonel Morizet. Je viens saluer la faculté. Bonjour, docteur Paul ! Bonjour docteur Charles ! J'ai grand plaisir à vous rencontrer.

– Bonjour mon colonel ! Lui fut-il répondu à deux voix.

–Votre présence à Gravière m'avait été signalée par votre oncle Henri, dit-il en s'adressant à mon ami.

– J'ai, en effet, souvent entendu parler de vous. Mon oncle vous garde une grande amitié.

– Moi, de même… Voulez-vous lui en faire part ?

– Je n'y manquerai pas. J'aurai l'occasion de le voir dès cette semaine.

– Je ne partagerai pas le repas avec vous. Je dois retrouver au plus vite mon régiment. La situation en Algérie est préoccupante. Henri m'a dit tout le bien qu'il pensait de vous, docteur Charles. Il est fier de votre parcours universitaire et pense que vous ne vous arrêterez pas là. Vous n'êtes pas sans savoir que votre patron en cardiologie, Claude Gabier est un ami très cher. Il vous a en haute estime et vous voit promis aux plus hautes fonctions. Je vous en félicite et vous souhaite bonne chance. Voulez-vous lui transmettre mes amitiés. Au revoir, Messieurs ! Passez une bonne journée !

À peine avions-nous eu le temps de lui répondre qu'il tourna les talons et rejoignit sa voiture stationnée à quelque cent mètres.

Le banquet pantagruélique se termina dans la cacophonie et l'hilarité générale. Les artistes amateurs – chanteurs et conteurs – avaient du mal à se faire entendre dans ce brouhaha. Charles s'en donnait à cœur joie, manifestant son intérêt pour le spectacle par des éclats de rire et des applaudissements. Je pensai qu'il lui serait facile de s'adapter à cette vie provinciale et mieux qu'il lui serait agréable de la retrouver.

Pourtant à la fin des agapes, il préféra rentrer avec moi à Cerlans alors que je lui avais proposé de le déposer au bal et de revenir le chercher vers onze heures pour partager la collation avec nos camarades. Ceux-ci essayèrent de le retenir mais en vain.

Dès que nous fûmes installés dans la voiture, Charles me fit part de ses intentions.

– Tu sais, j'ai changé d'avis. Demain je rentre à Paris sans m'arrêter à Chalon. J'ai décidé de préparer l'agrég. Je ne croyais pas que mon oncle y tenait tant. Je lui dois bien ça. Et je crois que c'est aussi le désir du colonel… enfin de mon père.

J'étais comme abasourdi en l'écoutant.

– C'est ce que t'a dit le colonel qui t'a fait changer d'avis ? Et ta femme… enfin ta fiancée ? Tu crois qu'elle t'approuvera ?

– Du côté d'Eliane, pas de problème. J'ai même cru comprendre qu'elle n'était pas enthousiasmée de quitter Paris. Ça l'éloignait de sa Normandie. Pourtant elle était prête à me suivre. D'ailleurs, après ce que je viens d'entendre, je n'ai pas d'autre alternative. J'espère que tu me comprends ?

– Je te comprends, surtout qu'avec ton patron … Mais je le regrette. À peine trente kilomètres nous auraient séparés et te voilà reparti aux antipodes.

– Tu exagères. Les distances ne sont plus ce qu'elles étaient. Maintenant nous nous reverrons souvent. Dès le mois d'avril, tu n'as pas oublié, à mon mariage.

Je laissai à Charles, le soin d'informer mon épouse des circonstances qui l'avaient décidé à changer d'orientation. Elle en parut contrariée et nous proposa de boire une coupe de champagne à notre nouvelle amitié.

LA PORTE DES CLIENTS

Je succédai à Cerlans à deux jeunes médecins qui n'avaient pas fait un long bail dans le village. Pour l'un, la cause en avait été la maladie, pour l'autre, le désir de retrouver son Alsace natale. Ils me laissaient en location une maison de quatre pièces au rez-de-chaussée avec garage au sous-sol et, à l'étage, une chambre mansardée occupée par l'employée. En plus, une sorte de couloir-véranda exigu, adossé en appentis à la façade est, que je convertis en salle d'attente. Ainsi, le logement de ma petite famille bénéficia d'une chambre supplémentaire. Pas de baignoire ni de douche, mais l'eau au robinet sur l'évier de la cuisine et sur deux autres lavabos l'un dans les toilettes, l'autre dans la buanderie, ce qui était très appréciable dans un pays où la plupart des habitants s'approvisionnaient encore au puits. Surtout nous disposions du chauffage central. C'était une des très rares maisons du bourg à en être équipée. Mes prédécesseurs, célibataires, s'accommodaient de cet espace réduit où se trouvaient imbriqués l'appartement et les pièces professionnelles. J'arrivais marié et déjà père d'une petite fille. Cette promiscuité du privé et du professionnel n'était pas sans inconvénients. Mon épouse et moi nous nous trouvions vraiment à l'étroit.

À cette époque, ici comme ailleurs, en campagne comme en ville, la pénurie de logements se faisait durement sentir. Comme il nous était impossible de trouver une location mieux adaptée à nos besoins, il nous restait une solution : chercher un terrain à bâtir bien situé où nous pourrions construire une maison à notre goût. Il fut enfin trouvé, il était temps. Les signes avant-coureurs d'un heureux événement se précisaient.

Quatre ans plus tard, nous emménagions dans notre maison flambant neuve, ma femme, nos deux filles et moi. Nous avions fait la partie belle au privé qui se trouvait nettement séparé du médical. Une porte à deux battants s'ouvrant de plain-pied sur la façade est donnait accès à notre domicile. Elle fut vite appelée « entrée des artistes ». Une autre porte, au nord, dite « des clients », donnait sur la route. Elle était destinée aux consultants et aux demandeurs de visites qui, après avoir monté les six marches d'un perron étroit, accédaient sur un seuil s'ouvrant sur le couloir des pièces professionnelles : cabinet médical à droite, salle d'attente à gauche.

Curieusement ni l'architecte ni moi-même n'avions pensé qu'un blessé pourrait, un jour, être transporté dans mon cabinet, sur un brancard. Avec le premier accidenté de la route qui se présenta sur cet appareil, j'en fis la déconcertante expérience. Les pompiers qui pourtant y mirent beaucoup de bonne volonté, ne purent exécuter un mouvement de rotation de 90°dans le corridor. Il leur fallut continuer leur avancée jusque dans le hall et le salon. Heureusement pour les tapis, cet accidenté de la route ne présentait pas de plaies saignantes mais – ce qui n'était pas mieux pour lui – une fracture non ouverte de la jambe. La décision fut prise, le soir même, de transporter le mobilier médical au sous-sol et d'agrandir de trois nouvelles pièces notre appartement privé.

Je me souviens de cette soirée où je donnai le premier coup de marteau dans le mur de refend – en le construisant, un linteau y avait été incorporé au cas où...– et que le premier moellon fut descellé et tomba à grand fracas dans la lessiveuse bien placée pour le recevoir. Ce fut un cri de victoire et l'opération se continua dans la joie. Tout le monde s'en mêla : ma femme, l'employée et même les deux enfants qui jouaient à se crier : « Coucou ! », de part et d'autre de la brèche que chacun concourait à agrandir. Après une heure de démolition dans la rigolade, un gros travail restait à faire : débarrasser le sol, les tapis, les meubles et même les murs d'une poussière blanchâtre. Celle-ci s'était infiltrée partout et il fallut plusieurs jours à ma femme et l'employée, pour faire un nettoyage à fond.

Dans cette nouvelle demeure, je n'avais guère l'occasion de franchir les seuils du rez-de-chaussée. J'entrais chez moi, le plus souvent en voiture, par le garage situé au sous-sol. De là, après m'être débarrassé de mes chaussures, quand elles étaient par trop crottées, je pouvais accéder à l'appartement.

Habituellement, mon épouse ou le plus souvent l'employée répondait au téléphone et aux sonneries distinctes de l'une ou de l'autre entrée. Cependant, après le repas du soir et jusqu'au lendemain matin, je devenais le portier de service. Cela m'arrivait aussi les dimanches et jours fériés, quand mon épouse consacrait particulièrement son temps à des occupations culinaires.

C'est ainsi qu'un de ces jours de garde où la matinée avait été très chargée, je reçus une femme, entre deux âges, à la mine chafouine. Il était quatorze heures et nous venions de commencer le repas. Passant par là, elle en avait profité pour sonner à ma porte. Je connaissais bien cette « paroissienne », dont les paroles doucereuses par devant, tournaient vite au vinaigre par derrière. Tous les ingrédients étaient réunis pour faire éclater ma colère à la moindre étincelle. Devant mon air renfrogné et mon sourire forcé, elle laissa échapper de ses lèvres serrées :

– Ah ! Vous mangez donc encore ? Me dit-elle, fixant son regard sur la serviette de table négligemment jetée sur mon épaule.

La réponse ne se fit pas attendre, cinglante et même grossière :

– Oui ! Madame ! Un médecin, ça mange, ça boit, ça p..., ça c... ça b...et des tas d'autres choses encore.

– Je ne pensais pas vous déranger. Je venais pour un renseignement. C'était pour ma belle-sœur. Ce sera pour une autre fois, me dit-elle en amorçant un mouvement de repli, à reculons dans l'escalier.

– Vous avez tout à fait raison. Ce sera pour une autre fois. Au revoir !

Ma femme me fit reproche de cette réception qu'elle qualifia, par euphémisme, de « cavalière ». J'admis volontiers que ma grossièreté avait dépassé les bornes.

Il n'y eut pas d'autre fois et l'au revoir fut sans suite. Je n'ai jamais revu cette femme dans mon cabinet et n'ai plus remis les pieds dans sa maison.

Pour certains, en effet, le médecin était « corvéable à merci ». Sa disponibilité devait être de tous les instants, même quand son intervention n'était pas nécessitée par l'urgence. Combien de fois ai-je été appelé au beau milieu de la nuit et plus encore au petit matin pour des patients qui auraient pu attendre de nombreuses heures sans aucun risque ? « Ça les arrangeait », s'excusaient-ils ingénument. Selon leur accueil, ma colère s'apaisait ou au contraire s'exaltait. Alors, j'avais bien du mal à réprimer certains excès de langage.

Une belle nuit d'hiver froide et constellée, je reçus sur le perron balayé par la bise, un brave paysan avec qui je sympathisais. Toujours souriant, il avait la blague au bord des lèvres. Il était deux heures du matin. Revenant de veiller chez des amis, il se présenta, hilare mais d'une hilarité de bon aloi. Ce qui eut pour effet de me mettre de bonne humeur. La veillée avait dû être bien arrosée. Sur un ton badin, il me présenta son poignet gauche légèrement tuméfié et m'expliqua qu'il en souffrait depuis une dizaine de jours après avoir été piqué par une épine.

– Pourquoi vous n'êtes pas venu plus tôt ? lui demandai-je

– Plus tôt... mais avant, je jouais aux cartes. Vous savez comme c'est, ça n'en finit pas. Si on perd, on veut prendre sa revanche. C'est les copains qui m'ont fait peur. Ils m'ont parlé de tétanos. Moi je croyais que, l'épine une fois enlevée, je guérirais en désinfectant bien le trou de la piqûre avec de l'alcool, de la goutte quoi...Mais ça n'a pas l'air d'avoir agi. Je suis toujours aussi gêné et j'ai toujours aussi mal. Vous croyez pas, la goutte, c'est pas fait pour ça ? La goutte, vaut mieux la boire.

– Vos copains ont eu raison de vous faire peur. Ce sont ces petites plaies profondes qu'on ne peut pas bien désinfecter qui font courir le plus grand risque de tétanos et le tétanos est une maladie encore souvent mortelle. Est-ce que vous vous souvenez de la date de votre dernière vaccination?

– Je pense pas avoir été piqué depuis le régiment, si je m'en souviens bien. Il y a plus de vingt ans. Qu'est-ce que je dis, bientôt trente, plutôt.

– Alors il faudra vous faire vacciner ces jours prochains. Mais tout de suite, je vais vous faire un sérum antitétanique. En plusieurs fois. On en a pour une heure.

– Vous savez au point où on en est, moi j'ai le temps d'attendre. Pourvu que j'arrive pour le pansage. Ma femme et mes enfants seront bientôt à la maison s'ils n'y sont pas déjà. Ils pourront dormir tranquilles. Ils me savent dans de bonnes mains.

– Vous êtes venus comment chez vos amis ?

– À peine deux kilomètres. C'est pas bien long à faire à pied. On n'aurait pu prendre les vélos. Mais moi, la nuit, après une veillée, j'aime pas trop.

Après l'injection d'une quantité minime de sérum, je restai auprès de ce patient qui ne manifestait aucun signe de fatigue et semblait prêt à poursuivre une longue discussion.

Même après la dernière piqûre, il ne parut pas pressé de me quitter. Il me tint compagnie encore quelques minutes, toujours aussi bavard et facétieux. Je crois que ni l'un ni l'autre, nous n'avons regretté ce colloque singulier nocturne.

Je n'avais pas toujours cette complaisance pour les noctambules de passage venus quémander des soins jugés soudain urgents quand la nuit exacerbe leur angoisse et encore moins pour ceux venus seulement faire parapher un papier.

Je me souviens de cet homme dont l'haleine était révélatrice et qui s'obstinait à me parler sous le nez. Il ne devait pas boire que du petit lait. À onze heures du soir, mis à la porte d'un bistrot par le tenancier pressé de fermer et de se reposer, « il passait par là » m'a-t-il dit. Pourquoi ne pas sonner chez le médecin ? C'est ce qu'il fit.

Il m'apparut titubant sur le seuil, tenant la rampe de la main droite et m'agitant sous le nez son autre main marquée d'une cicatrice. Il venait chercher un certificat de consolidation d'une blessure guérie depuis belle lurette. Bien entendu, je refusai d'obtempérer et lui recommandai de revenir à des heures moins tardives. Il ne voulut rien entendre et continua à bredouiller d'une voix pâteuse des paroles pleines de menaces et coupées d'éructations. Exaspéré, je le saisis par le col de sa veste, lui fit faire un demi-tour. Je ne pus retenir ma jambe droite : un ancien réflexe de footballeur passionné projeta mon pied en avant. Mais aussitôt j'obéis au « primum non nocere » de la sagesse médicale et retins mon geste avant qu'il n'atteignît son but. Le bout du soulier effleura le pantalon. Je me contentai de reconduire le noctambule aviné, soutenu à bout de bras, jusqu'au bas de l'escalier. Quand je lâchai ma prise, il faillit s'affaler sur le pavé. Je l'avais échappé belle. La chute de cet homme dans un tel état aurait pu avoir de graves conséquences. Je regrettais déjà cet accès de colère. J'envisageais de le ramener chez lui quand son comparse en beuverie, tout aussi imprégné que lui, vint le récupérer. Du perron, je n'avais pas vu une voiture cachée derrière le buisson de clôture. Après bien des palabres, les deux ivrognes s'y installèrent. Ce n'est pas sans une certaine inquiétude que j'entendis vrombir le moteur et l'auto se lancer sur la route.

Dans certains cas, je ne pouvais pas faire autrement que faire bonne figure bien que l'exploitation de la situation me révoltât. C'est ainsi qu'il m'est arrivé plusieurs fois d'être réveillé au beau milieu de la nuit par un membre de la famille d'un défunt pour la délivrance d'un certificat de décès. Qu'allait-il en faire à cette heure ? La mairie n'était pas ouverte. Il est vrai que, parfois, je me reconnaissais une certaine responsabilité. Cette démarche tardive était la conséquence de ma propre négligence : j'avais oublié d'approvisionner ma serviette médicale en papiers bleus. Comme d'habitude, la seule raison que me donnait, pour excuse, cet importun, c'était qu'il passait par là et profitait de l'occasion.

Je me souviens particulièrement de cet homme inconnu de prime abord qui, aussitôt la porte ouverte, se précipita dans le couloir : « Excusez-moi de vous déranger si tard, me dit-il, ma femme vient de mourir en route. » J'avais eu le temps d'apercevoir devant chez moi une voiture stationnée dont j'entendais ronronner le moteur. Mal réveillé, interloqué, je ne répondis pas à l'intrus et pris l'enveloppe qu'il me tendait. D'emblée, je fus rassuré. La lettre m'était envoyée par les hospices civils de Lyon. Elle m'informait de l'hospitalisation dans le service des urgences de madame B., et de sa mort deux jours plus tard. Le patron avait autorisé que son corps fût transporté en ambulance jusqu'au lieu de sépulture, laissant au médecin du pays le soin de remplir le certificat de décès. En outre, il avait été recommandé aux accompagnateurs d'affirmer, en cas de contrôle de police, que la malade était morte en route. Ce mari diligent avait suivi plus qu'à la lettre les consignes. Il n'hésita pas à me tirer du lit à l'heure où tous les braves gens sont endormis et dès qu'il m'aborda, me servit le mensonge réservé aux flics.

Je ne connaissais pas la défunte pourtant originaire de Cerlans. Quant à son époux... À première vue, ses traits m'avaient paru étrangers, pourtant j'eus bientôt l'impression d'avoir déjà vu ce visage. Le pois chiche que, comme Cicéron, il portait sur le nez me raviva la mémoire. C'était Georges B.. Je l'avais connu dans mon adolescence alors qu'il était ouvrier forgeron et jouait au costaud.

Soudain un souvenir me revint. Je faillis me départir de la gravité qu'exigeait la circonstance. « C'était sur la place publique, à l'occasion de la fête patronale. Le jeune homme releva le défi d'un forain qui donnait une prime à qui ferait l'arraché d'un pesant haltère. Celui-ci, dans son exhibition, le manipulait, avec aisance, jusqu'à l'épaulé-jeté. L'amateur balèze réussit à décoller l'un des disques de terre. Soudain au moment où il fit son effort, alors que les spectateurs, bouche bée, se taisaient, un craquement troublant retentit. Le pantalon n'avait pas résisté et notre héros se retrouvait fesses au vent. Cette péripétie poussa au comble l'hilarité des badauds dont je faisais partie. » Georges et moi, nous fîmes semblant de ne nous être jamais vus. Je descendis avec lui jusqu'à l'ambulance et lui remis le petit papier bleu rempli en bonne et due forme selon les instructions des hospices. Je crois n'avoir pas accepté d'honoraires, sans doute, en souvenir du spectacle qu'il m'avait donné.

Une autre fois, ce fut un appel insolite qui me fit sortir du lit à peine couché. Je ne dormais pas, ressassant dans ma tête les dossiers que je venais de classer au cours d'une longue veillée dans mes pièces professionnelles. C'était bien à l'est – non pas à la porte des clients mais à l'entrée des artistes – que j'entendais s'agiter et vociférer. Pas de doute, la sonnerie prolongée était bien celle de l'appartement privé. Je m'y précipitai. Une lumière diffusée par la porte du sous-sol, restée entrouverte éclairait le hall. Je m'en approchai. L'un des douze carreaux opaques vola en éclats, presque aussitôt suivi d'un autre et d'un troisième. Il était temps d'intervenir si je voulais limiter les dégâts et maîtriser l'individu responsable qui continuait de s'agiter et de hurler. Je l'avais reconnu. Il était de ceux que je voyais de temps à autre en consultation. Heureusement, ce malingre ne m'impressionnait pas.

Les bris de verre qui jonchaient le sol rendaient difficile l'ouverture de la double porte d'entrée, et dangereux mes déplacements, pieds nus dans des babouches. Deux autres vitres furent brisées avant que le forcené fût mis hors d'état de nuire. J'avais pu lui saisir les poignets tout ruisselants de sang. L'énergumène l'avait distribué généreusement autour de lui, sur les battants de porte, les murs, les rideaux. Mon pyjama et mon visage en étaient rougis. L'homme dont je maintenais le dos collé à ma poitrine, gigotait comme un beau diable. Heureusement, les appels téléphoniques passés par ma femme au milieu des cris et pleurs de nos deux filles, commençaient à être suivis d'effets. Les deux plus proches voisins me relayèrent pour immobiliser le casseur toujours vitupérant et se débattant. Puis les pompiers et les gendarmes arrivèrent. Il fut alors possible de donner les premiers soins au blessé. Il ne présentait que des coupures superficielles sans lésions de tendons ni de vaisseaux importants. Pas même besoin de sutures. Je me contentai de faire de simples pansements. Les secouristes l'embarquèrent aussitôt à l'hôpital.

Cet homme qui n'en voulait ni à mes biens ni à ma vie, avait été attiré, paraît-il, par la lumière du sous- sol, qui, à travers le verre cathédrale de la porte d'entrée, luisait dans la nuit. Après son hospitalisation, il réapparut quelques jours dans le village puis en disparut définitivement à la grande satisfaction de mes deux filles encore petites. Ce sont elles qui ont subi le plus gros choc. Les nuits qui suivirent ce saccage elles furent lentes à s'endormir et fréquemment réveillées par des cauchemars. Elles paniquaient à l'idée de le rencontrer dans la rue et en ont gardé longtemps une frayeur des tapages nocturnes.

Ce fut la seule fois dans toute ma carrière qu'un patient vint manifester sa mauvaise humeur, peut-être sa désapprobation. Pour quelle raison ? La manifestation de ce noctambule avec qui je croyais vivre en bonne intelligence, n'a cessé de me poser des questions auxquelles je n'ai jamais trouvé de réponses satisfaisantes. La presse locale resta discrète sur ce fait divers. Ce n'était qu'un incident qui, bien qu'il fût désagréable, n'entama pas mon moral et fut vite oublié. « Encore un carreau de cassé, v'là vitrier qui passe. Encore un carreau de cassé, v'là le vitrier passé », comme dit la chanson.

Je n'eus, en effet, à déplorer que des dégâts matériels vite réparés aux frais du casseur ou plutôt de sa mère. Car au petit matin, elle vint s'excuser pour les préjudices causés par son fils. Elle était accompagnée d'un plâtrier, peintre et vitrier qui, en deux jours, remit tout en état.

Pas d'atteinte à ma personne ni à ma famille. Nous nous en tirions à bon compte. J'ai en mémoire le sort de malheureux confrères qui ont payé de leur vie l'agression d'un patient plus ou moins déséquilibré.

L'URGENCE DE LA VEILLÉE

Ce devait être au début des années 60. Installés à Cerlans depuis une dizaine d'années, mon épouse et moi y avions été bien accueillis et, très vite, nous nous étions fait de nombreuses amitiés.

Les derniers jours de l'automne, après une période de pluies incessantes, avaient pris un caractère hivernal : froid et sec avec les premières gelées matinales. Cette période de l'année durant laquelle les nuits de plus en plus longues préparent à la veillée de Noël, invite à la convivialité. Ce soir, nous attendions trois couples d'amis avec lesquels, il était fréquent de nous réunir autour d'une bonne table. Après avoir procédé aux derniers préparatifs, il nous fallait attendre sans trop manifester d'impatience. Assis face à face, chacun de nous feuilletait une revue. Nous tournions les pages machinalement, peu attentifs à la lecture et même aux images, la tête manifestement ailleurs. Sans doute, la maîtresse de maison était-elle toujours à ses casseroles, ayant passé toute la journée à préparer le repas et à mettre les petits plats dans les grands. Quant à moi, je m'étais contenté de remonter de la cave quelques bonnes bouteilles, de mettre les unes au frais, les autres à chambrer dans un endroit favorable. Maintenant, je remettais mentalement mon choix en question. Avait-il été le meilleur ? Rien de moins sûr ? L'attente me paraissait longue.

– Tu crois qu'ils vont bientôt arriver ? Demandai-je en me levant du fauteuil.

– Il est huit heures et quart. Ils ne devraient pas tarder. Mais où vas-tu ?

– Choisir un autre rouge pour le fromage. C'est comme toutes les fois. Je ne suis jamais satisfait. Je vais chercher une autre bouteille.

– Tu trouves que le mercurey ne convient pas ?

– Je crois qu'on peut faire mieux. Tu verras. Je t'en fais la surprise.

Je revenais m'asseoir quand la sonnette tinta. Nos amis, le vétérinaire et son épouse, contrairement à l'habitude, arrivaient les premiers, bientôt suivis par les deux autres couples. Leur manteau était parsemé de gros flocons. La neige commençait à tomber drue et serrée, apportée par le vent du nord-ouest.

Dès que nous eûmes goûté à l'apéritif, la fatigue de la journée parut avoir libéré les muscles : les femmes se trémoussaient sur leur siège, les hommes agitaient les bras en de grands mouvements oratoires. Les unes potinaient, les autres se lançaient dans de grandes discussions politiques, prêts à refaire le monde. Les conversations s'engageaient sur un ton allègre, enjoué, présageant une agréable soirée. En effet, le début du repas se déroula dans la gaîté. Les rires et les éclats de voix montaient d'un ton à mesure que se vidaient les bouteilles. Et il faut dire qu'entre amis, à cette époque, nous usions de vin sans modération. Fort heureusement les gendarmes n'avaient pas encore la malencontreuse idée d'arrêter inopinément les automobilistes pour les faire souffler dans un ballon. Si cela avait été, que de permis de conduire auraient été aussitôt retirés !

Quand le plateau de fromages fut déposé sur la table, Michel, l'ami vétérinaire s'adressa à moi pour exprimer sa satisfaction :

– Tu ne crois pas qu'on a passé le moment critique. Il est presque onze heures. L'heure est passée des appels tardifs de ceux qui ont hésité toute la journée. Avant de se coucher, ils commencent à paniquer et se décident enfin. Après, c'est les vraies urgences de nuit, plutôt rares à cette époque. Pas trop de boulot. Pas de vêlage. J'en profite pour faire des vaccinations maintenant que les vaches sont rentrées.

– Pour moi aussi, c'est plutôt calme avant le gros coup des maladies respiratoires ou même d'une épidémie de grippe, toujours possible. C'est tous les ans la même chose, on a droit à un peu de repos pour préparer les fêtes.

– Aussi profitons-en bien. Je rappelais à Josette en venant que, ces derniers mois, nous n'avons jamais dîné ensemble sans que l'un de nous soit appelé pour une visite de nuit.

– Ce soir, le cercle vicieux est rompu. Nous avons conjuré le mauvais sort, répondis-je, tout en me taillant une bonne part de brie dont l'aspect était des plus appétissants.

Bien mal m'en prit : j'avais à peine eu le temps de goûter au fromage et de savourer une gorgée de santenay 47, qu'une sonnerie stridente fit sursauter la tablée. Moi-même, je ne m'habituais pas à cette tonalité aiguë qui me perçait les tympans et me faisait battre le cœur. Pas de doute. C'était bien à la porte des clients que l'on avait sonné. Le regard de Michel et le mien se croisèrent, empreints de la même inquiétude.

– C'est pour qui ? Questionna-t-il. J'ai accroché une pancarte qui indique où je suis.

– On s'en serait bien passé. Mais il faudra que l'un de nous deux y aille. Il fait un temps à ne pas mettre un chien dehors.

– Oui, mais on peut y mettre un médecin ou un vétérinaire.

– Je cours à la porte. On saura bientôt qui sera l'heureux sortant. En tout cas, ça doit être une vraie urgence. Pour se déplacer dans le froid et la neige, il faut que ça presse... Pourquoi pas un vêlage ?

– Ce n'est pas la période mais qui sait ? Plutôt un avortement.

Je ne répondis pas. Un violent tambourinage coupa court à toutes les conversations.

Sur le perron, un homme m'attendait, emmitouflé, blotti dans l'angle du mur et de la porte. Quand j'ouvris, il perdit l'équilibre et faillit me basculer dessus. J'esquissai un geste pour le retenir. Mais il se remit vite d'aplomb, droit dans ses bottes de caoutchouc. Je reconnus aussitôt Charles Chaux bien que son visage fût en grande partie caché par un passe-montagne de grosse laine beige. Ses traits étaient marqués par la fatigue et l'angoisse, ses yeux rougis, à demi-fermés. Sa barbe de plusieurs jours et ses épais sourcils noirs emprisonnaient dans leur broussaille quelques flocons qui tardaient à fondre. La neige tombait toujours drue, déployant devant les réverbères comme un filet à mailles serrées et lumineuses. Emportée par un vent froid qui avait tourné carrément au nord, elle s'engouffrait dans le couloir. Une porte claqua violemment à l'intérieur de la maison. L'immense tapis blanc déjà épais était seulement sillonné par les empreintes zigzagantes d'une longue suite de pas, entremêlées à celles des roues de vélo. Celui-ci gisait comme une carcasse abandonnée devant la porte du garage.

– M'sieu le docteur, me dit Charles, faudrait que vous veniez voir ma femme. Elle perd son sang depuis ce soir.

– D'où saigne-t-elle ?

– De dessous le ventre et à ce train, elle sera vite saignée.

– Alors pas de temps à perdre. Attendez-moi en bas. Vous mettrez votre vélo au garage quand j'aurai sorti l'auto.

Michel l'avait supposé. Il s'agissait, à peu près sûrement, d'une fausse-couche. Ce n'était pas sans appréhension que je me préparai à secourir cette jeune femme dans de telles circonstances. L'hémorragie peut être grave, entraîner de lourdes complications, des séquelles et même la mort. À cette époque, pas question d'envoyer systématiquement à l'hôpital et le temps ne se prêtait guère à un long déplacement. Je devais assumer mes responsabilités. Faute de quoi, dans le pays, j'aurai vite une réputation d'incompétence. Mais cependant, par excès de confiance, je ne devais pas faire courir un risque vital à cette mère d'une famille déjà nombreuse. Je connaissais bien ce couple de jeunes cultivateurs qui habitaient une ferme isolée dans un des hameaux les plus éloignés de Cerlans. Ils étaient les parents de trois filles et deux garçons. Le sixième enfant, sans doute peu désiré, n'avait plus guère de chance d'aller à terme. Quel était l'âge de cette grossesse interrompue ?

En revêtant ma canadienne, je revins auprès de mes amis. Leurs conversations avaient baissé d'un ton. Ils me firent compliment de mon vin. J'en profitai pour finir mon verre encore à demi rempli. Comme je m'éloignais, je vis mon épouse déposer un millefeuille sur la table. C'était un de mes desserts préférés

– Surtout n'oubliez pas de m'en garder une bonne part ! Criai-je, depuis le hall. Je ne serai pas de retour avant une bonne heure. Michel, tu avais raison. Il s'agit presque sûrement d'un avortement. Mais pas pour toi. Chez Chaux, aux Bruyères. Tu connais ?

– Si je connais... Heureusement que tu circules en 2CV Par un temps pareil...

– Il neige toujours ? Me demanda mon épouse.

– Toujours autant. La couche est de dix centimètres, à peu près. Mais, avec le vent, c'est difficile à apprécier. Bon appétit ! À mon retour, je mettrai les bouchées doubles.

Installé sur le siège avant, mon passager tentait de se réchauffer, recroquevillé dans d'épais vêtements de laine.

– Savez-vous, lui demandai-je, quand votre femme a eu ses dernières règles ?

– Je peux pas trop dire. Peut-être deux ou trois mois. Même elle, des fois, elle sait pas bien où elle en est. Elle perd n'importe quand. C'est pas possible qu'on s'y retrouve. C'est pour ça qu'on en a déjà cinq et que c'était sûrement le sixième qui se préparait.

« Pourvu, pensai-je, que la grossesse ne soit pas trop avancée et que l'œuf s'évacue en entier, bien proprement, d'un seul bloc. Sinon, il me faudra faire curage et dans quelles conditions ? » Il neigeait toujours à plein temps. Les gros flocons que le vent du nord tenace emportait et empêchait de se poser mollement sur le sol s'accumulaient au pied des talus et des buissons.

Nous avions parcouru la plus grande partie des quelque cinq kilomètres qui séparaient le bourg de Cerland de la ferme des Bruyères et traversions un espace boisé. Je conduisais avec le minimum de prudence. Mon passager ne cessait de manifester son admiration pour cette auto qui ne payait pas de mine mais roulait avec aisance sur les chemins enneigés.

– C'était temps que j'arrive chez vous, me dit-il. J'en pouvais plus. J'ai fait presque tout le chemin à pied. J'avais un mal de chien à arracher mes bottes de la neige. Je me suis ramassé plusieurs fois. Si j'avais des sous, je me paierais ben une auto comme ça. C'est ça qui doit être pratique quand on habite loin comme nous. Si seulement on avait le téléphone. Mais le téléphone le plus près, il est à Charmois. C'est aussi loin que d'aller chez vous. C'est pour ça que j'ai fait ni une ni deux et que je suis allé vous chercher.

– Si vous n'avez pas de cabine plus proche, vous avez bien fait. Ça vous a permis de rentrer chez vous en voiture. C'est quand même plus confortable qu'à bicyclette.

– Et surtout plus rapide. Et puis je serai là quand vous arriverez à la maison. Je pourrai vous être utile. Faut dire qu'on est trop isolé dans les bois. La ferme la moins loin est à plus d'un kilomètre. Après, des autres fermes dispersées mais pas un commerce dans les parages.

– C'est vrai qu'une petite voiture vous rendrait bien des services.

Le silence fut de courte durée.

– Tiens ! Un blaireau ! S'exclama mon passager. Depuis longtemps, j'en ai pas vu dans la région. Faut dire que c'est des bêtes qui sortent la nuit.

De la grosseur d'un chien mais plus court en pattes, l'animal sortit d'un sentier forestier et, après avoir traversé la route à quelque cent mètres de la voiture, disparut dans le taillis. Les plus fines branches abritées par la haute futaie, retenaient, dans leurs lacis, des lambeaux blancs, déchiquetés par la bise. Certains s'en détachèrent au passage de l'animal.

– Moi non plus, il y a longtemps que je n'en ai pas vu, répliquai-je. J'aurais pourtant l'occasion d'en voir. Je me promène très souvent la nuit. Il m'arrive de voir des lièvres, des lapins, des renards mais pas de blaireaux.

– Au matin, si le vent n'a pas effacé les traces, je vas ben voir où le renard passe. Depuis le temps qu'il rôde autour de la maison et me vole des poules. Ce coup-là, j'espère ben que je vas l'avoir.

Quand il se tut, la ferme était toute proche. La porte et une fenêtre vitrées diffusaient, à travers leurs petits carreaux, des lueurs blafardes, jaunâtres.

À l'invitation de Charles Chaux, je pénétrai dans le clair-obscur d'une grande pièce à peu près carrée. Le seul éclairage provenait, sur ma gauche, d'une lourde suspension chapeautée de porcelaine opaline. Accrochée au solide plafond à poutres apparentes, elle diffusait comme un halo de faible lumière. Une longue table de chêne concentrait la plus grande part des rayons de ce lumignon sur son épais plateau qui, supporté par cinq pieds tournés, brillait comme un miroir. Flanquée de deux bancs, elle cachait à moitié un buffet en sapin dont la partie supérieure s'estompait dans la grisaille. Complétant l'espace repas, une armoire bressane en noyer, bien campée sur de petits pieds tors, adossait sa haute stature au centre du mur. Sur ma droite, la pénombre s'étendait, de plus en plus dense, jusqu'à l'encoignure où se dressait une sorte d'alcôve. À demi-fermée par deux rideaux de velours marron, elle était meublée d'un lit dans lequel la patiente reposait. Faisant face à la porte d'entrée, une cuisinière massive en fonte noire occultait l'âtre noirci par des flambées anciennes et maintenant désespérément froid. Depuis des années, seul, le fourneau consumait les bûches, à huis clos, dans son ventre de métal. Par son tuyau coudé, il se raccordait au manteau de la cheminée bruissant des soupirs et gémissements de la bise. Devant cet ensemble calorifère imposant, j'eus la sensation de pénétrer dans une ambiance chaleureuse. Bientôt, je m'aperçus que ce bien-être n'était ressenti que par contraste avec la froidure extérieure. Car, dans toute la grande pièce, il n'était retrouvé qu'à proximité du foyer.

L'atmosphère était lugubre. On aurait cru veiller un mort. Quand j'aperçus le visage de Mme Chaux, pâle, cadavérique, cette impression se concrétisa et me parut, pendant quelques instants, être une réalité. Je m'assurai aussitôt que la gisante respirait et que son cœur battait. Le pouls, la respiration étaient trop rapides : « Elle avait, sans doute, perdu beaucoup de sang ?», pensais-je. La gisante restait impassible sans un geste, sans un mot, semblant ne pas s'apercevoir de ma présence. J'effleurai son front froid du bout des doigts. Elle entrouvrit les yeux et répondit d'une voix faible à mon salut, les lèvres serrées, sans détourner son regard qui restait fixé au plafond. Je m'autorisai à la découvrir. Elle resta impassible ; toutefois, elle esquissa une grimace quand je lui palpai le ventre. Après un bref interrogatoire, malgré l'imprécision des réponses, mon opinion était faite : « L'âge de la grossesse dépassait largement trois mois. L'œuf, sans doute, n'avait pas été expulsé en bloc. Il faudrait intervenir, évacuer les débris de membranes restés dans l'utérus. » Dans ce coin obscur, il me parut impossible de mener à bien cette opération.

– Avez-vous beaucoup saigné ces dernières heures ? Demandai-je.

– Oui, surtout depuis que j'ai perdu des peaux avec un gros caillot juste avant de souper. Répondit-elle d'une voix faible.

– Avez – vous bien examiné ces pertes?

– J'ai à peine eu le temps de les voir. Mon mari les a emportées dehors pour s'en débarrasser. Ça nous disait rien d'y regarder de trop près.

L'homme interrogé me déclara les avoir aussitôt enterrées mais ne put m'apporter de précisions. Pour lui, c'était « un gros caillot de sang ». Sans insister, je lui demandai de me faire bouillir de l'eau en grande quantité.

– On a vidé les seaux, me répondit-il. Il en a fallu beaucoup pour nettoyer les carreaux qui étaient tout rouges de sang. J'vas au puits chercher de l'eau. J'en mettrai chauffer dans le grand faitout. Ça sera bientôt fait en poussant le poêle.

– Allez vite ! Je vous attends pour installer votre femme sur la table.

L'homme sortit. J'en profitai pour examiner son épouse : une auscultation thoracique et une prise de tension artérielle. En conclusion, celle-ci était basse, le rythme cardiaque et respiratoire accéléré mais les chiffres restaient dans des limites rassurantes. Monsieur Chaux ne tarda pas à revenir chargé à chaque bras d'un seau rempli à ras bord.

– Maintenant, lui dis-je, quand il eut déposé le faitout rempli d'eau à chauffer sur la cuisinière allez me chercher une couverture, deux draps et quatre ou cinq serviettes de toilette. Apportez-moi aussi un savon de Marseille.

– Tout de suite, répondit-il. Je vas tâcher de tout trouver.

Il se dirigea vers une porte de bois, mal ajustée au chambranle. Elle s'ouvrait au milieu du mur latéral droit et n'était séparée de l'alcôve que par un pan de mur d'un mètre de large environ. L'homme disparut dans la chambre attenante et en ressortit, les bras chargés de linges. Toute sa progéniture le suivait, affublée de toutes sortes d'oripeaux. La plus grande des filles, âgée d'une dizaine d'années portait dans ses bras un bébé d'environ un an. La peur se lisait dans leurs yeux mouillés de larmes. Soudain le nourrisson se mit à hurler ce qui eut pour effet de paniquer davantage les marmots. L'aînée, au contraire, effaça, d'un coup, toute trace d'anxiété de son visage. Même elle esquissa un sourire et, berçant son petit frère, essaya de le calmer en fredonnant une comptine. Quand le père eut les mains libres, il reconduisit les enfants sanglotants dans la chambre et leur ordonna de se remettre au lit sans attendre.

Le faitout d'eau bouillante fut mis à refroidir dans une bassine d'eau glacée, abondamment fournie en neige. J'aidai Monsieur Chaux à transporter son épouse sur la table qu'il venait de débarrasser de quelques chiffons et paperasses. Sans attendre, je commençai un lavage et un brossage longs et minutieux des mains. Tandis que je me gantais de caoutchouc stérile, la patiente relevant un peu la tête m'interrogea :

– Qu'est-ce que vous allez me faire, Monsieur le docteur ?

– D'abord, vous examiner. Après, si c'est nécessaire, je viderai votre matrice des caillots qui restent et qui vous font saigner?

– Est-ce que ça fait pas trop mal ?

– S'il faut intervenir, je ferai tout pour vous éviter de trop souffrir. Il est grand temps d'arrêter ce saignement qui n'a que trop duré. Les deux dernières serviettes étaient encore pleines de sang.

– Est-ce qu'au lieu de faire ça, une piqûre suffirait ? C'est pas que j'aime mais ça serait plus vite fait et moins douloureux.

–Hélas ! Madame, ce n'est pas possible ! Mais n'ayez pas peur ! Ce sera vite fait.

Au début de l'examen gynécologique, elle poussa quelques cris étouffés. L' utérus au col largement ouvert et encombré de caillots m'incita à intervenir rapidement pour l'en débarrasser. J'allais commencer quand les enfants firent irruption dans la pièce, la remplissant de leurs pleurs et de leurs vociférations. Les hurlements stridents du nourrisson que sa grande soeur désespérait de consoler, se mêlaient aux appels déchirants : « Maman ! » qu'une petite fille de quatre ans environ ne cessait de répéter. Elle s'approcha tout près de moi me frappant la cuisse à petits coups de sa main potelée. Sous la frange d'une épaisse chevelure noire et broussailleuse, son regard sombre me fixait, suppliant.

– Faut pas faire mal à ma maman ? Me balbutia-t-elle plusieurs fois tandis que son père qui l'avait soulevée de terre la serrait contre sa poitrine.

– Faut les fermer dans l'écurie, s'écria la mère. Faudrait pas qu'ils prennent froid.

Son mari, sans répondre, entraîna sa marmaille à l'extérieur. Un courant d'air froid fit frissonner la patiente. Je pouvais continuer l'opération. Madame Chaux la supporta avec un grand courage. À peine si, au cours de ces quelques minutes de supplice, j'entendis deux ou trois gémissements. Sa plainte se traduisait surtout par une respiration bruyante et saccadée. Satisfait de mon intervention, je rédigeai une ordonnance : il fallait prévenir les risques d'infections. Je finissais de relire mes prescriptions quand le père pénétra dans la pièce, précédé de sa nichée. Son visage angoissé se dérida dès que je lui annonçai que tout s'était bien passé. Sur la frimousse des enfants encore secoués de sanglots, s'esquissa un léger sourire. De bon gré, ils regagnèrent leur chambre. Je m'assurai que la malade ne présentait plus de saignement inquiétant, lui fit une piqûre pour favoriser l'hémostase et aidai Charles Chaux à transporter son épouse dans le lit. Notre besogne terminée, il me proposa :

– On boirait ben une p'tiote goutte. On l'a ben méritée?

– Ce soir, je m'en passerai. Excusez-moi. Mais on se rattrapera demain ou plutôt aujourd'hui, répondis-je en regardant ma montre. Au début de l'après-midi, je reviendrai voir votre femme. Je tâcherai de charger votre vélo derrière la voiture. Je vous quitte. Des amis m'attendent à la maison. Bonne nuit !

– À tout à l'heure et merci en attendant ! Me répondirent les époux.

– Vous n'oublierez pas la bicyclette, insista le mari, pour que je puisse aller chercher les médicaments.

– Je n'oublierai pas. Mais je vais plutôt prendre votre ordonnance. Vous ne voulez pas aller à la pharmacie par un temps pareil. Vos m'excuserez de ne pas y avoir pensé plus tôt. Ça ne me dérangera pas du tout.

J'étais près à franchir le seuil quand la porte de la chambre des enfants s'ouvrit brusquement. La petite fille à la tignasse noire, celle qui m'avait imploré de ne pas faire souffrir sa maman, se précipita vers moi. Elle tenait, serré dans ses menottes, un objet rond qu'elle me tendit dès qu'elle fut proche de moi. Alors, dressée sur la pointe de ses petits pieds nus, elle murmura :

– C'est pour toi, Monsieur Docteur. C'est pour que tu vas guérir ma maman.

Je pris le temps d'admirer le cadeau – une petite coloquinte jaune rayée de vert, en forme de gourde – que la fillette ne cessa de regarder de ses grands yeux d'un bleu profond jusqu'à ce que je l'aie fourrée dans ma serviette. Alors je saisis, par la taille, la gamine qui me souriait, la soulevait du sol et appliquait deux gros baisers sur ses joues encore mouillées de larmes puis bredouillait quelques mots de remerciements.

La joie au coeur, je rentrai à la maison où mon épouse et mes amis m'attendaient. Je les rejoignis au salon et leur présentai, posé sur mes deux mains ouvertes, le présent que j'avais reçu en récompense de mes services. Entre les bouchées de gâteau et les gorgées de sauternes, je leur contai l'émotion et la joie que m'avait causée Catherine, cette petite fille qui avait manifesté tant d'affection pour sa maman.

MÉDECIN DE FAMILLE

Les notables étaient nombreux et divers au pays de mon enfance. Leurs faits et gestes épiés, admirés, jalousés, encensés, brocardés, défrayaient la chronique locale. Ils alimentaient les cancans des commères au lavoir, dans les boutiques, et même étaient l'un des principaux sujets de conversation pendant les longues veillées d'hiver. À cette époque, on lisait peu les journaux et la radio – que l'on appelait T.S.F. – récemment apparue à la campagne, était rare et peu écoutée.

La notabilité était d'emblée reconnue à ceux qui la détenaient par leur naissance : le châtelain et quelques bourgeois, gros propriétaires terriens. Ces « Mossieux » implantés dans le pays depuis plusieurs générations n'avaient guère de relations qu'entre eux et ne prenaient contact avec le commun des mortels que pour s'assurer de ses bons et loyaux services.

Le curé était un cas à part. Son intimité avec le sacré le mettait au sommet de la hiérarchie. C'était l'homme du secret et du mystère. Chaque matin, à la messe, le dos tourné à l'assemblée, il faisait un miracle. Et lui seul avait le droit de prendre l'hostie dans ses doigts. Enfermé dans le confessionnal, il sondait le coeur des pénitents et guérissait leur âme. Sa soutane forçait le respect du plus grand nombre et suscitait la vénération des plus fidèles de ses ouailles. En sa présence, les jeunes enfants étaient saisis d'une certaine crainte tandis que les adultes retenaient leur langage.

L'instituteur qui ne partageait pas son dogme, avait un point commun avec lui : leurs rapports avec la population étaient privilégiés. L'ascendant que chacun de son côté, exerçait sur les individus, dès leur plus jeune âge, n'était pas sans avoir d'influence sur leur comportement futur. Dès la sortie de l'école, les uns faisaient référence et demandaient conseil au maître d'école, les autres, au prêtre. Les plus sages continuaient à puiser aux deux sources. Certains méritent une mention particulière, ceux qui s'orientaient, à leur exemple et, sans doute, sous leur influence, soit vers l'École Normale d'instituteurs, soit vers le petit séminaire. En ces années précédant la Deuxième Guerre mondiale, ces hommes de bonne volonté, le serviteur de l'église et le hussard de la République n'ont-ils pas attisé les passions et contribué à diviser les Français en deux camps prêts à en venir aux mains ? Je peux répondre sans trop de risques de me tromper : certainement pas à Gravière. Le curé et le directeur de l'école des garçons s'étaient mis d'accord sur un modus vivendi paisible. Pas de problèmes pour les enfants de chœur qui s'absentaient de l'école une demi-journée, pas plus que pour l'ensemble des écoliers qui fréquentaient le catéchisme. Les aménagements d'horaires se faisaient sans heurt. Les deux hommes avaient choisi un immense terrain pour s'affronter, celui de la nature. Chasseurs et pêcheurs passionnés, ils aimaient à parcourir les bois, les champs et les bords de l'eau.

D'autres notables étaient les agents de la fonction publique : postier, chef de gare, percepteur, huissier, greffier, juge de paix. À part le chef de gare dont j'admirais la casquette et dont j'imitais le sifflet quand je jouais au train avec les copains, tous ces messieurs sérieux guindés ne présentaient aucun intérêt pour un gamin de mon âge. J'en ignorais même la raison d'être et n'en avais rien à faire. Les gendarmes étaient des gens à part, plus craints qu'admirés, surtout des enfants. Il faut dire que certains parents menaçaient des gendarmes leurs enfants qu'ils ne pouvaient faire obéir. D'ailleurs, l'instituteur et le curé servaient aussi d'épouvantails.

La notabilité des quelques représentants des professions

libérales me paraissait plus évidente. Que ce soit le vétérinaire, les deux notaires, les deux pharmaciens, les deux médecins, ils participaient davantage à la vie de la commune et, chaque jour, étaient en relation avec la population. C'était pourtant des « Messieurs » qui s'en distinguaient par leur habitus. Ils revêtaient le costume, semaine comme dimanche – un trois pièces pour le notaire et le juge de paix – et portaient cravate et feutre à bords roulés ou baissés. Leurs épouses bien mises, bien coiffées, poudrées à frimas, gantées et chapeautées selon la saison, pas toujours élégantes pour autant, avaient la réputation – au moins pour certaines – de ne pas regarder à la dépense. Elles étaient parmi les meilleures clientes des commerçants du bourg, qui les recevaient avec un large sourire et allaient au devant de leurs désirs.

Les activités occultes du notaire me posaient problème. La « paperasserie » n'a jamais été mon fort et le travail des clercs entrevus dans l'étude, courbés sur une machine à touches qu'ils frappaient du bout des doigts, me paraissait des plus fastidieux. Mais quand l'un des maîtres, assisté d'un crieur haut en couleur procédait à une vente aux enchères, j'aimais, avec les copains, fureter au milieu du grand déballage de mobilier, des objets ménagers et de toutes sortes d'outils et d'ustensiles hétéroclites.

Les chats de la maison n'ont jamais dû être malades, car, pas une fois le vétérinaire n'est venu les soigner. D'ailleurs, il ne prodiguait guère ses soins aux animaux de compagnie. Je le voyais entrer chez le buraliste où il venait lui-même acheter ses cigarettes et au bistrot, à l'heure de l'apéritif et où, parfois, il s'attardait à jouer aux cartes.

Je fréquentais particulièrement l'officine d'un pharmacien. On m'y envoyait faire de petits achats, un tube de comprimés d'aspirine, le plus souvent. Il m'arrivait aussi d'y entrer interpellé au passage par le fils de la maison, qui, un peu plus jeune que moi, m'invitait à des parties de pêche. Dès que je sus trois mots de latin, son père ne me salua plus que par un retentissant « Ave puer ! » et essayait de tester mes piètres connaissances, me citant des vers de Virgile ou d'Horace. Il avait fait ses études secondaires dans un petit séminaire.

Ces professionnels, pourtant chaque jour au contact des gens, n'étaient jamais aussi proches d'eux que le médecin. Celui-ci s'adressait à toutes les catégories de gens, du plus pauvre au plus riche, du nourrisson au grand vieillard et avait l'avantage de connaître la vie intime de nombreuses familles. En effet, rares étaient les foyers du village ou des alentours, qui n'avaient pas eu sa visite au moins une fois. La santé n'a jamais causé de gros soucis dans ma famille au temps de mon enfance et du début de mon adolescence. Les médecins – ils étaient deux dans le village et les deux fréquentaient la maison – n'ont jamais été appelés que pour de petits maux : maladies infectieuses de l'enfance, angines, lombagos etc...

C'est au cours d'une de mes maladies que mes parents eurent à se faire le plus de tracas. « Maladie de croissance », ai-je longtemps cru : cette année-là, j'avais beaucoup grandi. À ce jour, je n'en connais pas le diagnostic précis. Pourtant les deux médecins du pays sont venus à mon chevet.

Le lundi de Pâques 1943, je suis rentré en fin d'après-midi, à la maison et me suis couché aussitôt tellement j'étais fatigué. Je venais de participer à une compétition de football organisée à Gravière : un tournoi de sixtes entre les équipes de différents quartiers. J'avais fait une mauvaise partie et bien sûr, on m'accusa d'être le responsable de notre défaite en demi-finale. Parmi les vétérans, le docteur Marcel Loraud, président du club, fut particulièrement malchanceux. L'un de ses premiers coups de pied l'obligea à regagner le banc de touche. Il souffrait d'une entorse du genou droit. Le lendemain matin, le médecin blessé était à mon chevet, se déplaçant avec difficulté, la jambe raide. Presque chaque jour, pendant trois semaines, je le vis soucieux, boitillant autour de mon lit. Avec son consentement, le docteur Charvet fut appelé en consultation. Je les vis collaborer très confraternellement. La fièvre ne décrochait pas et, dans un peu plus de deux mois, je devais passer le bac. Enfin les médecins me déclarèrent guéri d'une maladie innomée – en tout cas pour moi –, suivie d'une longue convalescence.

Devenu médecin, j'ai supposé qu'il s'agissait d'une primo-infection tuberculeuse. Ce diagnostic rétrospectif n'a rien de certain. Pourtant le même mois, un ami et condisciple au lycée était mort d'une méningite tuberculeuse. À l'époque, la tuberculose était redoutée et quasiment honteuse. Elle isolait les familles qui en étaient atteintes. Peut-être les praticiens en ont-ils parlé à mes parents et ceux-ci ont préféré garder, pour eux cette confidence ? J'eus de nombreuses occasions, par la suite, de rencontrer les deux médecins qui m'avaient soigné. Je ne leur ai jamais posé de questions sur cette période de ma vie. Pourtant, d'après l'une de mes sœurs, l'affection leur avait paru grave : j'avais failli en mourir. Maintenant que je ne peux plus questionner mes confrères, je m'étonne et regrette de ne pas l'avoir fait. J'aurais pu leur dire toute mon admiration pour le dévouement avec lequel ils m'ont prodigué leurs soins et les remercier de m'avoir entrouvert une voie pour l'avenir. Alors que, partout dans le monde, les armées continuaient leurs oeuvres de mort, j'ai admiré ces deux hommes au service de la vie. Après cet ennui de santé, mon ancien désir de faire une carrière militaire en fut définitivement ébranlé.

Ces médecins jouissaient de l'estime et de la reconnaissance de mes parents. Mais ces sentiments n'avaient pas de commune mesure avec ceux que ma mère vouait au père du Dr. Loraud, le Dr. Eugène, comme on l'appelait dans le pays et alentour. Elle avait, pour lui, une véritable vénération. J'ai bien connu cet homme déjà âgé quand j'étais écolier. C'est lui qui vaccinait et passait les visites médicales dans la salle de classe. Je n'en avais pas peur, rassuré par son sourire accueillant. Je n'en avais entendu parler qu'en bien. Il ne manquait jamais de me dire des mots gentils quand je le saluais en chemin. Dans ses déplacements à l'école, il était assisté de son épouse qui, les dernières années de son exercice, l'accompagnait dans ses visites. Celle-ci se chargeait de faire régner la discipline, d'aligner les enfants en bon ordre et de les présenter l'un après l'autre à son mari. Lui, essayait, de sa voix calme et chaleureuse, d'apaiser les appréhensions. Je supportais, sans trop réagir, la piqûre ou les scarifications. Beaucoup de mes copains ne bronchaient pas non plus.

J'ai gardé le souvenir d'une de mes rencontres avec le vieux docteur Eugène. C'était en juin 1940, un des mois les plus tragiques de l'histoire de France. Il venait de passer une rude année et en ressentait une grande fatigue. Son fils, comme le Dr. Charvet, avait été mobilisé dès les premiers jours de la guerre. Avec un confrère à peine moins âgé, il avait dû assurer la couverture médicale du canton. Ce jour-là, le 17 juin me semble-t-il, il buvait l'apéritif – j'eus droit à un vin cuit sur les recommandations du médecin – avec mon père, à la terrasse du café de la Poste. La débâcle des armées françaises était le sujet de conversation. Les blindés ennemis lancés dans toutes les directions envahissaient le pays et ne trouvaient à peu près plus de résistance. Ils avaient atteint le nord de la Bourgogne et bientôt seraient chez nous, en Bresse.

La nuit précédente, la population était restée en alerte. Peu après le coucher du soleil, l'horizon, au nord-ouest, s'était embrasé de lueurs rougeoyantes. Ce phénomène était accompagné de détonations intermittentes. Beaucoup d' habitants, angoissés par ce spectacle, avaient tardé à se coucher et étaient restés à discuter dans la rue. On attendait d'un moment à l'autre l'arrivée des envahisseurs. Ils étaient tout proches, d'après la rumeur, même avaient franchi le Doubs à plusieurs endroits.

La confirmation ne se fit pas attendre. Une Citroën stoppa brutalement devant le bistrot. Pierre Lovit, un des gros éleveurs du pays, en sortit. D'habitude plutôt jovial, son visage était crispé. Après avoir salué, il interpella le docteur pour un aparté. Celui-ci alla à sa rencontre. Après deux ou trois minutes de discussion, ils vinrent s'asseoir autour de la table. Le nouveau venu prit aussitôt la parole :

– Cette fois, les Boches, ils sont bien là. Je les ai vus. Je leur ai même causé.

– Tu parles allemand, demanda le docteur ?

– Pas un mot. Mais un des soldats parlait français.

– Ils étaient nombreux ? Demanda mon père.

– Ils n'étaient que quatre. Je vais vous raconter comme ça s'est passé. Je sortais d'une embouche que j'ai à la Marcouse, de l'autre côté du Doubs. J'ai été surpris de voir, devant moi, une drôle de bagnole. J'en avais pas vu de toute la matinée. Pas de circulation sur les routes, vraiment pas un chat. Plus je m'approchais, plus l'autre ralentissait comme s'il m'attendait. J'osais pas doubler. Alors je me suis mis à son train. D'autant plus que je voyais maintenant qu'il s'agissait d'une grosse auto décapotable avec deux militaires casqués, debout à l'arrière. J'ai tout de suite vu que c'était des allemands. Tout d'un coup avant d'arriver au pont, voilà qu'ils stoppent. Ils me font signe de me garer devant eux et me font descendre. J'en menais pas large. Celui qui parlait français m'explique qu'il va passer le pont avec moi dans mon auto. Aussitôt, il se met au volant, me demande de monter à côté de lui et le voilà parti sans faire grincer les vitesses comme si c'était sa bagnole. Arrivé de l'autre côté, il a fait signe aux autres de le rejoindre et à moi, de reprendre le volant. J'ai filé aussitôt sans demander mon reste.

– Quelle catastrophe ! Dit le docteur. C'est la deuxième fois que je vois la France envahie. J'avais sept ans en 1870. À cette époque, c'était les Prussiens, des Allemands de l'est. Les grandes invasions et les grandes épidémies sont toujours venues de là-bas. Et c'est comme çà que les vagues barbares se succédant sont venues à bout de l'Empire romain.

Ensuite il nous parla de la puissance et de la décadence de Rome, d'Hannibal, des oies du Capitole, d'Attila etc. J'appris ce jour-là que l'un des derniers empereurs s'appelait Olybrius. Un tel nom ne peut laisser aucun doute sur le prestige dont jouissait cet individu.

Pierre Lovit nous quitta. Le silence s'établit. Nous suivîmes des yeux sa voiture jusqu'à ce qu'elle tournât sur la droite à quelques trois cent mètres. Peu après, sur la route déserte, nous aperçûmes un cycliste qui, se déhanchant sur un vélo, s'approchait lentement de nous. Sa silhouette le fit identifier aussitôt. Il s'agissait bien d'un soldat français. Le fusil en bandoulière et le calot de police aux deux pointes dressées vers le ciel ne lui donnaient vraiment pas un air martial.

L'homme arriva harassé et inquiet de n'avoir trouvé sur sa route aucune trace de l'armée française. Il vint s'asseoir à notre table et but avidement un pastis très allongé d'eau fraîche avant de commencer son récit. Il nous confirma que, toute la nuit, des incendies avaient détruit les dépôts d'essence stockés en bord de Saône, que lui- même et ses camarades avaient reçu l'ordre de faire sauter la poudrerie dont ils assuraient la garde, ce qui avait été vu et entendu dans un rayon de plus de cinquante kilomètres. Devant ces ruines, tous ses copains militaires avaient décidé de se cacher sur place, et dès qu'ils auraient trouvé des habits civils de rentrer à la maison. Pour eux, la guerre était finie. Soucieux de ne pas passer pour déserteur, notre homme était parti sur une vieille bécane à la recherche d'une nouvelle affectation bien qu'il ne crût pas non plus au redressement de la situation. Ce bidasse, réserviste d'une quarantaine d'années, avait une bien triste allure, même sans son calot. Sa veste et son pantalon mal ajustés étaient trop grands pour sa taille, les bandes molletières bâillaient à chaque spire. À force d'arguments, il accepta de revêtir une tenue civile fournie par le patron. Celui-ci en profita pour se saisir de l'arme avec l'intention de la camoufler. Quelle ne fut pas sa surprise de reconnaître un fusil Gras datant de la guerre de 1870. Mon père et le Dr. Loraud le confirmèrent.

Il était bientôt 13 heures et, dans la région, c'était l'habitude de prendre les informations suisses, plus crédibles en cette période, et diffusées par le poste émetteur de Sottens. Il fut question, un moment, de les écouter sur place puis chacun décida de rentrer chez soi, abandonnant le militaire « relingé » aux soins du tenancier. Nous allions commencer le repas quand ma sœur, restée aux aguets, nous cria : « Les voilà ! » et revint prendre sa place à table. Chacun cessa de manger puis le repas fut vite bâclé dans le plus profond silence.

Alors commença le long défilé de blindés dans un bruit assourdissant où se mêlaient les vrombissements des moteurs et cliquetis des chenilles. La population était sidérée à leur passage. Pour beaucoup, l'après-midi fut chômé et le temps se passa à regarder à travers les persiennes. Toutefois pas pour les commerçants dont les boutiques furent dévalisées par les soldats des panzers, qui payaient en monnaie de singe : des marks surévalués. L'inconcevable venait de se produire. Que penser désormais ? Le désastre dépassait la compréhension. Ce jour-là, que de sentiments contradictoires durent s'entrechoquer dans les cerveaux et les cœurs de ceux et celles qui assistaient désemparés à l'envahissement du territoire !

Le soir, notre vieille voisine effrayée, accourue à la maison au début de l'après-midi, partageait notre repas. Des souvenirs de guerre furent évoqués. Notre invitée, petite fille en 1870 – elle avait l'âge du docteur Eugène –, se rappelait du passage dans la région de l'armée de Bourbaki en retraite. Alors qu'elle gardait les vaches avec d'autres petites bergères, leurs mères étaient venues les chercher aux champs, les avaient enfermées avec interdiction de sortir pendant plusieurs jours. Les paysans avaient une crainte ancestrale des troupes en campagne. Amies comme ennemies elles ne respectaient ni les biens ni les personnes, pillaient et violaient.

Ma mère ne put s'empêcher de vanter les mérites du Dr. Loraud qui lui avait sauvé la vie pendant la Grande Guerre. C'était en 1916, l'année de Verdun et aussi de la Somme, où était engagé le régiment de mon père. Celui-ci obtint une permission exceptionnelle pour se rendre au chevet de sa femme qui, atteinte de fièvre typhoïde, était dans un état désespéré. Il quitta le front à la veille d'une bataille qui s'avéra meurtrière. Son épouse se rétablit. Mais à son retour, il ne retrouva aucun des camarades de sa section : le uns avaient été tués, les autres grièvement blessés. Le médecin de famille avait non seulement guéri sa patiente mais aussi, grâce à un certificat médical, sauvé mon père d'une mort quasi-certaine. Ce jour-là, ma mère nous révéla que ce serait, pour elle un grand bonheur de me voir un jour médecin. J'étais son dernier espoir. Sans doute, pensait-elle alors à mon frère mobilisé. Aux dernières nouvelles datant d'un mois, il se trouvait quelque part sur le front. Qu'était-il devenu ? C'était une question angoissante que, dans de nombreuses familles, on commençait à se poser, surtout les épouses et les mères, avec une particulière gravité. Depuis plusieurs jours, elles n'avaient plus de nouvelles de leurs soldats.

Ce fut encore le bon vieux docteur qui vint nous délivrer de cette angoisse. Une quinzaine de jours après le passage de la Wehrmacht à Gravière, il frappa, tôt le matin, à notre porte. Il venait nous informer que mon frère Jean était prisonnier de guerre. Il venait de l'apprendre, au cours d'une visite dans un village voisin. Un de ses patients d'un village voisin avait reçu une lettre de son fils mentionnant que mon frère avait été fait prisonnier en même temps que lui. Tous deux étaient dans le même stalag. Un rayon de joie éclaira cette journée. C'était relativement une bonne nouvelle. Personne ne se doutait alors que leur captivité durerait cinq longues années.

Le docteur Eugène se mit en retraite définitive dès que son fils fut démobilisé. Il mourut moins de trois ans plus tard. Je n'ai pas assisté à son enterrement. À cette époque, les transports n'étaient pas des plus rapides. Et j'étais à Lyon poursuivant mes études de médecine dont il a été, en partie, l'inspirateur et le modèle. Comme mes parents, ma mère en particulier, je lui garde une grande reconnaissance. Non seulement, pour le coup de pouce qu'il m'a donné au moment du choix de ma carrière, mais surtout, je pense que sans lui je n'aurais peut-être pas existé. Ses bons soins ont pu sauver la vie de ma mère. Un certificat paraphé de lui, a pu, encore plus certainement, préserver mon père du carnage.

Décidément, il y a beaucoup de pouvoir dans la main d'un médecin.

Installé médecin généraliste près de Gravière, j'ai rencontré souvent des personnes qui avaient connu ce vieux confrère et qui, toutes, l'avaient en grande estime. Elles m'en ont rapporté ses faits et gestes mais aussi ses facéties et son humour. Sa bonhomie était légendaire. Pourtant on m'a rapporté un de ses traits d'esprit qui a dû blesser la femme à qui il fut adressé si toutefois elle l'a entendu ou en a eu connaissance. Celle-ci, handicapée par une gibbosité importante, tardait à accoucher. La sage-femme dut faire appel au docteur Loraud qui, en voyant la parturiente, a, sans doute voulu faire un bon mot et aurait laissé échapper ces paroles des plus malencontreuses : « Cré nom ! Mais qu'est-ce que je vais sortir de ce corps de chasse ? » Ce n'est pas moi qui lui jetterais la pierre. Je me demande si, dans une même circonstance, j'aurais pu résister à la tentation.

Quand je pense à tout ce que l'on m'a fait dire alors que je ne l'avais certainement pas dit, je pense que l'on peut fortement douter que mon ancien et vénéré confrère ait jamais tenu un tel propos.

MON CHER CONFRÈRE ET NÉANMOINS AMI

En 1952, je pris possession à Cerlans d'un cabinet médical créé deux ans auparavant par un médecin que j'avais connu au cours de mes études. Je lui devais une fière chandelle non pas parce que je jugeais son initiative géniale mais parce que, grâce à lui, je n'avais pas subi des sévices humiliants à la séance solennelle de bizutage.

Au début de mon installation, je me suis trouvé en concurrence avec le « vieux docteur », comme certains l'appelaient, qui exerçait dans le village depuis presque un demi-siècle. Il resta encore fidèle au poste pendant plusieurs années.

Pas un médecin de ma génération n'exerçait à quinze kilomètres à la ronde. Tous, sauf un, dépassaient la cinquantaine. Cependant, je fus bien accueilli par des confrères beaucoup plus âgés que moi, en particulier, par le plus proche, dont le cabinet était dans le même village, à quelques centaines de mètres du mien. C'était le doyen des praticiens de la région. Je le croisais presque chaque jour dans les rues du bourg ou dans les chemins de campagne. Toujours vaillant, il ne rechignait pas à assurer les visites à toutes les heures du jour et de la nuit et par tous les temps. C'était un exemple qu'il était impossible de ne pas suivre. Pendant le temps que nous avons exercé ensemble, nos relations furent des plus confraternelles. Je fus, quelque temps, son médecin traitant quand la maladie vint perturber sa grande vieillesse. Au fil des années, de jeunes médecins s'installèrent dans les communes voisines. Je me fis un devoir de les recevoir avec le maximum de courtoisie et certains sont devenus mes amis. Bientôt, je fis figure d'ancien. Avec ces nouveaux confrères, qui prenaient chaque année quelques semaines de vacances, il nous parut nécessaire d'organiser un service de gardes. Nous avons même tenté de mettre sur pied une maison médicale. Mais le projet est tombé à l'eau.

Médecin de campagne une quarantaine d'années, j'ai vécu en bonne entente avec la grande majorité de mes confrères. Qu'ils soient de voisinage, concurrents et néanmoins amis, chassant sur les mêmes terres. Qu'ils soient plus lointains, citadins, spécialistes auréolés de sciences, à qui j'avais recours pour affiner un diagnostic ou à qui je passais la main quand un traitement – la plupart du temps chirurgical – dépassait mes compétences. Parmi ces praticiens plus ou moins distingués, je me suis fait d'excellents amis. Nous aimions nous rencontrer au cours des réunions professionnelles mais aussi, le plus souvent possible, chez l'un ou chez l'autre, avec nos épouses, autour d'une bonne table...

Je n'ai eu qu'à me féliciter de mon environnement médical. Si je fais abstraction de deux ou trois fantaisistes qui, heureusement, ne se sont pas attardés dans la région. Chacun de mes confrères proches était respectueux du territoire des autres et n'y mettait les pieds que contraint et forcé. Toute incursion en territoire étranger – surtout à l'occasion d'une garde – devait être suivie d'un petit mot ou d'un coup de fil le plus confraternel possible de la part de l'envahisseur. Je dois avouer que cette règle de conduite n'a pas toujours été observée à la lettre, mais si peu souvent. Peut-être, l'encre manquait-t-elle et le téléphone était-t-il en dérangement au moment critique ? Toutefois n'était-ce pas surprenant ? Le contrevenant le plus assidu était presque toujours le même.

Une entente très cordiale se fit d'emblée avec le docteur Gilbert, seul médecin dans le canton voisin de Tarmin. Dès la première année de mon installation, il me proposa de le remplacer le temps de ses vacances. Je devais assurer les consultations à son cabinet et les visites à domicile : ce qui me conduisait parfois jusqu'aux villages riverains de la Saône, à quelque vingt-cinq kilomètres de chez moi. Ce surcroît de travail était supportable en été quand les travaux des champs battaient leur plein. Cette morte saison médicale laissait quelques loisirs aux médecins de campagne sur la brèche de décembre à la fin du printemps. Dans les années 50, certains d'entre eux commençaient à prendre des vacances hors du pays : de huit à quinze jours le plus souvent. Ce qui n'était pas envisageable en hiver. La plupart des praticiens ruraux des générations précédentes s'étaient contentés de congés ne dépassant pas les quarante-huit heures. Attachés à leur clientèle comme les paysans à leur terre, ils se devaient d'être disponibles en permanence. C'est pourquoi, ils n'avaient pas organisé de tours de garde. Pendant une dizaine d'années, j'ai exercé sous ce régime toutefois quelque peu édulcoré grâce à l'excellent confrère que je remplaçais, toujours prêt à me rendre la pareille. Je n'en profitai pas la première année mais, dès la suivante, je pris huit jours de vacances. J'eus la chance que le successeur du docteur Gilbert acceptât cet échange de bons procédés.

Ce nouveau venu, le docteur René Vilfroid, plus proche de moi par l'âge et un peu moins par les opinions que son prédécesseur, devint pourtant un excellent copain. Il nous arrivait souvent d'échanger des informations, de nous demander conseil, et même de nous confronter sur le terrain politique mais toujours à fleurets mouchetés. Avec le recul, je crois que l'un et l'autre, nous forcions le trait pour que la discussion se poursuivît et fût plus animée. De ces échanges, notre amitié en sortait renforcée. Plusieurs fois nous nous sommes retrouvés au chevet du même malade, l'un de nous ayant demandé l'aide de l'autre. Nos deux couples entretenaient des relations conviviales suivies.

Parmi les rencontres professionnelles, l'une d'elles m'a été rappelée récemment par René lui-même. C'était un certain lundi, lendemain d'élections municipales. Les habitants de Cerlans m'avaient fait l'honneur de me reconduire comme conseiller sur une liste qui n'avait pas eu grand succès. J'avais été réélu avec trois colistiers seulement et de justesse. En cette fin d'après-midi, j'arrivais à la maison, content d'avoir terminé ma journée et pressé d'examiner de plus près les résultats du scrutin de la veille. Mon épouse occupée à désherber le talus fleuri m'attendait dans l'allée dite « des clients ». Elle ne me laissa pas descendre de la voiture, se précipitant aussitôt vers ma portière à demi-ouverte.

– Va vite, me dit-elle, à Tarmin, chez les Chapet. Il paraît que tu connais. C'est une femme affolée qui m'a téléphoné.

– Vilfroid n'est donc pas là ?

– Elle l'a appelé mais il n'était pas chez lui.

– C'est pourquoi ?

– C'est pour son mari qui a fait un malaise. Il étouffe et souffre de la poitrine.

– J'y file. Je connais la maison.

Je claquai la portière et fis une brusque marche arrière pour reprendre la route.

En effet, je connaissais bien les Chapet. Presque chaque fois que je remplaçais mon ami, ils venaient à ma consultation ou me demandaient une visite à domicile. C'était un couple sympathique et qui semblait avoir beaucoup de considération pour la médecine, du moins celle que je pratiquais. L'un et l'autre me confiaient, dans le détail, leurs ennuis de santé et, sans la moindre récrimination, suivaient docilement mes prescriptions. Des patients exemplaires en quelque sorte. Dès que je leur avais remis l'ordonnance et donné les derniers conseils, ils essayaient – l'épouse était la plus prolixe – de me retenir en engageant une conversation vite orientée vers la politique. Ils me parlaient avec complaisance de l'ancien médecin, le docteur Gilbert dont les idées étaient proches des leurs. Ils appréciait moins le nouveau qu'ils jugeaient un peu trop à gauche. Ils n'usaient de ses services qu'avec réticence bien que sa compétence fût reconnue. Comme dans la plupart des villages, Tarmin était divisé politiquement en deux clans qui se disputaient âprement la mairie. Chapet et Vilfroid s'étaient présentés aux municipales, sur des listes opposées qui s'étaient livrées de durs combats. Dans les villages, ces violences électorales sont cause parfois d'inimitiés durables. Je risquais donc de me trouver dans une position très inconfortable entre deux candidats dont l'un avait été brillamment élu et l'autre battu d'une voix.

Les dix kilomètres de route presque toute droite entre Cerlans et Tarmin furent vite parcourus, comme j'en avais l'habitude. Je savais les gendarmes indulgents pour les médecins en excès de vitesse. Arrivé à destination, je stoppai ma voiture en bord de route, derrière celle de mon confrère. Au moment où je m'extirpai de mon siège, la serviette médicale à la main, je vis s'ouvrir la porte palière de l'appartement des Chavet, au premier étage. Madame apparut sur le seuil. Je montai quatre à quatre la douzaine de marches d'escalier qui me séparaient d'elle. Après de brèves salutations, je lui proposai de me retirer puisque le docteur Vilfroid m'avait devancé. Ce qu'elle ne voulut pas entendre. Calme et souriante, elle me demanda de la suivre jusqu'à la chambre de son mari. J'étais d'emblée rassuré. Pas d'affolement dans la maison. Au passage, j'aperçus mon confrère qui, dans la salle de bains, se lavait les mains. Il m'interpella :

– Salut Paul ! Quand tu auras examiné Monsieur Chapet, je te montrerai l'électro.

– Salut René ! D'accord pour l'examen et on se voit tout de suite après.

Le malade, l'air inquiet, était étendu sur la couverture du lit qui n'avait pas été ouvert. À demi-déshabillé, la chemise largement déboutonnée et les jambes du pantalon retroussées, il répondit à mon salut en esquissant un sourire puis, de bon gré, se prêta à mon interrogatoire. J'appris qu'il s'était senti mal la veille, peu avant de se mettre au lit. La nuit avait été mauvaise. Un mal de tête, un état nauséeux, une impression de vertige, – il lui semblait que « Son lit tanguait comme sur l'eau » –, avaient perturbé son sommeil. Profitant d'une légère accalmie matinale, il était parti faire un tour à vélo, ce qu'il faisait presque chaque jour. Le temps était superbe. Il roula longtemps « pour se changer les idées ». Il se sentait mieux au retour mais ne fit pas honneur au repas de midi, à peine s'il goûta aux plats, gêné par une impression de gorge nouée et une envie de vomir. Fatigué, il aurait aimé faire la sieste mais ne cessant de changer de positions, tantôt couché, tantôt assis sans jamais trouver la bonne place, il décida d'aller jardiner.

Vers les cinq heures de l'après-midi, en désherbant, il fut pris d'un malaise comme celui de la veille au soir mais beaucoup plus conséquent : une sensation de vertige, la vue brouillée, la poitrine serrée comme dans un corset l'obligèrent à s'asseoir quelques minutes. Sa femme qui le vit revenir à petits pas mal assurés, pâle, oppressé, les mains crispées sur la poitrine, se précipita sur le téléphone. Le malade vomit et ressentit aussitôt une nette amélioration. Peu de temps après, le médecin du pays était là. L'examen médical de celui-ci ne décela rien de grave : sans doute, un malaise vagal. Le cœur, en particulier, n'était pas en cause. Je tirai de mes investigations cliniques la même conclusion que mon confrère.

Tandis que je remballais stéthoscope et tensiomètre, le malade ne put s'empêcher de me parler des élections. Il ne s'attendait pas à une telle défaite de sa liste. Celle du docteur l'avait remportée avec douze élus tandis que la sienne n'en avait que trois. Le plus rageant était qu'il ne lui manquait qu'une voix pour qu'il fît partie du conseil municipal. On eut beau compter et recompter les bulletins de vote, le résultat du scrutin resta inchangé. Cette soirée électorale se prolongea tard dans la nuit. Ce fut l'occasion pour les scrutateurs, les colistiers même battus et leurs supporters d'abuser de boissons alcoolisées. Comme j'étais prêt à sortir de la chambre :

– Docteur, m'interpella-t-il, j'allais oublier de vous féliciter de votre succès à Cerlans, d'autant plus méritoire que votre liste a peu d'élus. Comme ici c'est la gauche qui a gagné.

– Je ne crois pas. Chez nous, dans les deux listes, il y avait des gens de gauche et de droite, plus ou moins, je vous l'accorde.

– Pas comme à Tarmin, les opinions sont bien marquées. Aussi, vous comprendrez que je préfère en parler avec vous plutôt qu'avec votre confrère.

– Aujourd'hui, peut-être. Mais plus tard, quand les rancoeurs seront apaisées, vous pourrez en parler avec lui. Je vous assure que c'est un bon type. D'ailleurs, c'est mon ami.

– Je sais, je sais, dit-il, tandis que je m'éloignais

Je rejoignis René Vilfroid à la salle à manger. Assis en bout de table, il étudiait attentivement l'électrocardiogramme. Il me le tendit.

– Regarde, dit-il, il me paraît tout à fait normal, à part quelques extrasystoles.

–Auriculaires ? Demandai-je, tout en saisissant le ruban parcouru d'arabesques.

René ne répondit pas, pensant sans doute : « Regarde et tu verras ! » Je m'appliquai quelques minutes à analyser le tracé révélateur de l'état cardiaque du patient.

– Rien à signaler, dis-je enfin si ce n'est les extrasystoles peu nombreuses.

– Auriculaires, répondit-il, banales, quoi.

– Rien de grave, mais il faut quand même faire une ordonnance avec surtout des recommandations et peut-être un petit calmant. Qu'en penses-tu ? Tu t'en charges, je me contenterai de contresigner.

J'étais l'aîné et fus aussitôt obéi. Nous nous mîmes d'accord sur la prescription d'un calmant anodin, persuadés que les péripéties électorales et les libations de la veille avaient été à l'origine du malaise. L'avis d'un spécialiste nous parut inutile. Nos signatures apposées, René m'interpella :

– Dis-moi, Paul ! Tu dois être déçu. C'est pas encore cette fois que tu seras maire de Cerlans. Je te félicite quand même mais avec quatre élus, c'est un peu léger.

– C'est le moins qu'on puisse dire. Mais toi, avec ton élection de maréchal dont je te félicite, c'est pas non plus pour cette fois. Et contrairement à toi, moi, je n'en ai jamais eu l'intention. Mais ne t'en fais pas, ce sera pour la prochaine fois si le père Boudard te laisse la place. Mais pas si sûr, il a l'air d'y tenir.

– Ne crois surtout pas que j'y pense tous les matins en me rasant. La prochaine fois, je ne sais même pas si je me présenterai.

– Cause toujours, cause toujours, René ! En tout cas, chapeau ! Ta liste a bien su surfer sur la vague rose et écraser l'autre.

– C'est vrai qu'ici, la droite a subi un échec plus cuisant encore qu'à Cerlans. Et dire qu'avec un peu de chance, ce pauvre Chapet aurait pu être élu.

– C'est ça, maintenant tu vas le plaindre, toi l'un des principaux responsables de son échec et, par contrecoup, de son malaise. Il paraît que vous n'avez pas ménagé vos adversaires pendant la campagne ?

– Et eux donc ? Ils nous présentaient comme des cocos, bouffeurs de curé. Crois-moi dans les deux listes, il y avait de braves gens dont les opinions étaient d'ailleurs très proches.

– Je te crois. À Cerlans, c'était la même chose. Quant à moi, je peux t'assurer que c'est la dernière fois que je me présente.

– Je veux bien te croire, mais… J'ajoute que Joseph Chapet ne méritait pas ça. C'est un homme dévoué, toujours prêt à rendre service, qui participe activement à la vie associative.

– Pourquoi ne lui as-tu pas donné la voix qui manquait ? Sans sa veste, nous ne serions sans doute pas là aujourd'hui.

– Qui sait ? Répondit-il en souriant ? Allons voir la victime du suffrage. Faisons vite ! Ce soir, j'ai un apéro avec mes colistiers.

– Moi, ce soir, je m'en passerai à moins que tu m'invites, murmurai-je, en me levant.

Il ne répondit pas.

Le malade avait quitté son lit et remis de l'ordre à ses vêtements. Il nous attendait, le visage serein, assis dans un fauteuil Voltaire recouvert d'un velours cramoisi. Après lui avoir répété des paroles rassurantes sur son état de santé, suivies de quelques recommandations en lui remettant l'ordonnance, nous le quittâmes et aussitôt Madame Chavet nous prit en charge. Elle se hâta, à ma grande satisfaction, de régler nos honoraires – il est toujours gênant pour un médecin de parler de rémunération – avant de nous conduire vers la sortie.

Comme mon ami à qui j'avais fait des politesses, franchissait le seuil, je me sentis retenu par la manche de ma veste. Sur le palier, la maîtresse de maison commença à m'interroger à voix chuchotée :

– Docteur ! Vous savez que j'ai une grande confiance en vous. Dites-moi toute la vérité sur l'état de mon époux ? Rien d'inquiétant ? Vous en êtes sûr ?

– Certain autant qu'on peut l'être. Madame ! C'est aussi l'avis de mon confrère. Pour être franc, je dois vous dire que la cause de son malaise est en rapport avec sa défaite d'hier soir. Cette veste l'a serré un peu trop fort.

Je prononçai cette dernière phrase assez haut pour que René Vilfroid l'entendît. Il s'apprêtait à ouvrir la portière de sa voiture, il se retourna. Je vis à son air stupéfait et à sa bouche ouverte d'homme interloqué que ma réponse lui semblait incongrue voire insolente. Je crus même lire dans sa pensée : « Il a un sacré culot. C'est sûr qu'il ne foutra plus les pieds dans cette maison. » Si mon cher confrère et néanmoins ami en a tiré cette conclusion, il s'est lourdement trompé. La maîtresse de maison eut un petit sourire, un peu crispé, je l'avoue.

– Oh ! Docteur !... Merci de vous être déplacé ! Bonne soirée ! Murmura-t-elle, en me serrant la main.

À partir de ce jour, je devins le médecin traitant de ce couple qui me fut de plus en plus sympathique. Et j'ai bien du mal à croire que : « Toute vérité n'est pas bonne à dire. »

Mon ami et cher confrère n'en est toujours pas revenu.

CHIRURGIE DE CAMPAGNE

Naguère, beaucoup d'habitants des campagnes mouraient dans le village où ils avaient passé la plus grande partie de leur vie. Pour certains, ce village était celui qui les avait vus naître. Rarement même ils l'avaient quitté plus de quelques jours, sinon en cas de force majeure. À Cernans, ils n'étaient pas rares les héritiers de la maison familiale qui avaient passé toute leur vie dans les mêmes murs qu'avaient habités leurs ancêtres.

Pour les personnes âgées, le refus d'être hospitalisées avait, pour cause première, la crainte tout à fait justifiée de mourir hors de chez soi, dans un environnement étranger. C'est entourées de leur famille qu'elles souhaitaient finir leur vie. Et, malheureusement, elles ne consentaient à partir que trop tardivement quand toutes les ressources d'un traitement médical à domicile avaient été épuisées. Cette obstination à retarder leur départ, jour après jour, ne jouait pas en leur faveur, bien au contraire, et avait souvent des conséquences désastreuses. Leur état s'était aggravé parfois irrémédiablement.

D'autre part, l'effet stressant du milieu hospitalier n'était pas favorable à ces gens enracinés dans leur terre, casaniers, inséparables de leurs paysages familiers. Beaucoup de ces vieillards – hormis les hommes qui, soumis aux obligations militaires, avaient vu d'autres horizons, le plus souvent à contrecoeur – ne s'étaient guère déplacés hors des limites de leur Bresse natale. Les femmes, en particulier, ne connaissaient du monde que leur pays plat aux vastes horizons, quelques gros bourgs voisins et parfois, deux ou trois villes proches rarement fréquentées. Ces malades transportés de leur foyer familial dans un milieu inconnu et, à priori hostile, étaient au comble de l'angoisse. Aussi, les chances de survie dans de telles conditions étaient-elles encore compromises. Oui, le risque était grand, pour qui partait à l'hôpital, de « revenir les pieds devant ».

C'est pourquoi, médecin généraliste à Cerlans, je me devais d'utiliser au maximum mes compétences au service de tous ceux qui sollicitaient mes soins. Le moins souvent possible, je devais les adresser aux spécialistes, sinon j'aurais vite perdu leur confiance. De ce fait, le champ de mes activités était très étendu. Les traumatisés et les blessés légers pouvaient en bénéficier. La réduction et la contention des fractures des membres non compliquées se faisaient pour la plupart, au cabinet. Les sutures de plaies simples ni trop profondes, ni trop délabrées ne posaient pas de problème, pas plus que l'ouverture d'un abcès, l'excision d'une petite tumeur bénigne et tous autres actes de petite chirurgie. Les blessures des mains étaient particulièrement fréquentes chez les travailleurs agricoles. Parfois elles nécessitaient l'amputation d'une ou plusieurs phalanges, je m'appliquais à ce que la réfection du moignon fût parfaite. Il m'est même arrivé, sous la pression des intéressés, de recoudre des tendons sectionnés. Deux bouchers, entre autres, en ont bénéficié et en ont été satisfaits. L'un d'eux ne manquait pas de me le rappeler chaque fois qu'il me rencontrait dans les rues du village par un retentissant: « Bonjour ! Docteur, ça tient bon ! » Mais plus je blanchissais sous le harnois et améliorais ma technique, moins j'avais l'occasion de pratiquer ces petites opérations. Le recours aux spécialistes devenait de plus en plus fréquent. On n'hésitait plus à se déplacer en ville pour des bobos parfois insignifiants. Il n'était pourtant pas très loin le temps où les chirurgiens opéraient à domicile.

L'un d'eux à la veille de sa retraite, m'a conté une intervention qu'il fit dans un hameau écarté de Bresse, au début des années 30 : « Un médecin de campagne en fin de carrière l'avait appelé au chevet d'un vieil homme porteur d'une hernie étranglée. Les manœuvres de réduction avaient été vaines. La cure chirurgicale s'imposa. Comme le patient refusait l'hospitalisation, il fut décidé de l'opérer à la ferme, sur la grande table de la cuisine.

Les deux praticiens procédèrent à la désinfection des mains par lavage à l'eau bouillie, savon de Marseille. Dans ces circonstances, le brossage énergique des ongles est particulièrement recommandé. Le jeune chirurgien y mettait beaucoup de soin et redoublait d'ardeur chaque fois que son vieux confrère jetait un regard sur lui, pensant l'encourager à en faire autant. Peine perdue, celui-ci, mégot aux lèvres, feutre vissé sur la tête, n'avait rien à faire de la leçon d'un jeunot. L'esprit ailleurs, il semblait jouer avec la mousse qui enrobait ses mains. La brosse manipulée sans énergie lui frôlait la peau. Manifestement l'ancienne génération n'avait pas la même conception de l'antisepsie que la nouvelle. Le visage du spécialiste marquait de plus en plus sa réprobation et son exaspération. Il se mordait les lèvres pour ne pas éclater en reproches. Il se tut même quand son vieux confrère après s'être passé les mains à l'alcool retira le mégot de sa bouche, le fit tomber maladroitement à côté de la caisse à bois et le ramassa pour le jeter, cette fois, au bon endroit. Les contorsions qu'il fit pour enfiler les gants de caoutchouc s'ajoutèrent aux autres fautes répétées d'asepsie. Rien, surtout pas le bout des doigts, n'était stérile chez ce vieillard au couvre-chef crasseux.

Il prit sa place d'un côté de la table sur laquelle était étendu le vieillard à opérer. En face, l'opérateur s'efforçait de ne pas montrer sa grogne et son indignation quand son aide, de ses mains impures et maladroites, lui présentait un fil ou un instrument et, sans masque, postillonnait, penché sur le champ opératoire. Malgré cela, l'intervention se déroulait pour le mieux. Elle approchait de sa fin quand le chapeau du vieux médecin vacilla et tomba dans le champ opératoire. Le chirurgien laissa échapper son ras-le-bol.

– Qu'est- ce que vient foutre ce chapeau dans la plaie ? Quelle catastrophe ! S'écria-t-il, levant les bras au ciel.

– Ce n'est pas grave. Lui répondit l'autre, en récupérant le feutre taché de sang.

– Pas grave, pas grave...C'est vous qui le dîtes.

– Croyez-moi bien, mon jeune ami, ce n'est pas grave du tout. Ce chapeau-là ne craint rien. J'en ai un neuf à la maison.

Tout est bien qui finit bien, dit-on. Et ce fut vrai encore une fois. La chute malencontreuse du galurin fut sans conséquences. Les suites opératoires furent parfaites, sans la moindre des complications, même pas une pointe d'infection. Un mois plus tard, l'opéré, en pleine forme, fit l'ouverture de la chasse. Il tua un lièvre qu'il apporta en remerciement à son médecin traitant. Celui-ci tint à lui montrer son chapeau qu'il pouvait utiliser de nouveau. Après nettoyage, il ne restait plus aucune trace de sang et était plutôt plus net qu'avant.

Au début des années 50, pour le jeune médecin que j'étais, faire hospitaliser les personnes âgées, comme je l'ai expliqué plus haut, n'allait pas toujours de soi. Que d'arguments il fallait avancer pour convaincre la famille qu'un traitement à domicile n'était pas possible ! Même quand une intervention chirurgicale d'urgence s'imposait, les réticences étaient grandes. Les suppliques de plus en plus pressantes se mêlaient aux compliments : « Docteur, vous l'avez si bien soigné jusqu'à maintenant, vous allez continuer encore. » Cet argument revenait en leitmotiv.

L'une des discussions les plus vives et les plus longues que j'ai eue s'est déroulée un soir d'hiver dans un hameau de Cerlans. La malade était une vielle femme de soixante-dix ans passés. Souffrant du ventre depuis plusieurs jours, elle ne pouvait plus s'alimenter, même pas boire de l'eau qu'elle rejetait aussitôt absorbée. L'examen du ventre très douloureux était à peu près impossible. Le diagnostic de péritonite d'origine vésiculaire me paraissait très probable d'après les antécédents. Il fallait opérer dans les meilleurs délais. Dès que j'en fis la proposition, je me heurtai à l'opposition bornée du fils et de la fille de la malade et plus modérément de celle-ci. D'abord, du même avis que ses enfants, peu à peu elle se rendit à mes arguments jetant sur notre groupe un regard implorant. Ses gémissements de plus en plus poignants obligeaient à hausser le ton. La discussion qui n'en finissait pas et tournait en rond se transforma en altercation.

Soudain, l'homme, un costaud mal rasé, au regard sombre, se dirigea vers la porte et me demanda de le suivre. J'obtempérai, inquiet de ce que sa soeur ne nous suivît pas. Elle s'était précipitée auprès de sa mère et lui chuchotait à l'oreille. Mon interlocuteur, les sourcils froncés, l'air furibond, allait-il en venir aux mains pour me faire entendre raison ? Cette pensée m'effleura l'esprit tant l'atmosphère était tendue et sinistre. La fille de la malade cessant son conciliabule nous rejoignit sur le « sevron ». Il faisait un froid de canard sur ce trottoir bordant la façade sud de la ferme et heureusement protégé par l'auvent. La pluie qui tombait drue, poussée par le vent du nord-ouest, nous laissait au sec. La dispute reprit de plus belle. Il fallut du temps, peut-être une demi-heure pour faire entendre raison à mes deux interlocuteurs qui ne manquèrent pas d'assortir leur consentement de menaces à peine voilées en cas d'erreur de ma part. L'homme décida de m'accompagner à l'hôpital.

Sous un déluge, nous embarquâmes la vieille femme dans ma voiture. Recroquevillée sur les deux sièges arrière de la deuche, dans une position des plus inconfortables. Elle ne cessa de geindre tout au long du parcours tandis que son fils se répandait en récriminations. Je me souviens de ces trente kilomètres qui n'en finissaient plus. Des rigoles d'eau ruisselant sur le pare-brise masquaient la visibilité. Les essuie-glaces paresseux étaient inefficaces, réglant leur vitesse sur celle de la 2CV dont il m'était difficile de forcer l'allure. Mon passager de plus en plus impatient vociférait et m'incitait à accélérer. Tout au long de la route, le macadam était parsemé de flaques, les fossés débordaient. Peu avant d'arriver à Chalon, la Saône était sur le point d'envahir la chaussée ou peut-être la recouvrait-elle déjà à certains endroits. Enfermés dans notre bulle aux vitres embuées, il nous était difficile d'apprécier, de visu, l'ampleur de la crue. Seuls, les projections bruyantes de l'eau sous le châssis et la carrosserie de la deuche et ses ralentissements subits en donnaient une idée.

À l'hôpital de Chalon, l'admission dans un service de chirurgie de cette pauvre femme dolente se fit rapidement. Aussitôt installée dans un lit, elle cessa de geindre. Sans hésiter, l'interne avertit le chirurgien de garde puis fut tout prévenance à mon égard. Il avait l'intention de s'installer bientôt généraliste à la campagne. Après un examen succinct de l'entrante, il se rangea à mon avis. Mon diagnostic fut le sien. Puis commença, entre nous, un long dialogue sur les avantages et les inconvénients de l'exercice de la médecine telle que je la pratiquais. L'attente nous parut longue d'autant plus qu'une infirmière venait, à tous moments, nous informer des interrogations de mon accompagnateur qui ronchonnait et piaffait d'impatience. Enfin le chirurgien arriva. Il s'excusa de son retard – le temps de chien en était cause – et m'encouragea à vite reprendre la route : « Elle sera bientôt coupée à la circulation si la pluie continue ». J'attendis qu'il examinât la malade et qu'il nous fît part de ses conclusions. Il n'avait pas l'intention de l'opérer d'urgence mais seulement le lendemain matin après avoir refroidi l'inflammation avec une vessie de glace et commencé un traitement antibiotique. Déjà l'infirmière allait en informer le fils qui, aux aguets, faisait des va-et-vient dans le couloir.

Je fis alors part de ma désapprobation au chirurgien et insistai pour que l'intervention eût lieu tout de suite. Le plus étonné fut l'interne qui, soumis à une certaine hiérarchie, ne pensait pas que l'opinion d'un médecin de campagne pût faire changer celle de son patron, chef de service. Celui-ci se rallia à notre opinion. Mon jeune collègue eut un mot pour soutenir mon diagnostic. Plus tard installé dans un gros bourg rural à une vingtaine de kilomètres de Cerlans, il manquait rarement, lors de nos rencontres, de me rappeler cette nuit où nous avions décidé le chirurgien à opérer. Bien lui en prit d'ailleurs. Un gros calcul biliaire avait perforé la paroi vésiculaire de la patiente et l'atteinte péritonéale était manifeste. L'opérateur reconnut de bonnes grâces que l'intervention urgente était tout à fait justifiée et nous félicita de lui avoir forcé la main. Lui, avait diagnostiqué une cholécystite aiguë sans perforation. Il s'en expliqua avec beaucoup de simplicité et franchise. Dès lors, j'eus de l'estime pour ce chirurgien – ce fut sans doute réciproque – et, par la suite, nos relations confraternelles ne laissèrent pas d'être excellentes. Avant la fin de l'intervention, je quittai la salle d'opération. La montée des eaux me préoccupait.

Sur le chemin du retour, mon passager se montra peu loquace : même pas de commentaires ni d'avis quand les pompiers de Chalon qui posaient les panneaux sur lesquels, on pouvait lire : route barrée, nous déconseillèrent de tenter la traversée. Cependant, je n'hésitai pas. Je lançai dans la rivière la brave deuche qui, suffoquant, nous transporta sur l'autre rive. J'appris le lendemain qu'elle fut la dernière voiture à passer cette nuit-là. Il était une heure du matin...

La fille de l'opérée nous attendait. Elle écouta mon rapport, bouche bée, puis, le regard fixé sur le lit, se contenta de dire : « Puisqu'il fallait y faire. » Mais pas un mot de remerciement, ni d'elle ni de son frère. En rentrant chez moi, j'en avais gros sur le cœur. Avec des clients de cette espèce, il fallait s'attendre à tout. « J'avais pourtant fait preuve de perspicacité et n'avais pas compté ni mon temps ni mes peines. Je pensais mériter mieux. Que n'aurais-je pas entendu si le chirurgien n'avait pas opéré cette nuit. Pourvu que les suites post-opératoires ne posent pas de problèmes, j'en serais le seul responsable et si cette grand-mère venait à mourir à l'hôpital, ce serait perçu comme la conséquence de désinvolture et même de tromperie de ma part. Ma réputation de médecin en prendrait un coup. » C'est en ruminant ces pensées que je m'endormis. Il était 2 heures du matin.

Heureusement tout se déroula favorablement pour la vieille dame qui retrouva son foyer après quatre semaines d'hospitalisation. Quel ne fut pas mon étonnement, quand quelques jours après le retour de sa mère à la maison, le fils toujours aussi revêche m'apporta un beau poulet dodu. « Spécialement élevé pour vous, en chaponnière » me dit-il en guise de remerciement et alors qu'il faisait mine de me quitter, il revint à moi et ajouta :

– Docteur ! Vous savez pas ? Faut que je vous dise. Là, où vous m'avez épaté c'est quand vous avez lancé la 2CV sur la route inondée. Moi je me serais dégonflé. « Ça, c'est un homme », que j'ai pensé.

– Vraiment, répondis-je, pour masquer mon étonnement, je ne voudrais pas être considéré comme un héros pour si peu. Je n'ai pas...

L'homme s'éloigna sans me laisser terminer ma phrase.

J'eus à peine le temps de lui adresser des remerciements. Cet homme bourru ne devait pas les aimer.

Dès lors, je fus le médecin de cette famille, toujours froidement accueilli mais très écouté et obéi à la lettre.

À cette occasion, j'eus le beau rôle. Ce ne fut pas toujours le cas. Dans bien d'autres circonstances, l'un ou l'autre des spécialistes en qui j'avais confiance et dont certains sont devenus mes amis, a redressé mon diagnostic plutôt qu'il n'a adopté le mien. Mais vous comprendrez que j'évite de relater des faits où je n'étais à mon avantage. C'est tellement humain et tellement mieux pour le moral.

Peu à peu, grâce au progrès de la médecine et des techniques opératoires, on admit que choisir le lieu de sa mort n'était pas l'essentiel, en tous cas moins important que de bénéficier des meilleurs moyens de survivre. L'amélioration des thérapeutiques a compté pour beaucoup mais aussi, pour une part non négligeable, l'extension de l'assurance-maladie aux cultivateurs puis aux artisans et commerçants. Dès lors s'est posé le problème des transports à la clinique ou à l'hôpital. Dans nos campagnes, les gens ont tardé à se motoriser et les transports médicalisés furent longtemps inexistants. Quand, dans quelque hameau reculé, je prescrivais une hospitalisation d'urgence, très souvent, j'étais le seul à pouvoir rendre ce service dans un délai raisonnable. En ce temps, les pompiers ne se mobilisaient que dans des conditions bien particulières, la plupart du temps à l'occasion des accidents de la route. Ils ne disposaient que d'une camionnette équipée d'un brancard. Le confort de cette ambulance rudimentaire dont la suspension manquait de souplesse, laissait à désirer.

L'autre alternative de transport, celle que je proposais, était encore moins adaptée. C'était ma voiture professionnelle, une 2CV Citroën. À la moindre bosse, elle se lançait dans des mouvements de roulis et de tangage, supportables pour une personne en bonne santé mais des plus inconfortables pour un blessé ou un malade mal en point. Et pourtant, cette bagnole cahotante m'a permis de rendre de multiples services par tous les temps et tous les chemins, en particulier, aux patients qu'il a fallu hospitaliser d'urgence. Je ne sais pas combien mais ils furent nombreux à être transportés dans les pires conditions de confort. Assis, ou à demi-allongés, comme ils devaient souffrir ces traumatisés ballottés sans ménagement, et ces futurs opérés du ventre, à qui je devais refuser tout calmant de peur d'égarer le diagnostic !

La deuche, vous l'avez compris, n'était pas l'ambulance idéale mais, même dans cette fonction, elle n'avait pas que des défauts. Un confrère m'a rapporté que les balancements intempestifs de la suspension avaient eu, au moins une fois, un effet thérapeutique. S'étant escrimé sans succès à réduire la hernie étranglée d'un obèse, il restait la solution de le conduire d'urgence au chirurgien. La 2CV avec laquelle, il était venu en visite était sur place. Il y fit monter le gros homme qui, les mains appliquées sur le bas-ventre, s'installa tant bien que mal, à demi-couché sur les deux places arrière.

Ceux qui ont fait usage de cette banquette doivent se souvenir de son inconfort. Sans rembourrage, c'était une sorte de trampoline qui, dans les grandes secousses, vous envoyait la tête au plafond, plus exactement contre la capote. Ce qui n'était pas traumatisant ; le plus redoutable était de retomber sur l'armature métallique : la barre centrale faisait des dégâts. On s'en sortait, les fesses farcies d'ecchymoses.

Dès les premiers cents mètres du chemin vicinal creusé d'ornières et de fondrières, le hernieux se mit à geindre. Ils furent longs les deux kilomètres à parcourir avant d'atteindre la route départementale. Les soubresauts de plus en plus pénibles à supporter, arrachaient des cris de douleur au passager. Il avait beau s'accrocher rageusement à sa braguette. Rien n'y faisait. La partie cahotante du parcours allait se terminer quand, soudain, le patient cessa de se plaindre et s'écria : « Arrêtez, docteur, je suis guéri ! » Le médecin stoppa aussitôt. Il put constater en examinant le bas-ventre adipeux de l'intéressé que la hernie avait disparu. L'anneau d'étranglement était bien libre. Les deux hommes furent d'accord pour rebrousser aussitôt chemin et rentrèrent au domicile du hernieux, bercés par la course ondulante de la voiture miracle. Bien accueillis par la maîtresse de maison, ils fêtèrent l'événement en buvant un verre. Un seul, m'affirma mon confrère.

Je n'ai jamais eu la chance d'obtenir la moindre guérison avec les courses chaloupées de mes 2CV successives. Pourtant, au début de mon installation à Cernans, ce ne sont pas les chemins à la limite du carrossable qui manquaient dans mon secteur. Mais jamais ils ne m'ont permis d'obtenir la moindre guérison pendant la vingtaine d'années que j'ai exercé avec une deuche le métier de chauffeur de taxi médical. Toutefois, je me souviens que l'un de mes patients a eu la vie sauve grâce à la présence d'une deuche, au bon moment et au bon endroit. Je relate ce fait divers plus longuement au chapitre « Défénestration. » Là, c'est la capote qui a joué le rôle d'amortisseur.

Ce métier de transporteur de patient n'était pas sans risque si j'en crois cette mésaventure dont a été victime le passager d'un médecin. Les faits m'ont été rapportés par un de ses amis qui exerçait dans le même canton. Ce confrère avait pris en charge un malade à opérer d'urgence et le transportait à la clinique. Dans un tournant, il fit une fausse manœuvre et sa voiture, dans une embardée, fut projetée dans la rivière. Heureusement, à cet endroit, celle-ci était peu profonde et, par ce bel après-midi d'été, la température était clémente. Les témoins de cet accident vite accourus sur les lieux aidèrent le conducteur à sortir de son habitacle. Quant au passager qui avait bien du mal à maintenir sa tête hors de l'eau ; il fallut attendre l'arrivée des pompiers pour le désincarcérer. Ils ne tardèrent pas et menèrent rondement le sauvetage. Alors, le naufragé fut déshabillé, bouchonné, réchauffé jusqu'à ce qu'il n'eût plus un poil mouillé. Ensuite, enveloppé dans des couvertures, il fut livré à la clinique, prêt à être opéré. Une appendicite présumée avait motivé l'hospitalisation. À cette époque, cette affection était très rarement mortelle, sinon dans de telles circonstances, heureusement exceptionnelles. Dans le cas particulier, tout s'était bien terminé pour le malade. Huit jours plus tard, quand, de retour à la maison, il eut refranchi le pont en sens inverse, il dut se sentir libéré d'une certaine angoisse. Maintenant il pourrait profiter pleinement de sa convalescence.

Je suppose que ce malheureux confrère ne circulait pas en 2CV. Car, sans doute, il aurait évité ce plongeon inopiné. La deuche n'était certes pas confortable et vite essoufflée dans les côtes mais sa tenue de route était remarquable. Pour un médecin de campagne, c'était la voiture ad hoc, la mieux adaptée à la voierie qui, dans les années d'après la Seconde Guerre, laissait encore beaucoup à désirer. Sa conception rustique lui permettait de bien se comporter dans les intempéries, bien que peu recommandée par grands froids ou pluies diluviennes. Elle s'agrippait de ses quatre roues sur les routes glissantes, même verglacées, et, après un dérapage, comme si de rien n'était, reprenait son train cahin-caha. Elle caracolait, brinquebalante sur les chemins sinueux, cahoteux, franchissant avec aisance nids de poules, ornières et fondrières. Combien de fois m'a-t-elle permis de sortir indemne de situations critiques ? Je ne les ai pas comptées. Elle me menait à la porte des fermes les plus reculées au bout d'un sentier de desserte ou même à travers champs. Moins que d'autres, elle risquait de rester embourbée. Et si, par un malencontreux hasard, elle était immobilisée sur un sol glissant, argileux, gorgé d'eau ou enneigé, le conducteur, la plupart du temps, pouvait se dépanner lui-même. Le moteur au ralenti, le levier de vitesse au point mort, il m'est arrivé, plusieurs fois, de charger sur l'épaule droite, le cadre de la portière et, de passer en première tout en exerçant une forte poussée vers le haut. En même temps, du pied, j'écrasais à fond l'accélérateur et d'un bond, m'installais sur le siège. Aussitôt, la brave deuche se sortait de cette mauvaise passe. Tout fier de mon savoir-faire, je repartais, considérant que l'état de mon pantalon trempé et recouvert jusqu'aux genoux de gadoue était un moindre mal.

C'est avec un grand soulagement que j'ai vu s'installer à Cerlans et alentour plusieurs ambulanciers pour la plus grande satisfaction des usagers. Ceux-ci y ont beaucoup gagné en confort mais aussi ont vite pris l'habitude de se faire conduire en ville, chez le spécialiste, bien sûr, en taxi et, si possible, aux frais de la sécu.

Avec la facilité des déplacements, une page était tournée pour la médecine de campagne. Dès lors, beaucoup furent ceux, et celles surtout, qui court-circuitèrent le médecin traitant pour consulter directement leur gynécologue, leur pédiatre, leur dermatologue… sans parler d'autres charlatans, spécialisés le plus souvent dans le traitement de l'obésité, des lombalgies, des maladies de la peau et autres dont la plupart sont chroniques avec des phases de rémissions spontanées qui font crier au miracle les gogos. Et Dieu sait qu'ils sont nombreux...

QUESTION D'HONORAIRES

Les activités d'un médecin de campagne ne pouvaient être précisément programmées. Il ne recevait que très rarement sur rendez-vous et était, jour et nuit, à la merci de sa clientèle. Dès mon installation, j'avais adopté l'horaire pratiqué par la plupart des confrères de la région et qui semblait convenir aux habitants. La matinée était consacrée aux consultations dans mon cabinet et l'après-midi, aux visites à domicile. Mais fréquemment il y avait des perturbateurs de cet ordre établi. Ceux qui, par des appels intempestifs plus ou moins urgents m'obligeaient à me lancer sur les routes tôt le matin ou avant le repas de midi et ceux que, revenant de tournée, je trouvais relégués dans un coin de mes pièces professionnelles, à distance des coups de balai de la femme de ménage. Un de ces intrus se serait même plaint d'y avoir été reçu « comme un chien dans un jeu de quilles. »

Le médecin, contrairement aux autres professions libérales n'a pas à sa disposition d'aide pour le seconder. Comme j'enviais le notaire et le pharmacien qui confiaient une part de leurs travaux – « les plus fastidieux », je pense – à un clerc ou un potard ! D'autre part, ni l'une ni l'autre de ces professions libérales ne connaissait jamais de situation de grande urgence. Contraint à satisfaire – parfois immédiatement – toute demande, j'étais toujours seul sur la brèche. Ainsi l'exigeait la profession que j'avais choisie : être à la fois au four et au moulin. Hélas ! Que de gens ont usé et abusé de la disponibilité des médecins et de l'obligation qu'ils ont de répondre à tout appel, même le plus fantaisiste !

Les appels d'urgence font partie des pires inconvénients d'un métier, par ailleurs passionnant. Ils ont été pour moi une cause d'appréhension que j'avais du mal à réprimer et qui ne s'est que très peu atténuée avec le temps. Le patient que le patricien reçoit dans son cabinet ou celui que, régulièrement, il visite à son domicile, peut poser de difficiles problèmes diagnostiques et thérapeutiques. Mais, en toute tranquillité, il est possible, si ce n'est recommandé, de réfléchir, de s'informer dans les livres et revues, de demander l'avis de confrères avant de prendre une décision. En urgence, la situation est toute autre et bien souvent critique. Le médecin doit agir vite, faire appel à tout son savoir pour dispenser avec un discernement prudent – primum non nocere – les premiers soins. Et comme il ne dispose souvent pas, sur place, de moyens d'investigation suffisants ni de traitements efficaces, la question se pose de l'évacuation, dans les meilleures conditions, vers le centre le mieux adapté et le plus performant. Quand le temps presse et que se posent tant de questions cruciales, qui ne serait pas angoissé face à une telle responsabilité ?

En cette matinée de juillet, les consultants avaient été peu nombreux. Il était bientôt midi et je m'attardais à bavarder avec le dernier, un homme sympathique qui, comme moi, était passionné de sports, du football en particulier. Tous deux, membres dirigeants du club local, nous nous félicitions des bons résultats de notre équipe fanion et tirions des plans sur la prochaine saison. Elle s'annonçait très favorable grâce à de nouvelles recrues. Déjà, dans mon cabinet pourtant exposé au nord, nous sentions monter la chaleur d'une journée qui s'annonçait caniculaire comme les deux précédentes. Dès huit heures, j'avais dû fermer les fenêtres que j'avais ouvertes à la fraîcheur matinale. Nous étions décidés à nous offrir une boisson glacée. Soudain, un choc vigoureux qui nous fit sursauter ébranla la porte de la salle de soins. Aussitôt, nous entendîmes l'employée hurler : « Docteur ! Une urgence ! C'est au croisement des Quatre routes. Il y aurait plusieurs blessés.» L'apéritif fut remis à plus tard. Le temps de récupérer ma trousse de petite chirurgie et de la compléter par quelques fils de suture, compresses et bandes de gaze, j'étais prêt à partir.

Le soleil déjà haut dans un ciel sans nuages dardait des rayons brûlants et éblouissait d'une lumière crue qui, sur le macadam, faisait miroiter des paillettes argentées. Les rues de Cerlans étaient désertes. Les dernières clientes des magasins d'alimentation avaient fini leurs courses et rejoint leur maison. Au contraire, la campagne était animée : les travaux des champs battaient leur plein. On rentrait les derniers foins et l'on commençait les moissons.

Seul sur la nationale qui me conduisait en ligne presque droite jusqu'au lieu de l'accident, je n'observai pas les limitations de vitesse même à l'approche d'un virage difficile à négocier à la sortie du village. Depuis, après de nombreux accidents, il a été modifié. Un peu plus loin, dans la traversée d'un bosquet, où les gendarmes de Tarmin avaient l'habitude de se dissimuler, j'accélérai de nouveau. De nombreux automobilistes ne gardent pas de bons souvenirs de ce coin de bois. Moi-même, j'avais échappé à la contravention grâce à la mansuétude de la maréchaussée. C'était en un temps où le conducteur n'était pas contraint de souffler dans le ballon. Heureusement, car cette nuit-là, je revenais d'un repas chez des amis, copieusement arrosé comme c'était souvent l'habitude à l'époque. Aujourd'hui, je n'avais rien à craindre. La gendarmerie devait être mobilisée à une autre tâche. Je m'attendais à trouver deux de ses membres en train de mener l'enquête sur les lieux de l'accident.

Qui connaît mieux qu'un médecin de campagne les routes de la région où il exerce, les tournants et croisements dangereux ? En effet, il y est souvent convoqué et parfois même de manière intempestive. Que de voyageurs pressés, témoins d'un accident se contentent d'y jeter un coup d'œil furtif. Ils se gardent bien de trop s'approcher et de porter secours de peur de perdre du temps. Pour se donner bonne conscience, ils évoquent leur incompétence et l'urgence de la situation. Aussitôt, ils se précipitent au village le plus proche où ils font alerter le médecin et éventuellement pompiers ou gendarmes. Mission accomplie, ils peuvent tranquillement poursuivre leur chemin. Le praticien ne peut faire autrement que de se rendre au lieu dit, souvent très mal indiqué. La topographie laissant à désirer, il perd du temps à se repérer. Et, dès les premières investigations, il s'aperçoit que dans ses sacoches remplies à craquer il lui manque ce dont il aurait le plus besoin ! En effet, son efficacité y gagnerait souvent si l'appel avait été plus documenté. Il m'est arrivé plusieurs fois d'avoir été dépêché au bord d'une route grâce au zèle d'un de ces « bons samaritains » d'occasion et de n'y trouver que de braves gens heureusement indemnes qui n'avaient rien à faire de mes soins. Je dois avouer que leur bonheur d'être sans plaies ni bosses faisait aussi le mien. Par contre, leur véhicule attendait, basculé dans le fossé, qu'un dépanneur s'en occupât. J'en profitai pour m'éclipser sous le prétexte de leur envoyer au plus vite un mécanicien. La part de ses appels inutiles n'était pas négligeable. Il s'y ajoutait ceux qui me réveillaient en pleine nuit et qui provenaient, en réalité, de plaisantins. En ces occasions, j'avais beau explorer, à petite vitesse, tout autour de l'endroit désigné de l'accident, tous feux allumés. Pas de présence humaine ni mécanique, pas de traces de freinage sur la route et encore moins de sang. Rien d'anormal dans les fossés, les buissons, tout était calme et en ordre. Je m'en revenais « gros Jean », pestant contre ces salopards qui n'avaient point de respect pour mon repos.

Nombreux étaient les accidents qui auraient mérité le déplacement non seulement du « médecin aux mains nues » que j'étais mais de toute une équipe médicale. Malgré toute sa bonne volonté, un praticien seul ne pouvait pas rendre grand service, manifestement dépassé par la gravité de certaines situations. Une cellule hospitalière avec personnel spécialisé et équipement adéquat aurait été nécessaire. La création des S.A.M.U. et la formation des sapeurs-pompiers aux premiers soins à donner aux blessés, à leur ramassage, à leur transport ont fait progressé considérablement les secours aux accidentés de la route. Le généraliste de campagne s'en est trouvé soulagé. Il n'était plus seul en première ligne mais bien assisté. Au cours des dernières années de mon exercice, le premier appel d'urgence se faisait au centre de secours. Il arrivait que l'on sollicitât mes services mais, bien souvent, les secouristes pouvaient s'en passer.

Le carrefour des Quatre routes n'était pas un point particulièrement noir. Je n'y ai, heureusement, jamais vu de personnes grièvement blessées. La plupart du temps, les victimes ne s'en tiraient pas trop mal avec des plaies, des contusions, à la rigueur des fractures sans grande gravité. D'ailleurs, le médecin de Tarmin y était appelé en priorité. Son absence me valait, sans doute, de m'y rendre aujourd'hui, à titre de remplaçant officiel. Le cabinet de ce confrère n'était éloigné du croisement que de quatre kilomètres tandis que la distance qui m'en séparait était au moins double.

À cette intersection, une route nationale se coudait à angle droit. Elle reliait les côtes du vignoble bourguignon, au nord, aux monts du Jura, à l'est. Dans le prolongement de chacune de ces deux directions venait s'embrancher une départementale. Chacune d'elles rejoignait, à vingt kilomètres environ, une voie à grande circulation. L'une peu fréquentée s'enfonçait au sud, dans la campagne profonde. La seconde dont le trafic était important se poursuivait à l'ouest et conduisait aux bords de Saône, en particulier, à

Chalon, le centre commercial le plus fréquenté des habitants de la région.

Ce carrefour situé au milieu des prés et des champs n'aurait posé aucun problème de circulation si certains paysans n'avaient pas eu la malencontreuse idée de construire leur ferme aux quatre coins. Après bien des tergiversations, des travaux ont été entrepris pour assurer plus de visibilité et de sécurité. Aujourd'hui, une bretelle de raccordement relie les deux embranchements perpendiculaires de la route nationale en contournant par derrière le bâtiment situé à l'angle nord-est.

Passé le petit bois, ma vue s'étendait jusqu'au croisement, et même au-delà, en direction de Tarmin et de Chalon. J'apercevais maintenant les toits pentus des maisons des Quatre routes qui, de plus en plus proches, grandissaient et se précisaient à mesure que mon pied plus pesant appuyait sur l'accélérateur. La route me paraissait absolument libre : pas d'attroupement, pas de véhicules. Etait-ce un canular ? En plein jour, j'en doutais. Enfin, j'aperçus sur la gauche, en de ça de l'embranchement, comme un amas au bord de la chaussée. Sans aucun doute, les voitures accidentées. Maintenant, j'en distinguais deux, juxtaposées dont l'une se présentait de face, l'autre de demi-profil. À leur approche, je ralentis pour les identifier et constater les dégâts. L'une d'elles, une Citroën D.S., était posée à cheval sur le buisson clôturant la propriété adjacente. Sa portière avant gauche était enfoncée. La seconde, une Renault Frégate, un peu de biais, stationnait presque totalement sur l'accotement ; seule la roue gauche arrière mordait légèrement sur la route. Son aile droite avant était arrachée et son capot quelque peu enfoncé était en contact avec la tôle de la D.S. Je m'étonnais de ne voir aucune agitation autour et alentour. Surtout l'absence de gendarmes me paraissait insolite : pas de voiture de police en vue. Des traces de freinage étaient fortement marquées sur le macadam surchauffé. À vitesse réduite, j'amorçai un virage à gauche et le continuai jusque dans la cour des Pournet.

Je connaissais bien cette maison et ses habitants, en particulier « la patronne », comme l'appelait son mari. Je la voyais régulièrement en consultation et parfois en visite. Elle était de celles qui ne manquaient jamais d'ajouter aux honoraires un produit de la ferme : œufs, crème, poulets, grillade ou boudin. Chez ces braves paysans, j'avais même participé, en famille, à un repas de cochon pantagruélique. Charles, le patron, avait rarement recours à la médecine. Il se soignait lui-même. Ses médicaments dont il abusait parfois étaient tous plus ou moins concentrés en alcool. Peine perdue était de lui conseiller de mettre un peu d'eau dans son vin, surtout depuis qu'il m'avait invité à sa table. Il tirait argument de ce que j'avais un bon appétit et, ce qu'il avait surtout retenu, une bonne descente avec un goût prononcé pour les bons vins.

Deux voitures stationnaient sous le noyer. J'allai m'y garer. Je reconnus la Peugeot de mon confrère de Mervins, le docteur Locart, avec qui j'avais lié amitié depuis peu. Il était en compagnie de quelques personnes réunies sur le trottoir de la ferme, à l'ombre de l'avant toit. Je m'en approchai et saluai au passage M. Pournet qui se tenait un peu à l'écart. Egal à lui-même, de bonne humeur, il vint à ma rencontre. Dans son visage couperosé, ses yeux bleus bien à l'abri dans leur orbite pétillaient de malice et ses lèvres esquissaient un sourire. Je connaissais bien sa silhouette caractéristique pour l'apercevoir dans la cour presque chaque fois que je passais par là. Il venait de prendre sa retraite. De corpulence moyenne, légèrement voûté, il était toujours affublé d'une casquette noire enfoncée jusqu'aux oreilles et d'un « devanté » de même couleur, descendant jusqu'aux genoux. Il s'excusa de s'être impatienté et m'avoir appelé un peu vite : « Dès l'arrivée du docteur Locart, il m'avait aussitôt retéléphoné, mais c'était trop tard. J'étais déjà parti. » Il m'accompagna jusqu'au seuil de sa maison plus précisément jusqu'au « sevron », cet étroit trottoir qui borde la façade de nombreuses fermes bressanes. Trois des accidentés y étaient assis. Sur un banc, un jeune couple restait silencieux. Sur une chaise, une femme entre deux âges, et une louvette isabelle qui trônait près d'elle sur un guéridon, accaparaient les deux hommes de l'art, déjà présents.

Mon confrère me présenta le vétérinaire qui, comme lui, avait été alerté par un automobiliste. Celui-ci, témoin de l'accident avait profité de son passage dans leur village. Les deux praticiens retournèrent aussitôt à leurs occupations, interpellés par l'opulente mégère au bagout intarissable. L'un se remit à examiner la chienne, qui tremblait de tout son corps et de toutes ses pattes graciles. Ses gros yeux exorbités jetaient des regards effarés de tous côtés et parfois les fixaient, suppliants, sur sa maîtresse. Celle-ci se prêtait, non sans réticence, aux soins de mon confrère. Dépoitraillée à demi, elle découvrait, en partie, son sein gauche débordant d'un soutien-gorge rose et un bras dodu, comme coiffé d'un volumineux hématome en épaulette. Sur un ton autoritaire, tantôt elle s'adressait au médecin, tantôt, au vétérinaire à qui elle donnait ordres et conseils. En même temps, de la main droite, elle caressait sa Fleurette et, à tout moment, la qualifiait des noms les plus tendres.

– Vous êtes bien sûr, docteur, qu'il n'y a rien de cassé ?

– Madame, je vous l'ai déjà dit. Pas de fracture. Mais il vous faudra garder le bras en écharpe quelques jours.

– Il faudrait me faire une radio. Je serai plus tranquille.

– Vous verrez avec votre médecin traitant. En tout cas, ce n'est pas urgent. Pour ma part, je ne crois pas que ce soit utile. Je vais vous mettre le bras en écharpe en attendant.

– Pour plus de sûreté, je me ferai faire une radio plus tard.

Le médecin ne répondit pas. Alors elle s'adressa au vétérinaire :

– Docteur ! Qu'en pensez-vous ? Pour Fleurette, il n'y a rien de grave ? J'ai tellement eu peur quand je l'ai vu marcher sur trois pattes.

– Non, rien de grave. Le muscle a été meurtri. Je vais vous donner une pommade à appliquer deux fois par jour et, dans huit jours tout sera rentré dans l'ordre.

– J'ai envie de lui faire faire une radio…

– C'est parfaitement inutile. Mais… je vois que vous êtes difficile à convaincre.

Se tournant de nouveau vers le médecin, la blessée demanda d'une voix geignarde :

– Docteur, vous devriez m'examiner le cœur. Je suis cardiaque. Un jour, j'ai fait un malaise. J'ai failli en mourir.

– D'après votre pouls que j'ai pris tout à l'heure, je pense que l'examen peut attendre un peu. Je vais d'abord m'occuper de ce monsieur qui m'a l'air de souffrir. Son épouse m'a demandé de ne pas trop tarder.

– Vous savez, mon gendre, c'est un solide, un rugbyman. Il ne craint pas les coups. Regardez-moi cette jambe. C'est du costaud.

– Peut-être, mais son genou me paraît en mauvais état. Il faut que je voie ça de plus près.

–Alors, votre confrère va m'ausculter.

– Madame, il a d'autres occupations. De l'autre côté de la rue, quatre personnes l'attendent. N'est-ce pas ? Dit-il, en se tournant vers moi.

– Tout à fait d'accord, répondis-je. J'y vais.

Je me rendis aussitôt à la ferme d'en face. Ses habitants, les Nicot, étaient de mes connaissances. Ils avaient accueilli les occupants de la D.S. et plutôt que de les installer sur le pas de la porte, ils les avaient fait entrer dans leur maison. À cette heure, l'ombre de l'avant-toit ne couvrait qu'un petit quart supérieur de la façade. Je traversai la route et la cour sous un soleil haut dans le ciel, dont la chaleur des rayons était ressentie sous ma veste.

Ce fut une simple formalité d'examiner chacun des quatre membres de la famille accidentée : un jeune couple et ses deux garçons, l'un de cinq ans, le second de sept ans. Ils ne présentaient que des ecchymoses plus ou moins nombreuses répandues un peu partout sur le corps, les membres et le visage. La plus spectaculaire était celle qui auréolait l'œil droit du benjamin. Il pleura en voyant dans la glace ce « cocard » qui le défigurait puis il lui plut de répéter ce mot insolite, prononcé par son père, en riant jaune toutefois. Ce dont les enfants semblaient souffrir le plus était une soif inextinguible. La maîtresse de maison s'employa à les désaltérer. Elle avait plaisir à les voir vider, coup sur coup, aussitôt remplis, de grands verres d'eau teintée du cassis maison.

On entendit arriver et on vit s'arrêter deux voitures à peu d'intervalles, près du lieu de l'accident. La première était celle de l'huissier que l'on avait fait venir de Gravière. Les deux parties avaient préféré ne pas faire intervenir les gendarmes. La seconde était la dépanneuse de garagiste de Tarmin.

Le conducteur de la D.S. nous quitta pour assister aux constatations. C'était le moins blessé de la famille : une contusion du genou gauche et une éraflure sur l'avant-bras du même côté. Après avoir examiné une seconde fois la jeune femme qui se plaignait d'une douleur thoracique, je la rassurai : « Le traumatisme n'avait sans doute pas provoqué de fracture. » J'appliquai sur la zone sensible trois longueurs d'une bande d'Elastoplast, un tissu élastique adhérent à la peau. Ce qui eut pour effet de la soulager.

Ensuite, je rejoignis mon confrère. Le vétérinaire venait d'empocher ses honoraires. Pressé, il ne perdit pas de temps en au-revoir. La jeune femme qui, au moment de l'accident, était au volant de la frégate, avait rejoint l'huissier que l'on voyait de loin mesurer le terrain. Le docteur Locart s'appliquait à immobiliser le genou gauche du rugbyman qui souffrait d'une fracture de la rotule. Il l'avait enveloppé d'un bandage antiphlogistique. Je l'aidai à enfermer la plus grande partie du membre sous deux épaisseurs de carton gaufré, récupéré à la ferme. Et tandis qu'il les maintenait en place avec des bandes de crêpe élastique, je libérai la belle-mère. Elle était lasse de soutenir, de sa seule main droite, la jambe traumatisée de son gendre. Son visage rougeaud était ruisselant de sueur. Elle poussa un « ouf » de soulagement puis se laissa tomber lourdement sur la chaise près du guéridon où Fleurette ne dormait que d'un œil. Après trois ou quatre expirations bruyantes, elle commença à vitupérer contre sa fille responsable, selon elle, de l'accident qui aurait pu être pire. Elle appréhendait de reprendre la route. Elle aurait préféré que son gendre reprît le volant. « Lui au moins, il savait conduire », répéta-t-elle plusieurs fois. L'intéressé laissait dire et se contentait de sourire. Il semblait moins souffrir de sa fracture. L'articulation ainsi immobilisée par cet assemblage de fortune, lui permettrait de faire plus confortablement le voyage de retour.

– Il a fallu attendre aujourd'hui, dit-il, pour que ma belle-mère me fasse un compliment.

Elle ne répondit pas. Puis s'éventant de son mouchoir murmura d'une voix suppliante :

– Docteur, je me sens mal. Venez vite.

Mon confrère peaufinait l'emballage en y collant du sparadrap. Je pus me libérer et m'occuper de la grosse dame souffrante. Dès que je posai mon stéthoscope à l'abri de sa poitrine, elle me dit se sentir mieux. Je poursuivis un examen de routine, qui se révéla tout à fait rassurant.

L'huissier avait fini de mesurer et d'écrire. Sur le champ, il reçut ses honoraires et prit congé de ses clients. Le garagiste était à l'œuvre. Avec sa dépanneuse, il eut tôt fait de tirer les véhicules cabossés de cette malencontreuse embardée. Après un contrôle mécanique rapide, il les jugea bonnes à reprendre la route et ne manqua pas de se faire payer. Les victimes de l'accident, dans la mesure de leurs moyens, s'affairèrent quelque temps autour de leurs voitures respectives. Après des salutations courtoises, chacun des passagers y trouva sa place. Avec mon confrère, je participai à l'installation du traumatisé du genou sur la banquette arrière de la Frégate garée dans la cour des Pournet. Nous en fûmes chaleureusement remerciés. Bientôt les moteurs vrombirent et emportèrent les accidentés, dans la même direction vers les monts du Jura. Nous autres, médecins, nous restions à discuter en regardant s'éloigner les autos.

Nous avions eu droit aux salutations de ces gens de passage, même aux bisous des enfants et à des congratulations aussi. Mais rien d'autre. Nous en avions l'habitude. Nous en parlions avec le sourire quand le père Pournet nous interpella :

– Dites donc les docteurs ! Vous n'allez pas rester à causer au soleil. Venez vous rafraîchir un peu ! Vous l'avez ben mérité.

– D'accord, on vient. Répondis-je.

Le patron transportait déjà le guéridon devant le banc et plaçait la chaise à proximité. À peine étions-nous assis que madame Pournet sortant de sa cuisine, traversa le store qui s'ouvrit et se referma dans un cliquetis des lamelles de bambou entrechoquées. Elle déposa trois verres sur la table puis prit le temps de recevoir nos salutations et de nous souhaiter la bienvenue. Elle s'éclipsa accompagnée du même bruissement pour revenir bientôt avec une bouteille de Ricard et une carafe d'eau où flottaient des glaçons. C'était une petite femme râblée, paraissant la soixantaine bien sonnée, truculente, bavarde mais au cœur d'or. Elle resta debout, bombant le torse, campée sur des jambes quelque peu arquées. Elle avait manifestement quelque chose à nous dire.

– Vous les avez bien regardés, ces gens de la ville ? Nous interpella-t-elle, ils valent pas mieux que ceux de la campagne, même moins. J'ai été étonnée par toutes leurs simagrées.

– Mais on ne vous a pas vue, hasarda mon confrère.

– On ne me voyait pas mais j'étais la mieux placée pour voir, cachée derrière mon store. Cette grosse bonne femme m'a agacée à faire des mamours à une haridelle de chien aux yeux qui lui sortaient de la tête. Paraît que c'est les paysans qui soignent leurs bêtes avant les gens. C'est plutôt elles, ces mémères à toutou. Qu'est-ce que vous en pensez, docteur ? Termina-t-elle en s'adressant à moi.

– Je peux dire que vous n'hésitez pas à venir à ma consultation et j'ajoute que vous êtes très généreuse. Toujours un cadeau en remerciement.

– C'est sûr qu'on est pas comme ces gens-là. Nous, on a de la reconnaissance.

– Peut-être qu'ils croient, ajouta son mari, que les médecins, ça vit d'amour et d'eau fraîche. Ça va quand dans l'eau, on met du Ricard. Pour l'amour, j'en sais trop rien.

– Vous savez, dis-je, ce n'est pas la première fois qu'on nous fait le coup. On en a l'habitude. Demandez au docteur Locard.

– C'est souvent, en effet, renchérit mon confrère, que les accidentés de la route oublient nos honoraires. Pour eux, les soins médicaux devraient être gratuits.

– La vieille a bien payé pour son chien qui avait trois fois rien, Elle devait mieux l'aimer que son gendre si j'ai bien compris, dit la maîtresse de maison, en s'éloignant. Maintenant, je vous laisse. Il faut que j'aille faire mon fricot. Vous boirez à ma santé.

Quand le père Pournet eut rempli le dernier verre, il le porta à hauteur de ses yeux rieurs.

– À votre santé ! Dit-il, au moins, vous n'aurez pas tout perdu.

Il but deux gorgées et le reposa.

– Moi, reprit-t-il, j'arrive pas à comprendre que ces gens payent le véto, l'huissier, le dépanneur sans rechigner et pas les médecins. Vous y comprenez ?

– Pas mieux que vous, lui répondis-je, et je vous répète que c'est la plupart du temps comme ça. Au point que j'ai été surpris de recevoir, il y a deux ou trois mois, les excuses d'un accidenté de la route à qui j'avais fait quelques points de suture et qui avait oublié de payer. Sa lettre était accompagnée d'une bouteille d'Armagnac. Bien sûr, je lui ai envoyé mes remerciements et non pas la note de mes honoraires qu'il me demandait.

– Je vois ben que vous préférez être payé en nature, en alcool surtout, dit notre hôte en saisissant la bouteille pour une deuxième tournée.

Mon confrère et moi ayant refusé pour l'exemple – car l'envie ne nous manquait pas –, il n'osa pas se resservir.

Pour éviter la tentation, nous ne tardâmes pas à prendre congé des Pournet après avoir échangé un au revoir des plus chaleureux. Dès que nous eûmes tourné le dos, le brave homme se resservit et nous lança un retentissant : « À votre santé ! » en tendant son verre dans notre direction.

LA MÉDAILLE DU SANG

Dans son Traité de Thérapeutique Clinique, Paul Savy écrit en introduction de la transfusion sanguine, au chapitre XII : Traitement des hémorragies : « Il est certain que l'idée de remplacer, quantitativement et qualitativement, le sang d'individus anémiés par une hémorragie profuse ou des affections diverses a dû de tout temps exister. Aussi bien y est-il fait allusion dans l'Histoire des anciens Egyptiens, dans le Traité d'anatomie d'Hérophile, dans un passage d'Ovide ; et le pape Innocent VIII y aurait été soumis. » La note en latin, au bas de la page relate – si ma traduction est bonne – que le Saint Père n'en avait pas été guéri, que les trois donneurs, des enfants de dix ans, en étaient morts et que le médecin transfuseur avait pris la fuite. Ces faits se sont passés à la fin du XVe siècle.

Il a fallu attendre le XVIIe siècle, après que W. Harvey eut décrit la circulation sanguine, pour que l'on tentât d'utiliser le sang en thérapeutique. Avant d'oser des transfusions interhumaines, les expériences avaient été nombreuses. Les premières furent faites entre des animaux de la même espèce et d'espèces différentes puis on essaya de transfuser à l'homme du sang de mammifères, d'agneau de préférence. Savy rapporte ainsi le cas d'un jeune homme de seize ans qui bénéficia d'un tel traitement en 1667 : « On lui injecta 270 grammes de sang artériel d'agneau, et il s'en trouva bien. La thérapeutique nouvelle connut alors une réelle faveur... » Mais pour une réussite, combien d'autres tentatives se sont soldées par de échecs. Toutes ces transfusions furent complètement abandonnées à la fin du XIXe siècle. Les transfusions interhumaines ne purent pas, pour autant, se développer pour deux raisons essentielles : d'une part les médecins étaient dans l'ignorance des groupes sanguins à l'origine d'accidents hémolytiques graves, d'autre part, ils ne maîtrisaient pas la coagulation du sang qui ne tarde pas à se produire après le prélèvement.

Au début du XXe siècle, la découverte des groupes sanguins par Landsteiner autorise les transfusions interhumaines. En France, le premier centre de transfusion est créé en 1923 à l'hôpital Saint Antoine, à Paris. Pendant la guerre de 1939-45 les médecins anglo-saxons apportent des améliorations techniques importantes. La découverte de solutions anticoagulantes et préservatrices permet de conserver le sang prélevé en flacons pendant plusieurs jours. Dès lors des centres de transfusion se multiplient partout en France, d'abord dans les C.H.U. puis dans des hôpitaux de moindre importance. Ils font appel à des donneurs bénévoles et à qui l'on assure l'anonymat. Ce qui sera précisé par une loi, dans les années suivantes.

Au cours de mes études médicales commencées juste après la Seconde Guerre, le nombre des transfusions sanguines pratiquées n'a cessé d'augmenter. On voyait, de plus en plus, dressée au pied du lit des malades, la potence d'où pendait un flacon de sang. Les services de médecine en faisaient davantage usage, en particulier dans le traitement des affections hématologiques. Dans le même temps, les besoins de la chirurgie ne cessaient d'augmenter. De nouvelles techniques opératoires permettaient de faire des interventions inconcevables quelques années auparavant, grâce aux progrès de l'anesthésie et à la couverture antibiotique. En plus de l'assistance respiratoire, un apport de sang important était souvent nécessaire à leur réalisation. En bref, la transfusion sanguine était devenue un acte thérapeutique courant, souvent indispensable et irremplaçable. Il semblait que son utilisation ne pourrait que s'accroître dans les prochaines années.

En 1952, l'année de mon installation à Cerlans, une loi définit « l'utilisation des produits d'origine humaine et les principes de la transfusion ». En 1954, un décret et des arrêtés fixèrent « l'organisation générale de la transfusion sanguine ». La demande en sang des hôpitaux et cliniques se faisait de plus en plus pressante. C'est alors que les centres de transfusion régionaux envoyèrent des voitures médicalisées en faire la collecte alentour. Dans les gros bourgs, une des salles communales était transformée, pendant trois ou quatre heures, en hôpital de campagne. Quelques lits de camps y étaient dressés et les donneurs y restaient étendus le temps qu'une infirmière leur soutirât le précieux liquide et que la circulation sanguine reprît son train normal. Tout cela sous la haute surveillance d'un médecin. Celui-ci, après interrogatoire et examen, faisait un choix large parmi les bénévoles et se tenait prêt à donner ses soins aux rares ponctionnés pris de malaise.

Peu de temps après mon installation, le directeur du tout nouveau centre de transfusion de Chalon me proposa d'organiser une collecte à Cerlans. Il fut convenu que son équipe de blouses blanches viendrait, deux fois pas an, remplir des flacons du sang frais dans notre commune. La première séance fut fixée en novembre, quelques jours après notre rencontre. Toute la population ou presque se mobilisa. Les associations, en particulier, le corps des sapeurs-pompiers et le club sportif, rameutèrent leurs membres. On colla des affiches, on accrocha des banderoles. On fit paraître des articles dans la presse locale et même le curé l'annonça en chaire.

Ce premier prélèvement fut un succès : plus de cent cinquante bénévoles venus du bourg, des hameaux et des villages voisins se présentèrent. Presque tous furent admis à donner leur sang. Tout se passa dans la bonne humeur et même ce fut dans la gaîté et la camaraderie que, pour se remettre de la spoliation sanguine, les donneurs partagèrent une collation. Celle-ci fut, d'emblée, jugée insuffisante par la majorité des participants. Aussi, dès cette première rencontre, les organisateurs décidèrent de créer une amicale des donneurs de sang. Sa première initiative serait d'obtenir une augmentation de la subvention versée par le centre de transfusion, la seconde de fixer le montant de la cotisation des futurs membres de l'association. Ses sommes réunies serviraient, lors des prochaines collectes, à améliorer le menu. Au cours de ce premier repas pourtant jugé frugal, la convivialité fut telle que parmi les donneurs – et non les donneuses – beaucoup poursuivirent la fête en tapant le carton sur les tables où ne restaient que verres et litrons. Les pourvoyeurs en vin avaient prévus que certains bons vivants compenseraient la pénurie alimentaire par un surplus de libations.

Quand les attardés durent quitter l'édifice public, la nuit était tombée sur Gravière. Sur leurs jambes flageolantes, ils se dirigèrent en zigzagant jusqu'au bistrot pour prendre une revanche à la coinchée ou à la belote. Enfin, quand soûls de cartes et de boissons, ils songèrent à regagner le lit, ce fut à une heure tardive et en grand tapage. Je vous laisse imaginer l'accueil de leur femme avec les différents scénarios liés au caractère de chacune.

Pour les ruraux, la mi-novembre était le début de la morte-saison. La terre se reposait et avec elle ceux qui vivaient de son travail. De la fin de l'automne jusqu'au début du printemps, les paysans désertaient les champs. Leur principale occupation se passait à préparer le bois de chauffage pour les prochaines années. Un jour comme ce jour-là, les baliveaux pouvaient attendre qu'on les dégageât du taillis. Les commerçants et les artisans, maîtres de leur boutique, qui n'avaient pas l'habitude de prendre des vacances ni d'hiver ni d'été, n'hésitaient pas à prendre du bon temps toute une journée quand le cœur leur en disait. Certains, spécialistes de tournées des grands ducs, ne s'en privaient guère et profitaient de toutes les occasions. La journée du sang en était une nouvelle. Les exploits des donneurs noctambules entretinrent la rumeur plusieurs semaines et jeta le discrédit sur la collecte et ses organisateurs. Les femmes des bénévoles, surtout celles des agriculteurs en gardaient un mauvais souvenir et redoutaient la répétition de tels rassemblements. Elles n'avaient pas trouvé la plaisanterie à leur goût : après une longue attente, elles avaient dû faire le pansage et traire les vaches. Certaines m'en tinrent longtemps rigueur. Pourtant, je n'y étais pour rien.

Pour la deuxième séance de prélèvement, fixée à une période où les travaux des champs avaient repris, on s'attendait à une forte baisse des donneurs. Ce ne fut pas le cas. On en compta un nombre à peine inférieur à celui de la première. Tout ne se passa pas pour le mieux mais presque. L'ambiance du repas fut des plus joyeuses, même exubérante mais sans excès. Toutefois, il y eut quelques irréductibles aux gosiers toujours secs que l'hémorragie avait encore assoiffés. Heureusement, ils ne défrayèrent pas longtemps la chronique. Les commères à bout de cancans se turent à contrecoeur. Au contraire, la presse locale publia un compte-rendu dithyrambique sur la journée du sang qui fut ainsi réhabilitée et par la suite, devint, pour beaucoup, un jour férié de rencontre et de convivialité.

Le centre de transfusions ne fut pas en reste. Il nous fit part de sa satisfaction. Cerlans était le village du secteur qui lui avait fourni le plus de flacons de sang par rapport au nombre d'habitants. Le médecin-chef proposa d'y organiser, un dimanche matin, une manifestation publicitaire à l'occasion du dix millième prélévement. Une petite cérémonie s'en suivrait avec discours et remise de diplôme au donneur dont le sang remplirait le flacon symbolique. Bien entendu, la presse serait convoquée. La municipalité se déclara sans hésiter partie prenante. Elle mettait à la disposition de l'amicale la salle du conseil. Elle y offrirait un vin d'honneur auquel la population serait invitée. Je ne tardai pas à en informer le curé pour qu'il pût l'annoncer en chaire, le dimanche précédant la manifestation. Quelle ne fut pas ma surprise quand je le vis faire la grimace puis monter sur ses grands chevaux.

– Mais, docteur, vous n'y pensez pas ! Que moi, prêtre, je fasse de la publicité en chaire et encourage des gens à travailler le dimanche, ce n'est pas possible. Le jour du Seigneur est sacré. C'est un jour de repos.

– Vous n'êtes tout de même pas sans savoir que les médecins et les infirmières travaillent le dimanche. Et moi aussi, plus par obligation que de bon gré le plus souvent.

– Vous ne faites que répondre aux urgences. Une collecte de sang n'a rien d'urgent.

– On a besoin de sang tous les jours et même le dimanche et les transfusions peuvent sauver des vies. Qu'on travaille ici ou à l'hôpital, c'est toujours travailler.

– Je vous l'ai déjà dit. Il faut distinguer ce qui est urgent et ce qui ne l'est pas.

La discussion menaçait de durer. Aucun de nous n'était prêt à faire la moindre concession. À bout d'argument, en référence à l'Evangile, je lui posai cette question :

– Si votre âne tombait dans un puits le jour de sabbat, seriez-vous de ceux qui attendent le lendemain pour l'en sortir ?

Attaqué sur son propre terrain, le prêtre haussa les épaules et me répliqua :

– J'ai l'impression que le docteur de Cerlans veut en remontrer au pape, aux évêques.

Il était temps de se quitter avant que le ton ne montât encore d'un cran. Toutefois l'échange d'au revoir et de poignée de main me parut chaleureux.

Dix ans après la première collecte à Cerlans, la journée du sang gardait son importance. Le nombre des donneurs n'avait pas faibli. Bien au contraire, de nombreux étaient venus des communes voisines s'inscrire à notre amicale. En partie à cause du bon accueil qui leur était réservé mais aussi à cause de l'excellence du repas servi après la ponction. Parmi les membres du bureau, quelques cordons bleus rivalisaient de talents pour améliorer le menu : servir le meilleur repas au meilleur prix. Plus rien à voir avec la collation plutôt légère du début. Maintenant c'était presque un festin avec entrée, fromage et désert encadrant un plat concocté selon toutes les règles de l'art. Ainsi les gros appétits étaient comblés et n'étaient plus obligés de se rattraper sur la boisson. Ce qui, en fin de repas, n'était pas évident tant il est difficile de moins boire si l'on mange davantage.

Le besoin en sang se faisant de plus en plus pressant dans les hôpitaux surtout en été, une troisième collecte fut organisée. Bien qu'en pleine période des travaux agricoles, elle eut au moins autant de succès que les deux autres grâce à l'apport des vacanciers sensibles au charme de la Bresse et à l'excellence du repas servi aux donneurs.

À l'occasion de l'une de ces séances estivales, n'étant pas pressé par la clientèle qui ce jour-là évitait de venir en consultation et même de m'appeler en visite, j'allai voir ce qui se préparait à la cuisine. Le local adjacent à une grande salle où l'équipe du centre de transfusion opérait, était spécialement équipé pour préparer les repas de la cantine scolaire et occasionnellement ceux des banquets d'associations. Avant d'en franchir la porte, un fumet dont les effluves flottaient dans le couloir me mit en appétit. Elles étaient six femmes à s'affairer autour d'une cuisinière électrique flambant neuve.

Lulu qui portait allégrement ses soixante ans et semblait diriger les opérations m'interpella :

– Je vois qu'on vous a décoré aujourd'hui. Vous êtes nombreux à avoir eu la médaille ?

– Tous ceux qui sont venus depuis le début et n'ont manqué qu'une séance vont l'avoir aujourd'hui. Je crois que nous sommes huit. On a refusé une fois de prendre mon sang après un voyage au Maroc. Deux donneurs seulement ont eu la médaille à la dernière collecte.

– La Virginie Chenu en est malade. Elle a vingt-quatre dons et maintenant elle ne peut plus donner son sang. Elle a passé l'âge : soixante ans depuis deux mois. Je lui avais dit de venir quand même. On ne sait jamais ?

– Il faut bien fixer des limites. C'est vrai que la Valérie aurait sans doute pu donner son sang sans dommage... Mais je crois bien avoir une visite à faire chez elle aujourd'hui.

– Je suis à peu près sûre que c'est pour ça qu'elle vous appelle.

Après l'avoir vérifié sur mon agenda:

– C'est bien ça. Je vais filer chez elle avant de me mettre à table.

Assis dans ma voiture, je dégrafai la médaille du revers de ma veste. Virginie habitait à Charmois, un petit village, à cinq kilomètres de là. Veuve, elle vivait seule dans une maison d'un étage qui dominait les fermes basses alentour. On entrait de plain-pied dans la cuisine dont le seuil n'était séparé de la route que par un trottoir étroit et une courette fleurie. Quand j'entrai, la grosse dame repoussa une cocotte au bord de la plaque d'un poêle à bois. Il s'en exhalait des odeurs aussi appétissantes que celles de la cantine, mais écoeurantes : il y faisait une chaleur à peine supportable. Elle vint m'accueillir et me saluer en boitillant et en s'aidant d'une canne.

– Docteur me dit-elle, il ne fallait pas tant vous presser. J'aurais pu attendre.

– Si ça ne vous dérange pas trop, moi, ça m'arrange. Aujourd'hui, je n'ai qu'une visite à faire dans le secteur. J'en profite pour venir vous voir en attendant le repas.

– Vous allez manger avec les donneurs ?

– Bien sûr, ça me donne l'occasion de parler avec des gens que je rencontre rarement. Ce sont en général des gens en bonne santé qui ne fréquentent guère le médecin. Nous en reparlerons. Maintenant il faut que je m'occupe de vous. Avant de commencer, vous permettez que j'ouvre la fenêtre. Il fait vraiment très chaud. Vous ne risquez pas de prendre froid. Allez donc vous étendre!

Même avec mon aide et celle d'une chaise, elle eut bien du mal à se hisser sur un lit particulièrement haut. Ce qui, pour moi, avait un avantage. Avec une telle literie, pas besoin de se casser en deux pour examiner le patient.

– Qu'est-ce qui vous arrive ? Je vous ai vu marcher avec difficulté.

– Depuis ce matin, je boite et j'ai mal aux reins. Je crois bien que c'est ma sciatique qui recommence.Vous m'avez déjà soigné plusieurs fois. Elle m'a déjà joué un tour. Une fois, je n'ai pas été au sang tellement j'avais mal. Sans quoi, la dernière fois, j'aurais eu la médaille. Maintenant, c'est fini.

– Si vous voulez bien, nous en reparlerons plus tard. Maintenant je vais vous examiner.

Il s'agissait d'une lombalgie sans gravité qui, grâce au repos et à quelques médicaments, guérirait sans doute rapidement et ne se compliquerait pas de sciatique. Je lui fis part de mon diagnostic. Elle me demanda de l'aider à se remettre sur pied. Ce que je fis en lui indiquant la façon de ménager son dos. Assise dans un fauteuil proche du lit, elle me laissa rédiger puis commenter l'ordonnance et dès que j'eus terminé, elle m'interrogea :

– Pourquoi, après soixante ans, on ne veut plus de notre sang. Je me sens en bonne santé. Et même, je crois que la saignée me ferait plus de bien que de mal. Dans le temps, on en faisait pour soigner les gens.

– Le temps des saignées est passé et quant à la collecte, il faut bien fixer une limite. Je l'ai déjà dit tout à l'heure à Lucienne Michaud qui m'a parlé de vous. Je pense, en effet, que certaines personnes pourraient donner leur sang après soixante ans. Peut-être qu'en cas de grands besoins, on repoussera l'âge mais aujourd'hui, c'est soixante ans et pas plus.

– Pour moi, maintenant, ça sera trop tard. Pas de médaille. J'aurais tant aimé l'avoir. Vous, docteur, vous l'avez ou vous l'aurez bientôt ?

– C'est vrai que vous l'avez bien méritée et que vous n'avez pas eu de chance. Aussi, si vous voulez bien l'accepter, je vous donne la mienne.

– Mais docteur ! Vous n'allez pas faire ça.

– Et pourquoi donc ? Bien sûr que si... Si cela vous fait tant plaisir. Moi il me sera facile d'en retrouver une autre, dis-je en retirant la médaille de ma poche.

– Merci ! Vraiment je vous remercie beaucoup. Je suis tellement contente.

– Tenez ! Ça vous aidera à guérir plus vite votre lumbago.

D'un regard plein d'admiration, elle regarda pendant quelques secondes la médaille qui brillait au creux de sa main. Puis elle me demanda :

– Qu'est-ce qu'il faudra que je fasse pour vous remercier ?

– Mais rien du tout.

Elle ne répondit pas. Ses yeux de nouveau fixés sur l'objet de sa convoitise s'embuèrent de larmes. Comme après l'avoir salué, je me dirigeais vers la porte, elle se leva de son fauteuil et m'accompagna jusqu'au seuil. Elle y resta, bien droite sur ses jambes, attendant que ma voiture ait démarré. Je vis, encore quelques secondes, son visage souriant dans le rétroviseur et réalisai qu'elle devait se trouver mieux. Il ne m'avait pas échappé qu'elle ne boitait plus ou si peu et qu'elle avait oublié sa canne. L'amélioration avait été étonnamment rapide. Sans doute, la médaille que je lui avais remise avait quelque chose de miraculeux.

Un mois plus tard, elle revint à ma consultation tout à fait ingambe et me fit un magnifique cadeau, un de ces beaux poulets bressans gavés en chaponnière, uniquement de maïs et de lait.

Une médaille pour un chapon : le jeu en valait la chandelle. Je me gardai bien d'en récupérer une autre. La tentation serait trop grande de l'offrir à qui aurait quelque volaille en échange. Chacun sait que le trafic des décorations peut avoir de graves conséquences. Ce fut un des grands scandales de la troisième République sous la présidence de Jules Grévy qui dut démissionner de son deuxième mandat. Le parlementaire Daniel Wilson, son gendre, accusé d'avoir vendu des Légions d'Honneur, fut condamné à deux ans de prison. Après appel du jugement, il fut acquitté et même fut réélu deux fois député : le peuple avait pardonné. La sagesse populaire n'incline-t-elle pas à penser que les médailles ne sont pas toujours attribuées à ceux qui les méritent ?

LES CORPS ÉTRANGERS

Corps étranger : ces deux mots réunis ne prêtent guère à confusion dans un contexte médical. En voici le sens d'après le Petit Robert : « toute chose qui se trouve de manière anormale, non naturelle dans l'organisme.» En ce qui concerne le sujet que j'ai l'intention de traiter, il conviendrait de remplacer « chose » trop restrictif par « corps » dont le même dictionnaire donne, entre autres définitions, celles-ci : « partie matérielle des corps animés » et « objet matériel ». D'autre part, l'une des significations d'« étranger », d'après la même source, est la suivante « qui ne fait pas partie de ... » Donc l'intrus qu'il soit entré par effraction ou par une porte ouverte doit en être délogé au plus vite.

C'est pourquoi, introduire un « corps étranger » de substitution dans un organisme vivant a pu poser tant de problèmes. Qui n'a pas entendu parler des nombreux obstacles auxquels se sont heurtés les promoteurs des greffes d'organes. Malgré toutes les précautions prises pour le choix du donneur et la mise en œuvre de traitements antirejet, que d'échecs avant de réussir à greffer un seul organe !

Le cas de la grossesse est à la fois paradoxal et énigmatique. À l'intérieur d'un organisme vivant, un organisme différent – « qui ne fait pas partie » – de l'autre, n'est pas rejeté. Non seulement, ce greffon est toléré mais il est protégé et se développe. Il existe bien, de temps à autre, des rejets prématurés. Pourtant, dans la majorité des cas, la séparation programmée se fait aussi naturellement que l'implantation s'était faite. Le mystère reste entier, de la transmission de la vie par la reproduction sexée. Au cours des âges, l'évolution de cet étrange « corps étranger », a mobilisé, de plus en plus les médecins. Aujourd'hui, dans les pays dits développés, la grossesse est entourée de soins et la naissance se fait le plus souvent en maison spécialisée. Ainsi, le maximum de chance est donné à cet être humain nouveau, différent de tout autre.

Un dimanche après-midi, je reçus moi-même cet appel téléphonique : « Faut venir vite, Docteur, c'est le beau-père qui a un thermomètre dans le fondement. » Voila un mot que je n'avais plus l'habitude d'entendre, remplacé le plus souvent, par un mot plus bref. J'en fis part à mon épouse qui partagea avec moi un sourire et je la quittai aussitôt.

Arrivé à destination, chez Jules Prolet, plutôt appelé dans le pays « le Julot », je fus accueilli par le gendre qui, l'air goguenard, me répéta, ce qu'il m'avait dit au téléphone. Son beau-père, un vieillard presque octogénaire était à la fois le responsable et la victime de cette introduction maladroite Je le trouvai, recroquevillé dans son lit, le crâne enfoncé dans un bonnet de nuit. Je n'en apercevais qu'une partie du visage aux pommettes rosies et aux yeux mobiles et inquiets. Je ne m'étais jamais encore trouvé devant un tel cas. Que fallait-il faire ? Je décidai de prendre mon temps pour y réfléchir et proposai au père Jules d'essayer, par ses propres moyens, d'évacuer l'instrument.

Avec l'aide de ses enfants et d'infinies précautions, le vieil homme fut mis debout et revêtu d'une vieille veste de velours, par-dessus la chemise qui lui cachait tout juste les fesses. Puis, à pas comptés de ses jambes maigres et tremblantes, il se déplaça jusque dans la pièce adjacente et s'installa sur un pot. Dans l'attente d'un heureux dénouement, sa fille, son gendre et moi, nous entreprîmes d'inspecter la literie et ses abords. On ne sait jamais, si, par hasard, le thermomètre s'y trouvait. Les draps, les couvertures, l'édredon, le matelas furent renversés, sans succès. Plus de doute. Le thermomètre était bien là où on le croyait. Les seules découvertes furent celles d'amas de chatons qui, à chaque fois, faisaient rougir de honte la maîtresse de maison et bougonner son mari.

Tandis que nous remettions tout en place, un « Ouf ! » de soulagement nous arrêta dans notre besogne puis nous entendîmes ces mots proclamés d'une voix forte : « Ce coup-là, je crois ben que je l'ai fait.» Le gendre se précipita aussitôt dans la chambre et s'écria, triomphant : « C'est vrai, je le vois, on le tient. Venez voir ! » Son appel resta sans réponse et sans effet. J'attendis près de sa femme qui en profita pour installer sur le lit, édredon, traversin et oreiller avec un soin méticuleux. Bientôt, les deux hommes réapparurent. Le plus vieux souriant, la bannière relevée, en arrière, jusqu'à mi-fesses, s'agrippait au bras du plus jeune qui, hilare, brandissait le thermomètre, tel un trophée.

Ma visite n'était pas terminée. Il me restait à ausculter l'octogénaire. Depuis quelques jours, il se trouvait mal et toussait davantage. Cet après-midi, s'étant senti fébrile, il s'était mis au lit. Sa fille lui avait conseillé de prendre sa température. Ce qu'il avait fait mais avec un peu trop de zèle.

Cette surveillance de la fièvre par voie anale ferait partie, m'a-t-on dit, des « exceptions françaises ». Les Anglo-Saxons en particulier préfèrent utiliser d'autres sites plus accessibles et plus visibles pour faire monter le mercure : la bouche ou le creux de l'aisselle. Ils seraient réticents aussi à l'emploi de suppositoires. Pour une même efficacité, il préfère avaler comprimés et cachets ou même se faire piquer.

Assez fréquemment, j'avais l'occasion d'examiner le père Baptiste. Atteint de bronchite chronique, dès les premiers froids, il ne sortait qu'emmitouflé de la tête aux pieds. Ce qui ne l'empêchait pas de faire plusieurs poussées aiguës, chaque hiver. Ce jour-là, je lui prescrivis, entre autres et comme d'habitude, des suppositoires à l'eucalyptus avec la certitude qu'ils seraient totalement absorbés.

Passons à un étage supérieur, au niveau de la tête. Chez l'homme, elle présente plusieurs orifices ouverts à tous vents où peuvent se fourvoyer toutes sortes de corps étrangers. Subrepticement, les minuscules peuvent s'introduire dans l'un ou l'autre. Les yeux sont particulièrement sensibles à ces intrusions. Un coup d'air et voilà qu'une escarbille ou un grain de sable s'y fixe avant que les paupières n'aient eu le temps de réagir. Le plus souvent tout rentre dans l'ordre sans intervention du médecin. Celui-ci est appelé à la rescousse quand un frottage intempestif du globe oculaire, ou quand la forme acérée d'un débris a lésé la conjonctive et parfois même la cornée. Dès que celle-ci est par trop endommagée, en particulier, par des éclats métalliques incandescents, c'est au spécialiste d'opérer. Une taie est à redouter après une telle aggression.

Les insectes en vol entrent fréquemment en collision avec l'oeil et peuvent même y rester emprisonnés s'ils sont de petite taille. La plupart du temps, il est facile de les libérer. Presque toujours écrabouillés, ce sont eux qui font les frais de cette rencontre malencontreuse, tandis que la vue de l'agressé n'en subit que peu ou pas de dommage.

Le pavillon de l'oreille est une porte d'entrée que les insectes n'ont pas l'habitude de franchir. Cependant, l'un d'eux, en exploration d'un conduit auditif, peut s'y faire piéger. J'ai pu en observer les conséquences au moins une fois, n'ayant jamais eu l'occasion de constater les dégâts causés par les perce-oreilles. En font-ils d'ailleurs ? Je suis incapable de le dire.

Un bruit insolite me fit interrompre l'examen de la première consultante de la matinée. Le temps de débrancher le stéthoscope de mes oreilles, je compris qu'il se passait quelque chose d'anormal dans la salle d'attente. Je m'y précipitai. Un jeune homme, la main droite plaquée sur la joue, trépignait au milieu des quelques clients muets dont le visage était marqué par la compassion. Dans son agitation, il hurlait sans reprendre son souffle : « La salope ! J'en peux plus. » À mon interrogatoire public, il me hurla : « C'est la guêpe! » Puis il reprit son antienne.

La patiente que j'auscultais, rhabillée à la va-vite, lui céda volontiers sa place. Dans la salle d'examen, le nouvel arrivant cessa de vociférer mais son agitation même réduite m'empêchait de mettre en bonne place l'otoscope. Je ne parvenais pas à voir le conduit auditif dans toute sa longueur. Une chose était sûre : il n'y avait pas d'inflammation, donc pas de piqûre de guêpe mais le tympan demeurait invisible. Enfin, au plus profond, je reconnus un insecte noir qui l'occultait et ne cessait de s'agiter. Il s'agissait d'une mouche dont une aile était fixée à la paroi et dont l'autre battait furieusement. Un lavage d'oreille suffit à faire cesser l'infernal vrombissement et à éjecter la bestiole. Le jeune homme me remercia vivement, étonné qu'une simple mouche – Musca domestica – pût rendre enragé. Celle-ci sortie du bain se traînait au bord du haricot. Les ailes collées au corps, toute engluée de cérumen, elle était incapable de s'envoler.

Il n'y a pas que ce qui vole pour pénétrer sans effraction dans le nez ou dans les oreilles. Ces organes sont les réceptacles favoris des enfants. Ils y fourrent tout ce qui leur tombe sous la main pourvu que ce soit aux dimensions de l'orifice. Cela va du grain de blé au noyau de cerises en passant par le petit pois, le haricot le débris de jouet : œil de nounours, morceau de caoutchouc etc., sans oublier le tampon de coton manipulé inconsidérément par une mère trop zélée.

Pour les corps étrangers de l'oreille, le lavage suffisait dans la plupart des cas. Sinon, comme pour ceux du nez, je devais utiliser d'autres procédés d'extraction. Les pinces de toutes formes que tout praticien possède, peuvent être d'un grand recours. En plus, pour ma part, je me suis beaucoup servi du trombone – non pas l'instrument de musique mais l'agrafe métallique – qui, entre mes mains, a pris de nombreuses formes. Je le tordais, le tortillais de façon à ce qu'une de ses extrémités pût s'insinuer au-delà de l'obstacle et le ramener par simple traction. Souvent, selon leur nature, les corps étrangers – végétaux, en particulier – avaient gonflés dans un milieu humide ou avaient été poussés trop loin au cours de multiples tentatives maladroites de récupération. Plusieurs fois, j'ai été amené à examiner un nourrisson porteur d'une rhinopharyngite purulente unilatérale. À l'examen, je décelais une obstruction de la narine par un haricot, un bout de plastique, assez longtemps tolérée. Pour d'autres enfants, une surdité tardivement décelée était guérie dès lors que le conduit auditif était désencombré d'un petit pois ou d'un tampon de coton. Parfois mes manœuvres de désobstruction restaient vaines. Je passais la main au spécialiste, comme dans le cas relaté ci-dessous, concernant une jeune femme d'une trentaine d'années.

Elle s'est présentée à mon cabinet avec une gêne respiratoire. Son nez « ne reniflait que d'un côté » me déclara-t-elle comme motif de sa consultation. En effet, je la fis souffler par les narines sur une glace: une seule trace ovale, embuée et vite évaporée s'y dessina. Avec l'aide du rhinoscope et bien éclairé par le miroir frontal, je vis facilement l'obstacle et par contact avec un porte-coton, il me parut de consistance ferme et bien enclavé. Le médecin O.R.L. à qui je la confiai, eut des difficultés à extraire des fosses nasales une sorte de petit corps sphérique. Il s'avéra qu'il s'agissait d'un noyau de cerise enfermé dans une coquille calcifiée. Depuis quand ce corps étranger obstruait-il cette narine ? L'intéressée n'en avait pas le souvenir. Ce noyau avait-il été introduit au temps des cerises de son enfance ou plus tard, quand « les belles » ont « la folie en tête »?

La bouche est chez l'être humain l'orifice le plus largement ouvert sur l'extérieur. Elle a l'avantage – comme l'œil –

de s'ouvrir et se fermer à volonté. Les mouches et autres bestioles volantes de ce genre, peuvent y pénétrer inopinément. Heureusement, la plupart du temps, elles ne font qu'y entrer et en sortir, expulsées par la toux. Celles qui s'y attardent et sont porteuses d'un dard à injection de venin font courir un réel péril à celui ou à celle qui les ingurgite. Gare donc aux sujets à risques ! Les allergiques, bien sûr, mais aussi, ceux qui ont toujours la bouche ouverte : « va-de-la-gueule », gobe-mouches, porteurs de végétations et surtout les assoiffés de l'été qui se précipitent sur le verre où une guêpe se noie. Je n'ai jamais eu à constater d'accidents de ce genre.

Les enfants et particulièrement les nourrissons portent à leur bouche tout ce qu'ils peuvent attraper. Il leur arrive de déglutir toutes sortes d'objets non nutritifs qui, pour la plupart sans trop d'aspérités, ni coupants, ni piquants, après un transit intestinal normal, sont restitués sans dommage. Tout se complique quand une jeune mère s'aperçoit qu'une épingle de nourrice manque au harnachement de son bébé : c'est l'affolement. A-t-elle été avalée ouverte ou fermée ? Le médecin de famille est aussitôt averti et prié de venir voir. Il sait pertinemment qu'il ne pourra rien faire et qu'il serait plus sage que l'enfant soit conduit, sans attendre, en milieu hospitalier pour y être surveillé d'heure en heure. Mais en cette circonstance il ne peut refuser de se déplacer tant l'émotion des parents est grande. C'est ce qui me fis prendre la route au cours d'une veillée de Noël : je quittai la table en plein réveillon. Je parcourus une vingtaine de kilomètres dans la nuit froide et heureusement étoilée. Je guettais le passage d'un ange, en souvenir de la quête non satisfaite de mon enfance. Encore une fois, je n'ai rien vu. Sans même examiner le nourrisson qui venait de se rendormir, je conseillai aux jeunes époux catastrophés de le conduire à la clinique. Elle n'était guère plus éloignée de chez eux qu'ils l'étaient de chez moi. Dans le cas particulier, l'épingle fermée a suivi un transit normal sans provoquer de dégâts.

À de grands enfants comme aux adultes, il arrive qu'une arête de poisson avalée par inadvertance se pique dans l'arrière-gorge. Le médecin est appelé à intervenir d'urgence, alors qu'il prend son repas. Pressé, c'est parfois la serviette de table encore autour du cou qu'il m'est arrivé d'opérer. Coiffé de la lampe frontale, il faut profiter d'un moment propice entre les vociférations, les éructations, les quintes de toux du patient pour cueillir le corps étranger à bout de pinces.

Les fausses routes, c'est-à-dire, le passage d'aliments ou d'un objet quelconque par la trachée plutôt que par la voie normale de l'œsophage sont fréquentes et, dans la grande majorité des cas, sans conséquence. Plusieurs quintes de toux suffisent à expulser l'intrus du « trou du dimanche ».

J'ai vécu le drame de la mort d'un jeune enfant victime de l'obstruction de ses voies respiratoires par une tranche de mandarine. Je me souviens du branle-bas de combat en salle d'opération où l'intervention tentée a tourné à la catastrophe. C'était en hiver, par une triste nuit d'un dimanche pluvieux. J'ai gardé un souvenir cauchemardesque du retour à la maison dans ma deuche transformée en corbillard.

Même pour un médecin aguerri, il est difficile de s'habituer aux sonneries de téléphone nocturnes. Après de nombreuses années d'exercice à la campagne, c'était toujours avec une certaine appréhension que je saisissais le répondeur. L'appel d'un père angoissé en pleine nuit m'est resté particulièrement en mémoire. J'avais examiné son fils âgé de dix-huit mois quelques jours auparavant. La rhinopharyngite dont il était atteint m'avait paru banale. Peut-être, mon réveil brutal était-il survenu en plein cauchemar ? Car je fus paniqué en apprenant que le nourrisson « était près de passer, avait des peaux qui l'étouffaient pleins le fond de la gorge. » Quelles étaient donc ces peaux, ces fausses membranes ? Elles évoquaient, à mon esprit troublé, le croup, appelé aussi laryngite pseudomembraneuse une des complications graves de la diphtérie. Plutôt qu'à mes études médicales, je me référais à une lecture faite à l'école primaire. Elle décrivait l'héroïsme d'un médecin d'une autre époque, qui, au risque de la contagion, rétablissait la respiration d'un enfant atteint du croup et lui sauvait la vie. Jusqu'aux années 1920 la diphtérie est restée une maladie redoutable parce que très contagieuse et mortelle dans plus de la moitié des cas. Heureusement, elle n'est plus à craindre depuis que la vaccination généralisée a éradiqué presque totalement cette maladie dans beaucoup de pays.

Le petit malade que j'allais examiner avait reçu les piqûres rendues obligatoires par la loi. De quelle autre affection pouvait-il être atteint ?

J'entrai, inquiet, dans la chambre où reposait le nourrisson. Sa respiration pénible et sifflante s'était apaisée. Il ne suffoquait plus. Mais ses parents n'étaient qu'à demi-rassurés : les périodes de calme succédaient, d'après eux, à des crises d'asphyxie. L' enfant non fébrile se laissa examiner de bon gré. L' anomalie était évidente, déconcertante, inquiétante même. Je n'avais jamais vu une arrière-gorge encombrée à ce point. Il ne restait qu'un étroit espace libre entre la langue et le paquet de fausses membranes qui tapissait presque tout le palais. Je tentais de me faire une idée plus précise de cette accumulation de matière blanchâtre, à la lumière de ma lampe de poche. J'essayai d'en apprécier la consistance en la frôlant de l'extrémité d'une petite cuillère quand il s'en détacha un fin lambeau. Sur la partie découverte, m'apparurent alors nettement des caractères d'imprimerie : EKA. Je continuai mon exploration et bientôt je pus lire : EUREKA. Ce qui, en grec, signifie : « j'ai trouvé ». Et, en effet, j'avais trouvé. Ce n'était pas des fausses membranes mais tout simplement un morceau de journal que l'enfant s'était enfourné dans la bouche. Le papier restait collé au palais, envahissant jusqu'au larynx obstruant presque complètement les voies respiratoires. D'un coup du dos de la cuillère, je les rendis libres pour le plus grand soulagement de tous.

Dans l'euphorie retrouvée, le père se mit à déplier ce bout de presse locale. Piqué au jeu, je restai un bon quart d'heure auprès des parents, jouant les Champollion, pour essayer de déchiffrer l'article chiffonné et trempé qui annonçait la création d'EURÉKA, le projet d'une Europe de la technologie.

Dans ma patientèle, au début de mon installation, les mutilés de la guerre de 1914-18 étaient encore nombreux. Plusieurs me parlaient des balles et des éclats d'obus restés dans leurs chairs et qui, selon l'humeur du temps réveillaient des douleurs. L'un d'eux me répétait qu'il n'avait pas besoin de baromètre. Le métal qui lui était resté dans les reins – plus précisément, les lombes – l'avertissait des changements de temps.

Je me rendis au début de l'après-midi, chez l'un de ces poilus amputé d'une jambe. L' employée qui avait inscrit la visite me précisa que j'étais appelé pour extraire un éclat d'obus. Pas très chaud pour pratiquer ce genre de chirurgie de guerre – je suis d'une classe qui n'a pas fait de service militaire –, j'en préparai néanmoins une boîte mieux garnie que d'habitude de pinces, ciseaux, bistouris, préalablement stérilisés.

Dès mon arrivée, le mutilé dont le moignon était posé dénudé sur un tabouret me fit part de ce qu'il attendait de moi : sous aucun prétexte, il accepterait d'aller à l'hôpital. J'étais capable de faire cette opération simple : l'éclat était visible ; il serait facile à extirper. « Il paraît, me dit-il en dernier argument, que vous avez sorti un morceau d'acier enfoncé profond dans la fesse du Jean Louis Guenot. » C'était vrai, mais j'avais eu de la chance : dès le premier sondage de la plaie, les mors de ma pince avaient saisi le bout de métal. Je ne répondis pas, déjà occupé à scruter la cicatrice du moignon. Ce n'était pas une réussite chirurgicale. Elle était douloureuse, inesthétique, anfractueuse, parcourue de sillons qui, autour du centre déprimé, se disposaient comme les rayons d'une roue. Recouverte d'un enduit blanchâtre, mélange de pommade et de cellules épidermiques, elle présentait, par endroits, des placards comblant les replis les plus marqués.

J'en commençai aussitôt le nettoyage avec un savon liquide antiseptique. Malgré toutes mes précautions, le patient souffrait quand la compresse arrachait des débris de la gangue adhérente aux chairs. La peau détergée apparaissait fine, violacée, inflammatoire tout autour de la dépression centrale où brillait la partie visible du présumé éclat d'obus. Je commençais à douter que ce fût un vestige de la Grande Guerre. Il était trop brillant et me rappelait quelque chose qu'il m'était difficile de préciser. Je n'avais jamais vu d'éclat d'obus mais je me le représentais plus terne, surtout, après plusieurs années passées à l'intérieur d'un muscle. D'autre part, j'étais de moins en moins encouragé à porter le fer dans ces tissus de mauvaise qualité. Je m'attardai à désencombrer le pourtour de cet étrange bout de métal qui semblait solidement incrusté. Après plusieurs approches, la compresse mouillée décolla une sorte de petit confetti métallique. Il nous fut facile de reconnaître l'opercule d'un tube de pommade. Je me retins de pousser un ouf de soulagement.

Pas de doute. Il ne s'agissait pas d'un éclat d'obus. Le mutilé accueillit cette constatation dans l'indifférence. Sans doute fut-il un peu déçu, lui qui pensait que l'acier allemand était la cause de ses douleurs et qu'il suffirait de l'extraire pour le soulager. Pour ma part, j'étais satisfait de n'avoir pas eu à déballer mes outils, je remplis l'ordonnance du carnet de soins aux victimes de la guerre et pris soin de changer la marque de la pommade, non pas, à cause de l'opercule de son tube mais de sa trop forte adhérence.

FAUSSES URGENCES

Aux abords de la soixantaine, médecin de campagne depuis une trentaine d'années, je commençais à ressentir la fatigue d'une vie hyperactive. Tout surcroît de travail mettait en berne ma bonne humeur coutumière. De plus en plus, il m'en coûtait d'être, chaque nuit à la merci d'une urgence et d'assurer la garde des week-ends et jours fériés. Un sur quatre c'était trop. De plus, il me semblait que le temps de loisirs, qui correspondait habituellement aux beaux jours, se rétrécissait avec la disparition progressive d'une morte saison médicale. En effet, d'année en année, la demande de soins était en augmentation et avait tendance à s'uniformiser ne laissant subsister que des pics épidémiques, d'ailleurs beaucoup moins marqués. En nette diminution, la population rurale vieillissante, profitait des avantages que lui offrait la sécurité sociale pour porter plus d'attention à sa santé. Elle avait davantage recours au médecin. Des habitants nouveaux venus, en nombre croissant, tentaient de pallier la désertification du pays en redonnant vie aux fermes inhabitées. La plupart étaient des couples âgés venus prendre leur retraite à la campagne. Mais aussi des jeunes gens dont les activités étaient citadines et l'habitat rural. Imbus de leur savoir, ces derniers étaient particulièrement exigeants et contestataires. Certains même, partisans de médecines douces n'hésitaient à me donner des leçons. Ce qui donnait lieu parfois à de vives controverses. Je pensais alors qu'un jeune médecin s'adapterait mieux que moi à leur mentalité si différente de la mienne et de celle de la population paysanne surtout la plus âgée pour laquelle j'avais une prédilection.

Après mûres réflexions – j'avais été échaudé lors de mes premières années d'exercice – je décidai de m'adjoindre un associé. Dès lors, les gardes du dimanche s'espacèrent un peu et surtout, une semaine sur deux, je pouvais dormir tranquille. Pas de réveil intempestif. Je pourrai accepter plus volontiers les invitations à dîner chez des amis, m'offrir, de temps en temps, une séance de cinéma ou de théâtre en ville. Je ne craignais plus d'être obligé de quitter la table au beau milieu du repas quand les papilles sont au maximum de leur forme ou de me priver d'un spectacle depuis longtemps attendu.

Tout ne fut pas « pour le mieux dans le meilleur des mondes » mais il me semble que le bilan de notre association a été « globalement positif » comme aurait dit un homme politique célèbre à cette époque. J'espère que mon associé partage la même opinion. Sans doute, s'il cherchait la « petite bête », il aurait quelque grief à me reprocher. Pour ma part, quelques fois, j'ai eu l'occasion de manifester mon mécontentement à son égard. Je déplorais, en particulier, son manque de ponctualité. Mais, à son âge et à sa place, n'en aurais-je pas fait autant ? De garde de nuit, mon jeune confrère oubliait de relier le téléphone professionnel à son domicile dès 19 heures. Ce qui était convenu entre nous. Je sais que, pour cette génération, l'exactitude n'est pas un souci majeur. Pour moi, déjà vieux et grincheux, c'était une exigence, une politesse. Mais j'avoue que j'avais et j'ai toujours bien du mal à me faire entendre, même en famille.

Il était presque 20 heures, je m'apprêtais à passer une agréable soirée. Je regardais les prévisions du temps du journal télévisé quand la sonnerie du téléphone me fit sursauter. L' appel s'adressait au médecin de garde, c'est-à-dire à mon associé. Il fut impossible de le contacter. En de telles occasions, l'épouse du médecin passe un mauvais quart d'heure. Elle qui, malgré la bonne volonté qu'elle déploie à trouver des accommodements, reçoit plus souvent des reproches que des compliments. Je partis donc, en maugréant et en claquant les portes. Faire le boulot d'un autre qui, pendant ce temps, se prélassait, était difficilement acceptable. J'en avais ras-le-bol d'autant plus que je me déplaçais pour un inconnu de passage. Victime d'un soi-disant malaise cardiaque, il m'attendait dans une ferme d'un village voisin, à quelque huit kilomètres de chez moi.

À ma descente de voiture, je fus accueilli par le propriétaire des lieux. Il s'excusa d'avoir téléphoné un peu vite. Ce n'était qu'une fausse alerte. Il me pria toutefois de l'accompagner chez lui, une maison que je connaissais bien pour l'avoir souvent fréquentée. Celui qui m'avait fait quitter mes pantoufles était un jeune homme au visage poupin, qui paraissait n'avoir guère plus de vingt ans. Il était assis dans le seul fauteuil de la pièce, qu'on avait dû apporter spécialement pour qu'il fût installé confortablement. Auprès de lui, se tenait debout une fort jolie fille, d'allure encore plus jeunette que lui. Tous deux me regardèrent entrer avec un air sérieux presque contrit. Je ne pus m'empêcher d'esquisser un sourire en voyant leur embarras. Ce qui ne les fit pas changer d'attitude mais apaisa un peu ma mauvaise humeur.

– Alors, que vous est-il arrivé ? Demandai-je à l'intéressé qui semblait tout à fait remis de son indisposition.

– C'était entendu qu'on s'arrête là, me répondit-il, pour que je prenne le volant à mon tour. J'en ai profité pour boire un coup.

– Vous vous sentiez mal à ce moment ?

– Pas du tout. Je suis descendu de la voiture pour changer de place.

– Et qu'avez- vous bu ?

– J'ai bu un quart Perrier et, presque aussitôt, je me suis senti pas bien. Mon cœur s'est mis à battre très fort et vite.

– Combien s'est-il passé de temps entre la dernière gorgée et le malaise.

– Oh ! Je ne sais pas bien. Peut-être deux minutes.

– Moins que ça, intervint la jeune fille, peut-être une minute.

– Et qu'avez-vous fait dans cet intervalle ?

– Euh ! Enfin... Rien. Vous voyez bien, répondit le jeune homme.

– Oui, je vois et surtout je sais que les amoureux ne vivent pas que d'eau fraîche.

Les jeunes gens se regardèrent. Leur visage prit des couleurs.

– Enfin passons. Dites-moi, avez-vous déjà eu des palpitations de ce genre.

– Oui, ça m'arrive même assez souvent. C'est surtout quand j'ai une émotion qu'elles se déclenchent. Mais ça ne dure jamais longtemps. Alors, j'attends que ça passe. C'est Sophie qui s'est affolée. Elle a couru à la première maison et vous a fait appeler. Presque aussitôt que je me suis assis dans le fauteuil, je me suis senti beaucoup mieux.

– Vous avez déjà consulté un médecin à ce sujet.

– Oui, plusieurs fois. Mon père est médecin. Il m'a toujours dit que ce n'était pas grave. D'ailleurs, il ne m'a jamais donné de médicament.

– Bon, bon, me voilà rassuré si je ne l'étais pas déjà.

– Je vais tout de même vous examiner. On ne sait jamais.

Le déshabillage fut inutile. Le jeune homme était vêtu d'une chemise à manches courtes au col largement ouvert. Je procédai à la prise de tension artérielle, à l'auscultation cardiaque et pulmonaire pour faire bonne mesure. Rien ne me parut suspect. Le cœur, en particulier avait repris un rythme régulier et une fréquence normale.

– Votre nom, demandai-je, après avoir installé sur la table une feuille de maladie et ma liasse d'ordonnance.

– Dominique Saunier.

– Saunier ? J'ai connu un Pierre Saunier. Etudiant en médecine, quand j'étais à Lyon.

– C'est sûrement mon père. Il a fait ses études à Lyon et doit avoir à peu près votre âge.

– Dans l'ordre alphabétique, nos noms étaient proches. Aussi, nous faisions partie du même groupe pour les travaux pratiques et pour les stages à l'hôpital. Je l'ai donc bien connu pendant deux ans. Puis je suis parti à Dijon et l'ai perdu de vue. Je me souviens très bien de lui. De taille moyenne, il portait une petite moustache et se coiffait avec une raie sur le côté. Il avait des cheveux châtains abondants et ondulés.

– C'est toujours pareil. À part qu'il a du mal à trouver des cheveux pour faire une raie.

– Ne vous moquez pas, jeune homme. L'âge, ça décoiffe ? À propos, dites-moi, comment aurait réagi votre père à ma place ? Qu'aurait-il dit en présence d'un garçon qui le dérange à cette heure tardive pour une simple émotion amoureuse ?

Le jeune homme se mit à rire.

– Ce qu'il aurait dit : « Petit con, on n'a pas idée de déplacer un médecin pour si peu, à cette heure… »

– Il aurait dit : « Petit con ? » Je me souviens que votre père employait déjà, à tout propos, cette injure qui n'avait rien de méprisant dans sa bouche. Moi aussi d'ailleurs. Elle fait partie de mon vocabulaire avec bien d'autres mots dont je fais largement usage quand je suis en crosse.

– Peut-être que j'exagère un peu mais ces deux mots, je les ai entendus combien de fois ? Presque tous les jours. Heureusement, pas toujours adressés à moi. En tout cas, à votre place, mon père m'aurait passé un sacré savon. Quand il est en colère, il ne se contrôle plus tellement et dit n'importe quoi. Puis il se radoucit, il s'excuse de ses outrances et regrette tout ce qu'il a dit. D'ailleurs, c'est surtout au coup de téléphone en pleine nuit qu'il fait le plus de bruit et parfois même des dégâts.

– Ah ! Lui aussi pique des colères quand on le tire du lit. Il n'est pas le seul.

– Je ne sais pas, vous, mais lui, je sais ... Les visites de nuit, ça le rend fou. Une fois, il a cassé un téléphone, une autre fois, fêlé le panneau d'une porte.

– Vous me rassurez. Il m'est arrivé souvent de manifester ma mauvaise humeur dans ces occasions. Et ma foi il vaut mieux n'avoir pas sous la main quelque chose qui casse. Quant à vous, rappelez-vous que l'eau fraîche surtout avec des bulles n'est peut-être pas compatible avec une ambiance trop chaleureuse. Vous demanderez à votre père ce qu'il en pense.

Tandis que je remballais instruments et papiers dans ma serviette, la jeune fille s'approcha et me proposa de régler mes honoraires.

– Rangez votre argent, lui dis-je, l'ami Pierre me paiera ça. Pas d'ordonnance, pas de feuille de maladie, comme il aurait fait lui-même. Je vais lui écrire. Vous accepterez bien que je vous confie la lettre.

Je demandai à Madame Jeunet d'avoir la gentillesse de me donner une enveloppe et à Dominique, de m'écrire bien lisiblement l'adresse de ses parents. Il me remit sa carte de visite sur laquelle son prénom biffé était remplacé par celui de son père et quelques chiffres étaient alignés d'une écriture appliquée.

– C'est la même adresse, me dit-il. J'ai ajouté le numéro de téléphone.

– Merci, répondis-je, en jetant un coup d'œil sur le carton. Je ne savais pas que nous étions presque voisins. Votre père est installé à Valain, c'est une bonne nouvelle. Ce n'est pas loin, mais d'un département à l'autre, les médecins n'ont guère l'occasion de se rencontrer. J'espère que nous n'attendrons pas longtemps pour le faire. J'en serai heureux. Je vais lui en toucher deux mots tout de suite.

– Je suis sûr que mon père sera aussi heureux de vous revoir. Surtout quand je lui aurai parlé de notre rencontre.

Je remis ma lettre vite griffonnée au fils de mon confrère, qui, comme sa petite amie, se confondit en excuses et en remerciements. Ils témoignèrent leur gratitude au couple qui les avait accueillis. Puis nous prîmes congé les uns des autres.

Les Jeunet nous accompagnèrent jusqu'à nos voitures qui, après un dernier échange de congratulations, démarrèrent en même temps et prirent chacune une direction opposée. Dans l'une et l'autre, des mains s'agitèrent en signe d'au revoir.

Les appels d'urgence ne m'ont pas manqué au cours d'une longue carrière de médecin de campagne. Surtout ceux qui, de nuit, faisaient retentir le téléphone ou le timbre électrique de la porte d'entrée. Leur sonnerie stridente me réveillait en sursaut. Si elle me faisait battre le cœur de moins en moins avec l'âge, de plus en plus, elle me mettait les nerfs en boule. Je sentais monter une espèce de fureur que, seulement, pouvaient faire retomber des paroles outrancières et des jets d'objets choisis pour leur résistance aux chocs et qui, de ce fait, seraient réutilisables au prochain épisode. Toute la maisonnée en profitait, souhaitant une fin rapide de l'orage. Le temps de passer les vêtements sans oublier la cravate. Pour un de mes confrères, le médecin se devait de la porter. Même, si elle n'était pas un signe distinctif de ses fonctions comme, pendant longtemps, l'avaient été le chapeau pointu et autres attributs vestimentaires. Après ce changement de tenue rapide, en général, le calme était revenu et je me sentais prêt à affronter les ténèbres et à déjouer les affres de la maladie.

Parfois, en pleine campagne, quand l'immense ciel de la Bresse aux horizons lointains était piqueté de myriades d'étoiles, il m'est arrivé de me sentir pénétré d'une bouffée d'indicible bonheur face à l'infini de l'espace. Alors, je ne regrettais pas ces sorties nocturnes qui me donnaient à contempler ce tableau grandiose, d'une sublime beauté. D'autres fois, par temps moins clément et même par les pires intempéries, le retour chez moi se faisait aussi dans la paix retrouvée tant ma satisfaction était grande d'avoir fait œuvre utile. Alors je regagnais ma chambre avec mille précautions, mesurais mes mouvements dans le silence de la maison endormie.

Les urgences de nuit étaient surtout fréquentes les premières années de mon installation. Une légère diminution a été observée quand les agriculteurs ont bénéficié de l'assurance maladie. Dès lors, les soins médicaux demandés plus précocement ont diminué le nombre des malades qui vivaient vaille que vaille dans un état critique ayant eu recours d'abord et trop longtemps aux remèdes de « bonnes femmes ». La mise sur le marché de médicaments nouveaux a eu un effet déterminant. En particulier, les diurétiques – pour ne citer qu'eux – qui ont réduit l'apparition des dyspnées nocturnes, d'origine cardiaque. Celles-ci étaient les principales perturbatrices du sommeil du médecin. Elles n'ont pas disparu mais ont diminué de façon considérable. Et, si elles survenaient, souvent il suffisait d'une injection intraveineuse à effet rapide et puissant pour soulager le patient et libérer le médecin. Et tous deux y gagnaient en sommeil. Cette piqûre se substituait avantageusement à la saignée et à l'administration de toutes sortes de drogues plus ou moins toxiques qui nécessitaient un branle-bas autour du lit du malade et n'étaient pas sans susciter affolements et angoisse. Combien d'autres affections ont pu être soignées plus efficacement et avec moins de risques grâce à des thérapeutiques novatrices au plus grand profit des malades et de ceux qui les soignent !

Le médecin corvéable à merci est dans l'obligation de répondre à ceux qui usent de ses services à bon escient aussi bien qu'à ceux, heureusement rares, qui en abusent. Je me souviens de certains plaisantins pervers qui n'ont pas de scrupules à faire « du docteur » le dindon de leur farce. Ceux-ci se manifestaient, de préférence, à l'occasion des réjouissances populaires – fêtes patronales, bals de société – programmées presque tous les dimanches à Cerlans ou dans un des villages voisins. Des noctambules avinés venaient écraser longuement le bouton de la sonnerie et tambouriner violemment à la porte ou intervenaient par téléphone. Ils me bafouillaient des coordonnées en un jargon à peine compréhensible insistant surtout sur l'urgence de mon intervention. Je flairais l'entourloupe. Mais impossible de refuser. Le médecin plus qu'un autre est tenu à porter secours à toute personne en danger.

Je partais donc aussitôt. Parfois, arrivé sur les lieux de l'accident, situé le plus souvent, à quelque tournant ou croisement dangereux, je me trouvais seul. J'avais beau fouiller à la lumière des phares et d'une lampe électrique, les fossés et les buissons alentour, rien à voir, rien à entendre. La route était déserte. Les derniers fêtards rentrés.

D'autres fois, c'était au chevet d'un malade qu'il fallait me rendre au plus vite : « Il étouffait » ou « souffrait terriblement du ventre ». Je stoppais devant une maison plongée dans l'obscurité et le silence. Des volets clos ne filtraient aucun rai de lumière. La lampe extérieure n'éclairait pas la cour à moins que le chien de garde ne réveillât son maître. Alors, celui-ci m'interpellait, étonné de me voir stationner devant chez lui à cette heure et, manifestant sa mauvaise humeur, fustigeait le clébard qui l'avait tiré abusivement de son sommeil. Les premiers aboiements en provoquaient d'autres à la ronde et tandis que je démarrais, je voyais s'allumer des ampoules de-ci de-là. Je rentrais chez moi, fou de rage le pied écrasant l'accélérateur.

Un de ces excès de vitesse me valut, dans la nuit d'un hiver pluvieux, de rater un virage et de me retrouver, avec deux roues latérales de ma voiture dans un fossé gorgé d'eau. J'osai réveiller les habitants de la ferme la plus proche où je n'avais jamais pénétré. Il en sortit deux solides gaillards, le père et le fils, qui eurent tôt fait de remettre la deuche sur la route. Vêtus rapidement de ce qui leur était tombé sous la main, ils auraient fait peur, dans un tel accoutrement, à quiconque les aurait rencontrés au coin d'un bois. Je dus accepter, après un premier refus poli, d'aller boire la goutte. Trempés comme des barbets et de l'eau plein les bottes, nous fîmes ainsi connaissance. Depuis cette rencontre, j'eus souvent l'occasion de fréquenter cette famille de paysans sympathiques.

Pathétique, un appel au secours me parvint à minuit par téléphone. L'écouteur me transmettait une voix péniblement audible, couverte par une respiration haletante. Le lieu d'appel m'était à peine connu, éloigné d'une quarantaine de kilomètres, très en dehors de mon secteur d'activité habituel. Avec les renseignements fragmentaires et confus que j'avais pu recueillir, je risquais de m'y perdre. D'autre part cette communication me paraissait des plus suspectes. J'en informai aussitôt la gendarmerie locale qui me dégagea de toute obligation et me confirma, dès le lendemain, qu'il s'agissait vraisemblablement d'un canular.

Une visite fantaisiste me fut demandée à l'heure où le sommeil est profond, vers deux ou trois heures du matin, par un jeune homme de ma connaissance. Il me téléphonait à la fin d'un repas qui réunissait, chez lui, plusieurs de ses amis. Une des invitées, une jeune femme, venait de se trouver mal et tardait à reprendre connaissance malgré les soins de plusieurs secouristes présents. Les échos des ripailles qui me parvenaient en bruits de fond ne semblaient pas assombrir l'humeur des autres convives.

Dès mon arrivée, j'eus l'impression que décidément il n'y

avait pas péril en la demeure. Mal réveillé par un trajet court et vite parcouru, je cherchais en vain du regard qui, parmi ces joyeux fêtards, pourrait nécessiter des soins. Tous étaient attablés, la mine réjouie et en proie à l'excitation verbeuse et rigolarde d'une fin de dîner bien arrosé. J'étais comme hébété au milieu de ce tintamarre. Je n'eus pas la vivacité d'esprit de lancer une réplique cinglante quand le maître de maison me désigna la plus malade de l'assemblée, une fort belle jeune femme. Il me la présenta et m'invita à m'asseoir près d'elle. C'était l'une des rares personnes qui m'étaient inconnues. « Pas de doute, j'étais victime d'un canular, mais pourquoi ces jeunes farceurs, par ailleurs sympathiques, m'avaient-ils convoqué ? » Je commençai à comprendre quand la maîtresse de maison posa devant moi un verre ballon. Et, aussitôt, son mari arriva, une bouteille à la main, et me donna la motivation de son coup de fil pour le moins dérangeant. Me sachant amateur de vin et du bon vin de préférence, il tenait à me faire goûter une bouteille exceptionnelle de l'avis des convives, en particulier de ma belle voisine de table, oenologue. Ma réputation de buveur avisé m'avait valu ce réveil intempestif. Je ne le regrettai pas quand j'eus goûté au Musigny 1947. Le verre levé, pour faire apprécier la robe de ce grand vin, j'en fis des compliments dithyrambiques au maître de maison que je remerciais infiniment avant de le quitter.

Etait-ce vraiment une fausse urgence ? Ne dit-on pas : « Quand le vin est tiré, il faut le boire ». À plus forte raison, quand la bouteille qui contient un nectar est ouverte, ce serait un crime d'en laisser perdre la moindre goutte.

Ce n'est pas la seule fois que l'on me proposait de goûter au vin. En général quand j'arrivais au beau milieu d'un repas de famille, je m'y soumettais volontiers. La plupart du temps, je ne regrettais pas le déplacement. À cette occasion, on avait sorti les meilleures bouteilles. Et j'appris que de nombreux Bressans – en tous cas, beaucoup plus que je pensais – avaient des accointances avec les vignerons de Bourgogne et du Jura dont, par temps clair, on voyait les reliefs vinicoles se découper sur les horizons ouest et est en bouts de plaine.

Je me souviens de cette visite que je fis « en urgence », comme il était précisé sur le cahier des visites. Ce fut la première d'un froid après-midi d'hiver. J'avais été appelé auprès d'une jeune fille quelque peu fébrile qui, quarante-huit heures plus tard, devait prendre l'avion à Roissy, à destination de l'Amérique. Il était donc urgent de la guérir. Ce jour-là, on fêtait les quatre-vingts ans de sa grand-mère. Je fus invité à m'approcher de la table du festin. Il y trônait, à côté d'un filet de biche au fumet délicat, le « nec plus ultra » des grands crus de Bourgogne, une bouteille de Romanée Conti. Je n'en avais jamais bu auparavant. Le maître de maison m'en présenta un verre tout en me faisant admirer la robe. Je me fis une obligation de le humer longuement, m'abstenant toutefois de faire part de mes sensations olfactives. Je réservais mes compliments. Je les fis après dégustation. Ils furent peut-être excessifs mais très appréciés de mon vis-à-vis qui, comme on a coutume de dire, « buvait du petit lait ». Ce qui, au propre, aurait été incongru, entre deux gorgées de grand cru. Dans son euphorie, il m'en resservit un fond du verre à dégustation et me fit remarquer que le vin, en se réchauffant, exhalait davantage de parfums. Bien sûr, j'acquiesçai et en rajoutai sur les arômes.

En réalité, je n'ai pas gardé un souvenir émerveillé de cette découverte. Sans doute, mes papilles n'étaient pas préparées à goûter ce chef-d'œuvre de la nature et du savoir-faire des hommes. Il me semble, tout au long de ma vie, avoir bu des vins de moindre renom, aussi bons et peut-être meilleurs. Il est vrai qu'ils étaient appréciés au cours de repas partagés avec des amis choisis, bons vivants et fins goûteurs. Ce jour-là, emmitouflé dans ma canadienne, sans doute, aurais-je préféré un vin chaud dont je m'étais régalé un mois auparavant, au marché de Noël à Strasbourg.

LES TROIS SONT MORTS

J'étais attendu d'urgence auprès d'un vieillard. Les appels téléphoniques s'étaient répétés, insistants. Bien que mon épouse ait conseillé d'appeler un confrère, le demandeur s'était obstiné, refusant absolument de faire venir un autre médecin au chevet de son père. Celui-ci, disait-il, venait de perdre connaissance. Il s'agissait pourtant d'une vraie urgence. Dès que j'en fus informé, cet entêtement me parut suspect. Sans perdre de temps, je redémarrai. Deux minutes plus tard, j'étais sur les lieux.

J'arrivai une bonne heure après le premier appel. Il était trop tard. Le vieil homme était passé de vie à trépas. Il n'était déjà plus dans l'appartement mais dans une petite cour intérieure où la maîtresse de maison, peu loquace, me conduisit. Cette façon d'évacuer le défunt me parut, pour le moins, insolite. À ma grande stupéfaction, il n'était pas étendu mais assis « à la place du mort », dans une fourgonnette 2 CV Citroën. Je connaissais bien les deux artisans qui s'affairaient à fixer sur le siège ce passager insolite. Ils avaient une réputation d'honnêtes hommes. L'un, le fils du défunt, était électricien et l'autre, son voisin, menuisier. Tous deux avaient travaillé sur le chantier de ma maison en construction. Nous avions eu grandement le temps de sympathiser. Mon air étonné demandait des explications. Le fils du trépassé ne tarda pas à me les donner après un échange de poignées de main.

– J'ai mon père à la maison, me dit-il, depuis une dizaine

de jours. À son âge et avec ses rhumatismes, il ne pouvait plus rester tout seul. Il avait maigri et ne mangeait plus rien. Chez nous, il commençait à se retaper et voilà que, cet après-midi, il s'est endormi sur son fauteuil. Il avait l'habitude de faire la sieste mais aujourd'hui, ça commençait à durer. On pouvait faire du bruit, il ne faisait pas un pli. Je me suis approché et j'ai tout de suite vu qu'il ne respirait plus. Je lui ai redressé la tête. Ses yeux étaient à moitié fermés et il n'a pas réagi quand je lui ai crié aux oreilles. Son bras droit posé sur l'accoudoir est tombé le long du fauteuil. J'ai compris qu'il était mort. Alors on vous a vite appelé.

– S'il était mort, il n'y avait pas urgence. Ça ne pressait pas de faire le certificat.

– Pas vraiment urgence. C'est pourquoi on vous a attendu plutôt qu'en appeler un autre. N'empêche qu'on n'avait pas de temps à perdre parce qu'on voulait l'emmener le plus tôt possible dans sa maison à une vingtaine de kilomètres d'ici. J'ai eu peur qu'il soit tout raide et qu'on puisse plus l'étendre. L'ami Louis a tout de suite été d'accord pour le transporter dans sa camionnette. Tranquille, ni vu, ni connu. Comme moi, il avait tout de suite compris que c'était fini, qu'on ne pouvait plus rien faire pour le ranimer.

– Vous savez qu'il est interdit par la loi de transporter un mort sans certificat de la mairie. Je ne sais d'ailleurs pas bien au juste les modalités. Toutes ces paperasses, je n'y connais rien et ne veut rien y connaître. Essayez de vous renseigner.

– C'est tout renseigné. On sait que ce n'est pas régulier de transporter un mort. Mais pour une fois on peut bien se passer de paperasses. Vous savez ce que c'est, quand on commence, on n'en finit plus.

– Mais pourquoi avez-vous mis votre père à cette place, à la vue de tous. Je crois qu'il aurait été mieux à l'arrière, bien caché.

– C'est ce que j'avais pensé au début, mais Louis m'a fait changer d'avis. En le voyant, personne croira que c'est un mort. Assis, on dirait qu'il dort. Et comme ça, on pourra dire, si on nous arrête, qu'il vient de mourir pendant le voyage.

– Vous avez raison. C'est moins risqué en cas de contrôle. Maintenant, dites-moi, vous m'avez fait venir pour quoi faire ? Je ne peux pas ressusciter le grand-père. Il est bien mort comme vous l'avez constaté. Alors vous voudriez que je fasse un certificat de décès. Mais si je signe qu'il est mort ici, vous n'y coupez pas. Il vous faudra passer par l'administration et ça, vous ne le voulez pas.

– C'est pas ce qu'on veut. On vous demande seulement de téléphoner à votre confère, le docteur Mellan à qui je demanderai le certificat de décès. Je ne l'ai jamais vu et ne voudrait pas qu'il fasse des complications. Avec vous, on ne se gêne pas tandis qu'avec l'autre. On sait pas ce qui peut se passer.

– Et vous pensez que je vais le faire ? Vous le feriez à ma place ?

– Bien sûr. C'est tout à fait honnête ce qu'on demande. Sans quoi, on ne vous l'aurait pas demandé. On vous fait toute confiance. C'est pour ça qu'on a pas voulu un autre médecin que vous. Vous savez bien que le grand-père est mort d'une mort naturelle. Le docteur Mellan est arrivé depuis pas longtemps. Je sais même pas s'il a examiné une fois mon père. J'aimerais que vous le teniez vous-même au courant avant qu'on arrive.

Installé depuis bientôt quatre ans dans le village, je fus touché par la confiance que me témoignait cet artisan. Etait-ce naïveté de ma part ? Sans doute un peu. Il avait su jouer de la corde sensible. Après quelques secondes de réflexion :

– Promis, dis-je. Je rentre à la maison. Aussitôt je téléphonerai à mon confrère. Nous nous sommes connus pendant nos études et je peux vous dire que le docteur Mellan est un homme très compréhensif. Soyez tranquilles, je suis sûr qu'il sera d'accord. Quant à vous, partez vite et tâchez de ne pas être en panne et surtout de ne pas vous faire arrêter.

Les deux hommes prirent le temps de me remercier. Puis l'un se mit au volant et l'autre s'assit à même le sol dans l'espace arrière de la camionnette. Je regardai s'éloigner cet étrange fourgon mortuaire et aussitôt qu'il eut disparu de ma vue, je commençai à me poser des questions. J'avais cru sur parole mon interlocuteur et ne m'était même pas assuré de la réalité de ce qu'il affirmait. Le grand-père était-il bien mort ? Cette négligence était impardonnable. Si le vieil homme se réveillait en route, de quoi aurais-je l'air ? Je serais ridiculisé et ma réputation volerait en éclats. Ce ne serait pas une première. De temps à autre, un médecin un peu trop pressé signe le certificat de décès d'un homme encore vivant. Quelle aubaine pour les médias qui ne manquent pas de relater un tel événement accompagné de force détails et de commentaires pas toujours judicieux !

Il n'existe, en effet, aucun critère permettant d'affirmer que le passage de vie à trépas est accompli. D'ailleurs, dans la plupart des cas, c'est une évidence, même pour les témoins les moins avertis. Cependant, le médecin investi d'un ministère presque sacré, est le seul habilité à décider de la mort d'un homme. Auparavant, pour s'en assurer, il se doit d'exécuter quelques gestes rituels dont aucun n'a de valeur absolue : auscultation cardiaque, prise du pouls, réflexes tendineux, pupillaire, cornéen. Ce dernier est le plus couramment utilisé parce que facilement et rapidement réalisable. Il est sidérant de penser qu'il suffit d'une seule signature au bas d'un morceau de papier bleu – le certificat de décès – pour faire passer un citoyen de la société civile au royaume des morts.

Je n'avais rien fait de tout cela et heureusement je n'avais rien signé non plus. Je m'en entretins avec mon confrère, par téléphone : « Il m'avait été impossible, lui dis-je entre autres explications, d'examiner le défunt déjà installé sur le siège de la fourgonnette. » Je lui suggérai de le faire.

Cette mésaventure médicale du mort toujours vivant, pour rarissime qu'elle soit, a bien failli m'arriver. Voici dans quelles circonstances.

Au cours du repas de midi, la sonnerie du téléphone me fit maugréer. Une urgence ! Mon épouse essaya de temporiser : elle usa de tous les arguments pour me permettre de terminer le repas. Rien à faire. Je partis donc aussitôt au chevet d'un vieillard qui venait d'avoir un malaise en sortant de table et n'avait pas repris connaissance. Dans cette ferme d'un village proche, je n'avais été appelé jusqu'à ce jour que pour les deux époux d'une soixantaine d'années et leur fille qui, mariée depuis peu, cohabitait avec eux. J'ignorais la présence sous leur toit d'un vieil homme.

Je fus accueilli dans la cour par le propriétaire qui me conduisit aussitôt dans une petite pièce obscure. Auprès d'un lit de coin imposant se pressait le reste de la maisonnée. Les deux femmes, le visage marqué par l'affliction et les yeux mouillés de larmes, étouffèrent leurs sanglots. Je m'approchai du gisant tout habillé, posé à même les couvertures, un petit homme maigre, immobile, les yeux clos. Ses mains squelettiques, croisées sur le ventre et son visage émacié étaient d'une extrême pâleur. L'image même de la mort. Avant de répondre à mon salut, la plus âgée des pleureuses me dit d'une voix blanche :

– Docteur, vous arrivez trop tard. Mon père est passé. Depuis un quart d'heure qu'il ne respire plus, il n'y a plus rien à faire. On va appeler Monsieur le curé.

– Voyons quand même, répondis-je machinalement.

Après avoir remis en place une mèche qui barrait le front du présumé du défunt, sa fille me céda la place au chevet. Muni d'un stéthoscope et d'un marteau à réflexes, je recherchai hâtivement, par acquit de conscience, les signes de la vie. Pas de pouls : au poignet comme au cou, il était imprenable. L'auscultation thoracique restait muette : ni battements cardiaques ni murmure vésiculaire. Je n'entendais que le tic-tac régulier de l'horloge, qui, de la cuisine adjacente, parvenait faiblement à mes oreilles bouchées. Mon opinion était faite, j'examinais un mort. Machinalement, je recherchai les réflexes tendineux, le réflexe pupillaire : la pupille dilatée ne réagit pas au faisceau lumineux de ma lampe électrique : elle ne se rétracta pas. Pour finir, le réflexe cornéen : quand j'effleurai du bout de l'index l'un des yeux préalablement rouvert, la paupière ne répondit pas à l'agression, en s'abaissant. Tout confirmait l'impression que la famille et moi partagions. Le grand-père avait succombé à son malaise : vraisemblablement un trouble du rythme cardiaque avait provoqué l'arrêt du cœur. Il y eut une recrudescence des larmes chez les deux femmes, et, entre deux sanglots, la mère demanda à son mari d'aller arrêter l'horloge. Celui-ci obtempéra aussitôt et le silence se fit pesant, inquiétant. Avant de remballer mes instruments dans la serviette, je la fouillai pour y découvrir le fameux papier bleu, le certificat de décès. Rempli et muni de ma signature, il aura force de loi et fera passer un citoyen de la société civile au royaume des morts.

Soudain, je sursautai aux exclamations de la petite fille du défunt : « Il a bougé. Docteur ! Il a bougé ! » Le temps de me retourner, je vis le vieil homme arc-bouté sur ses coudes, tentant de s'asseoir sur le lit, les yeux hagards. Je pensai que je l'avais échappé belle et lui, encore davantage. Dans un silence de tombeau, je recommençai l'examen. Le patient ne répondait pas à mes questions. Sa fille me confirma qu'il était très sourd et presque aveugle. Les mêmes gestes que les précédents me donnèrent de tout autres réponses atténuées mais suffisantes pour affirmer que le vieillard était toujours en vie. Une vie ralentie. Cette fois, c'était bien son cœur que j'entendais battre dans sa poitrine. Mais son rythme était d'une telle lenteur que des accidents de ce genre étaient à prévoir, avec le risque que l'un d'eux soit fatal.

Je proposai donc à la famille de demander l'avis d'un cardiologue. J'expliquai que le grand-père, après bilan, pourrait bénéficier d'un traitement nouveau : l'implantation d'un pacemaker. Je me heurtai aussitôt à l'opposition du couple le plus âgé. L'intéressé mis au courant, avec force gestes et grognements, ne fut pas plus compréhensif. Il refusa obstinément : « Il était chez sa fille depuis peu de temps, s'y trouvait bien et voulait y mourir. » Je notais sur l'ordonnance des médicaments dont l'efficacité n'était pas négligeable mais tout à fait insuffisante tandis que l'intervention envisagée avait fait ses preuves et, sans être anodine, était pratiquée avec succès même chez les personnes âgées. Je regrettai de ne pas avoir convaincu ces gens que je croyais raisonnables et leur demandai de réfléchir. Le temps de la réflexion dura et ne leur fit pas changer d'avis.

Une vingtaine de jours plus tard, j'étais rappelé auprès du vieil homme. J'arrivai, il était mort. Je l'examinai avec beaucoup d'attention et m'y reprit à deux fois avant de remplir le certificat de décès. Ensuite, je consacrai une bonne demi-heure aux condoléances et à répondre aux questions de la famille. Chacun surveillait d'un œil le défunt qui, cette fois, ne se réveilla pas. En remettant le papier bleu à sa fille, je pensai que le bon sens avait eu raison d'une science jusqu'au-boutiste. Le grand-père sourd et quasiment aveugle, coupé du monde par ses infirmités, avait pris conscience que son heure était venue. Sa famille n'avait fait que se conformer à ses dernières volontés.

La sagesse de l'ancienne civilisation rurale ne concevait pas l'acharnement thérapeutique, surtout quand elle s'appliquait aux plus âgés. À l'époque où la médecine n'avait pas l'efficacité qu'elle a acquise depuis la deuxième moitié du XXe siècle grâce aux progrès thérapeutiques et techniques, la mort d'un vieillard était accueillie comme l'aboutissement normal, naturel de la vie, délivrant des aléas de la vieillesse. Celle-ci, moins longue et souvent inconfortable et dolente se passait le plus fréquemment dans le milieu familial. Les maladies s'accompagnaient d'un lot de souffrances souvent intolérables devant lesquelles le médecin se trouvait impuissant. Les antalgiques puissants sont de découverte récente. Au cours de mon exercice, les moyens dont je disposais pour soulager se sont dans bien des cas avérés insuffisants. Certains patients supportaient leurs douleurs avec résignation, d'autres leur attribuaient même une valeur rédemptrice. À ce propos, voici une réponse donnée par le philosophe Michel Serres dans un interview accordé après la sortie de son livre, *Temps des crises* : « Ceux qui dénoncent aujourd'hui une religion ou une morale doloristes oublient que ces exercices étaient nécessaires pour supporter la douleur. »

Les quelques médicaments de prescription libre, efficaces ne l'étaient souvent pas suffisamment et ceux qui avaient fait leur preuve comme la morphine, étaient soumis à des restrictions draconiennes. Le médecin ne pouvait les prescrire qu'à dose réduite et pour un temps limité : sept jours. Ces antalgiques puissants devaient être inscrits en double sur l'un des feuillets d'un carnet à souches, le carnet de toxiques. Que de patients j'ai vu et laissé souffrir par manque de médicaments ! Dans la plupart des cas, la loi en était la cause, en réglementant trop sévèrement l'accès aux drogues. Au cours des études médicales, le traitement de la douleur ne faisait pas l'objet d'un enseignement spécifique. Les facultés françaises en ont pris tardivement conscience et enfin ont pallié cette carence.

Dans le village et alentour, tous le connaissaient sous son prénom de Baptiste. Après son service militaire, il avait quitté sa campagne pour une fonction d'employé municipal en ville. En retraite, il était revenu au pays où il avait fait construire une maison des plus modestes : un cube chapeauté comme d'un livre grand ouvert, d'une couverture de tuiles mécaniques. Elle contrastait avec les fermes du voisinage, bien à l'abri sous leur vaste toit à quatre pans débordants et pentus. Aux dimensions des deux petits vieux sans enfant, qui l'habitaient, elle était plantée au beau milieu d'un jardin. Celui-ci, en grande partie potager, ne laissait que peu de place à quelques touffes de fleurs éparses, destinées à décorer l'église et les tombes. Depuis quelques semaines, je n'apercevais plus, au passage, Baptiste occupé d'habitude à jardiner. Il ne quittait plus le fauteuil ou le lit. Seule Joséphine, son épouse, s'échinait à l'entretien de cette parcelle de terre où les mauvaises herbes étaient interdites de croissance. Je m'arrêtais fréquemment et lui demandais, sans descendre de ma voiture, des nouvelles de son mari. Elles étaient de moins en moins bonnes. De jour en jour, l'aggravation se manifestait par des douleurs vertébrales et nerveuses qui devenaient intolérables malgré l'absorption de fortes doses d'antalgiques. La tumeur et ses métastases qui avaient bien répondu au traitement hormonal pendant plus de trois ans avaient repris son évolution inexorable depuis plusieurs mois.

L'appel à me rendre au domicile de Baptiste était parvenu en fin de matinée. Il ne me sembla pas avoir un caractère d'urgence. On m'avait seulement demandé de passer au début de l'après-midi, si possible. Ce fut donc ma première visite : « une visite de suivi médical, pensai-je, comme chaque mois depuis quelque temps. Sans doute, je ne me contenterai de renouveler l'ordonnance. Je devrai la modifier non pour guérir ce patient mais soulager sa souffrance que je savais plus vive. Fallait-il prescrire de nouveaux calmants, augmenter les doses, passer éventuellement aux piqûres de morphine ? » Celle-ci, comme l'extrême-onction, avait mauvaise réputation pour les braves gens de la campagne. Sa prescription ne présageait rien de bon. « Il est à la morphine » sonnait comme un arrêt de mort. Les médecins, il est vrai, ne prescrivaient cette drogue qu'avec réticence et seulement quand le moribond était près de trépasser. Nos maîtres nous avaient enseigné de ne l'utiliser qu'à la dernière extrémité.

Joséphine m'attendait derrière la porte vitrée à petits carreaux. Elle l'ouvrit dès que je fus sorti de la voiture et vint à ma rencontre :

– Je n'ai pas voulu vous déranger pendant vos consultations. Me dit-elle ; Je le regrette. Mon mari souffre tellement depuis que je vous ai fait téléphoner.

– Tous n'ont pas cette attention. Vous auriez dû m'appeler en urgence. Quand il le faut, je laisse ma consultation. Mais dites-moi qu'est-il arrivé ?

– Vers 11 heures, il a commencé à souffrir beaucoup plus que d'habitude et pas de la même manière. C'était au creux de l'estomac, comme si on le transperçait qu'il me disait. Il avait du mal à parler et même à respirer. Il devait souffrir beaucoup car jamais, je ne l'ai entendu autant se plaindre.

– Allons voir, dis-je, tandis que nous entrions dans la cuisine.

Je me dirigeai aussitôt dans la petite chambre attenante. Baptiste y était couché ne découvrant que son visage émacié, cireux. Un léger gémissement sortait de ses lèvres entrouvertes. Il tourna vers moi un regard suppliant et empreint d'une grande tristesse. À mon approche, il esquissa un pauvre sourire qui se figea quelques secondes autour de sa bouche.

– Bonjour, Docteur ! Balbutia-t-il pour répondre à mon salut tandis que je le découvrais.

– Dites-moi. Montrez-moi où vous avez mal.

Il posa deux mains squelettiques sur son ventre encore recouvert d'une chemise courte. J'en rabattis le pan jusqu'à la partie haute du thorax. Le relief des côtes décharnées, le dessin des muscles abdominaux tels des cordes sous tension évoquèrent irrésistiblement à mon imagination « Le dévot Christ de Perpignan ». Dès que je commençai la palpation de cet homme souffrant, je sentis le « ventre de bois » de la sculpture. Le diagnostic était fait, évident, même pour un débutant. Et le pronostic s'avérait des plus sombres. Le reste de l'examen importait peu et, désormais, ne pouvait plus me faire changer d'avis. Par routine, je le poursuivis quand même, pour me rendre compte de son état cardiaque. J'avais l'impression d'ausculter un cadavre tant était impressionnante la rigidité de ce corps dont seul, le thorax était encore animé de mouvements d'inspiration-expiration à peine perceptibles. Pourtant le stéthoscope transmettait, à mes oreilles, les signes cachés de la vie : la ventilation pulmonaire, faible murmure vésiculaire et les deux bruits assourdis d'un cœur à bout de force. Ils devinrent bientôt inaudibles quand, de nouveau, la plainte expiratoire qui avait cessé quelques minutes, reprit sur un ton plus aigu. Occupé à fouiller dans ma serviette, la voix haletante du gisant me fit dresser la tête.

– Docteur ! J'ai trop mal. Faites-moi vite une piqûre.

– Je me prépare à vous piquer. J'ai déjà la drogue en mains. Ce sera vite fait maintenant.

Il resta silencieux. Je sortis de la chambre en fermant la porte avec précaution pour ne pas attirer son attention. Sa femme qui m'attendait assise près de la table, un journal ouvert devant elle, m'interpella en se tournant vers moi:

– Alors, docteur ! Qu'est-ce que vous pensez faire ?

Je pris le temps de m'asseoir en face d'elle avant de répondre.

– Votre mari a une perforation de l'estomac. Tous les calmants qu'il a pris en sont sûrement responsables. Normalement…

– C'est vrai que, ces derniers jours, il en avalé. À tout moment, il prenait de l'aspirine en plus des autres comprimés et comme il avait un appétit d'oiseau, il ne mangeait plus rien que des drogues.

– C'est perforé, à n'en pas douter. C'est la péritonite qui le fait beaucoup souffrir. Normalement, il faudrait l'opérer, il n'y a pas d'autre moyen de le guérir…

– Mais docteur, vous n'y pensez pas ? Il risque de mourir avant d'arriver à l'hôpital.

– Je suis tout à fait de votre avis car même hospitalisé, je ne crois pas qu'on puisse le sauver. Peut-être, dans le meilleur des cas, on pourra le prolonger de deux ou trois jours. Mais s'il reste ici, il risque de beaucoup souffrir à moins de lutter contre les douleurs avec des calmants puissants qui hâteront sa mort.

– Vous savez, docteur ! Mon mari souffre tellement qu'il demande la mort. Il me l'a encore dit hier. Il sait qu'il ne peut pas guérir et ne veut plus vivre à souffrir jour et nuit. Et moi, je n'y tiens plus. Je suis si malheureuse de le voir dans cet état et ça empire de jour en jour. Il n'a plus un moment de bon. Il traîne du lit au fauteuil et du fauteuil au lit.

– Je vous comprends. Je vous propose de le laisser mourir ici. On lui fera des piqûres de morphine à hautes doses au risque d'abréger ses jours comme je vous l'ai déjà dit.

– Il faut le faire et je suis sûre que mon mari serait d'accord. Deux ou trois jours de plus à vivre… Si c'est pour souffrir le martyre, vaut mieux mourir.

– Puisque vous êtes d'accord, je vais lui faire la première piqûre. Pour la suite, il faudra en faire toutes les six heures, même la nuit. Il vaudrait mieux demander à la Marie Bosset. Si elle voulait, ce serait plus pratique.

– J'irai la voir tout à l'heure si elle ne vient pas me voir avant. Je suis sûre qu'elle sera contente de me rendre ce service. Elle a piqué tant de gens avant qu'ils soient des assurances. Maintenant c'est plutôt rare mais elle n'a pas perdu la main. Elle fait encore des piqûres de temps en temps.

– Très bien. Je vais faire l'ordonnance et le bon de toxiques à donner à la pharmacie. Ne vous occupez pas de ce qui sera écrit dessus, je ferai une feuille à part pour la Marie avec toutes les explications.

– Je vous remercie beaucoup, Docteur ! Grâce à vous, mon pauvre mari ne souffrira bientôt plus. C'est bien comme ça, conclua-t-elle, les yeux mouillés de larmes.

Puis elle m'accompagna dans la chambre où elle me regarda attentivement faire la première piqûre au mourant.

Les paperasses remplies, je pris mon temps pour remettre de l'ordre dans ma serviette avant d'abandonner cette femme à sa tristesse. Sur le seuil, elle garda longuement ma main dans la sienne rêche et noueuse et, me libérant, me dit d'une voix éteinte : « Merci, docteur ! À demain ! »

Je repris le cours de mes visites. Tout en roulant lentement dans les chemins de campagne, comme au chevet des patients, je ne pouvais chasser de mes pensées cette question qui me taraudait : « N'avais-je pas renié mon serment ? » Ce serment d'Hippocrate où il est écrit : « Je ne provoquerai jamais délibérément la mort. » Pour la première fois, je venais de prendre une grave décision. Seul, j'avais estimé que la vie d'un autre, un frère en humanité, ne valait plus la peine d'être vécue et j'avais décidé de l'écourter. Ce pouvoir sans partage d'un simple médecin de campagne me parut soudain exorbitant. De plus, je m'étais fait complice de la mort alors que j'avais le devoir de la combattre. J'avais hâte de passer à la maison pour consulter le texte du fameux serment et vérifier qu'il y était aussi écrit : « Je ferai tout pour soulager les souffrances. Je ne prolongerai pas abusivement les agonies. » Après cette lecture, je repris ma route, la conscience en paix.

Le lendemain, au début de l'après-midi, comme promis, ma première visite fut pour Baptiste. Il était mort vers 10 heures un quart du matin, peu après avoir reçu la quatrième piqûre. Sereine, son épouse me reçut et me manifesta d'emblée sa reconnaissance. Sur le certificat bleu, j'indiquai, sans aucun scrupule, que le défunt était décédé de mort naturelle.

À maintes occasions, j'ai raconté cette histoire d'« euthanasie » à des confrères pour lesquels, j'avais de l'amitié et de l'estime. Aucun ne m'a blâmé. Leur attitude n'aurait pas été différente de la mienne. J'en ressentis une immense satisfaction.

SUPERMÉCANO

A quelques très rares exceptions, mes relations avec les artisans de Cerlans se firent dans de bonnes conditions. Une estime réciproque s'établit entre nous. Ce que corrobora un long échange de bons et loyaux services.

Toutefois, j'ai gardé une reconnaissance particulière à mon garagiste. Cet honnête homme de vingt ans mon aîné avec qui, dès mon arrivée et pendant les deux décennies suivantes, j'ai eu des contacts réguliers, fréquents et toujours empreints de respect, de cordialité. Enfant du pays, il y était avantageusement connu et appelé par tous de son prénom : Jean ou, plutôt, le Jean. De son service militaire dans l'aviation, il avait gardé une passion pour la motorisation. Il passait ses loisirs à se perfectionner. Je m'attendais à ce qu'un jour, il fît une découverte, tant son savoir et son savoir-faire étaient grands. Sa réputation s'étendait bien au de-là de la commune et même du canton. Comme pas un, il détectait la cause du moindre incident mécanique. Son garage était devenu un centre de diagnostic et de traitement des moteurs qui ne tournaient pas rond. Si vous ajoutez à cette compétence, une disponibilité de tous les instants, Jean Merlin était le mécanicien idéal pour le médecin de campagne que j'étais. En effet, à toute heure du jour et de la nuit, je devais avoir une voiture prête à partir en cas d'appel urgent.

C'était une chance pour moi d'autant plus que, contrairement à beaucoup de mes amis, je n'accordais guère de considérations aux cylindrées. Pas plus les entrailles que les dessous d'une automobile n'attiraient ma curiosité. Aussi, je faisais une entière confiance à cet honnête homme de talent et je n'ai jamais eu à le regretter. Sous sa surveillance, le moteur était toujours en état de marche. Je pouvais dormir tranquille, certain que l'huile ne manquait pas, que la carburation était réglée au top-niveau et le gonflage des pneus optimum. Il avait toute liberté pour changer la pièce déficiente. Sur ses conseils, je faisais le choix d'une nouvelle voiture. Il faisait appel à toute sa compétence et sa conscience avant de prendre une décision. Je l'ai vu plusieurs fois, dès mon arrivée au garage, soulever le capot de ma voiture. Il avait repéré un bruit insolite. La plupart du temps, quelques minutes plus tard, je repartais. Le réglage était fait, même parfois, une légère réparation. Quand la remise en état nécessitait plus de temps, je repartais avec un véhicule du garage. À cette époque, on ne remplaçait pas automatiquement une pièce endommagée par une neuve. Dans ce domaine, mon garagiste était passé maître. Ses réparations étaient des reconstitutions presque parfaites des pièces d'origine. Non seulement son oreille était attentive mais son œil ne laissait rien passer. C'était un patron d'une grande exigence et, comme ses nombreux et fidèles clients, j'appréciais la haute qualité de ses services. Pourtant, je dois à la vérité de rapporter la négligence d'un de ses jeunes apprentis, qui échappa à son contrôle. Ce fut le seul manquement observé en vingt ans et je faillis en être victime. En quelque sorte, une exception qui confirme la règle.

Après un repas de midi bâclé comme j'en avais l'habitude, je partis récupérer ma deuche abandonnée le matin aux mains des mécaniciens. Je parcourus lentement, la bouffarde aux lèvres et soutenue aux creux de la main, les quelque trois cents mètres qui me séparaient du garage. Ma voiture, les deux roues avant chaussées à neuf, m'attendait sur le bord de la route, non loin des deux postes de carburants.

Le temps de récupérer la clé de contact bien en vue sur le bureau du magasin, je fus vite au volant par ce bel après-midi de printemps. Je roulais lentement dans le calme de la campagne où beaucoup de gens étaient toujours attablés. Pour la première visite, je choisissais habituellement la plus éloignée. Aujourd'hui, elle se situait dans le hameau d'un petit village à quelque douze kilomètres de Cerlans. Je savourais les dernières bouffées, de ma pipe bourrée à moitié de Prince Albert. Après déjeuner, selon le temps dont je disposais, j'en remplissais plus ou moins le fourneau. Pour moi, fumer était un plaisir plus apprécié et plus compatible avec mes activités que boire une tasse d'un café toujours trop chaud pour être bu rapidement.

J'abordai la dernière partie du parcours, un chemin cahoteux serpentant à travers prés et champs. Soudain, un bruit insolite attira mon attention et bientôt m'inquiéta par l'ampleur qu'il prit en peu de temps. Je stoppai donc pour faire une inspection de la deuche. Sous le capot, je ne trouvai rien de suspect. Tout me parut en ordre. Je veux dire que je ne vis rien traîner dans le moteur, ni un marteau, ni une clé à molette, ni même un écrou. J'étais sur le point de m'installer au volant quand je remarquai l'air penché de la roue avant gauche. L'un des écrous qui la maintenaient à l'essieu avait été semé en cours de route. Elle ne tenait plus que par les deux autres déjà largement dévissés. Je leur donnai donc quelques tours de vis après avoir soulevé la deuche à l'aide du cric que j'eus du mal à stabiliser sur une terre d'accotement meuble.

Rapidement de retour à Cerlans, je pénétrai dans le garage dont les deux portes étaient grandes ouvertes. Je garai ma voiture en sorte que le côté gauche – en particulier, la roue – fût bien en vue. L'absence de l'écrou n'échappa pas à la perspicacité du patron. Je reçus aussitôt ses excuses et j'assistai à la réprimande qu'il fit à l'apprenti, auteur du vissage insuffisant. Je fus surpris et admiratif du calme et de la modération dont Jean fit preuve et ne se départit à aucun moment.

Tout au cours de ses activités professionnelles, je n'ai jamais eu l'occasion de prodiguer mes soins à Monsieur Merlin – tant mieux pour lui, tant pis pour moi – et ainsi lui rendre, en quelque sorte, la monnaie de sa pièce. Tout simplement parce qu'il ne fut jamais malade ou victime de quelque accident. Toujours fidèle au poste chaque jour de la semaine, même le dimanche, du premier janvier à la saint Sylvestre et disponible de jour comme de nuit, mon mécanicien ne prenait jamais de vacances et vous voyez qu'il ne s'en portait pas plus mal, bien au contraire.

C'était vraiment une chance pour un médecin de campagne de pouvoir compter sur un tel homme dont l'horaire de travail était si conforme au sien. Il veillait sur ma modeste écurie de chevaux vapeurs qu'il gardait dans la meilleure forme. Les très rares défaillances étaient corrigées dans le plus bref délai. Jamais, je ne vis mon garagiste rechigner pour me rendre un service. J'en veux pour preuve cet appel que je lui fis en pleine nuit à la fin des années cinquante.

Vers les deux heures du matin, je fus appelé pour me rendre d'urgence, à une dizaine de kilomètres, au chevet d'un malade « qui ne pouvait plus reprendre son souffle ». Je connaissais bien ce patient. Joseph Bruneau était l'un de mes premiers clients, fidèle d'entre les fidèles. À soixante-cinq ans, ce cultivateur bénéficiait d'une retraite anticipée depuis deux ou trois ans. Un infarctus dont il gardait de légères séquelles d'insuffisance cardiaque l'avait contraint à abandonner les travaux de la ferme. « Sans doute, s'agissait-il d'une simple décompensation cardiaque et, je souhaitais vivement qu'un nouvel infarctus sous-jacent n'en fût pas la cause. » Mon intuition avait été la bonne et mon souhait réalisé. Tout se passa pour le mieux. Une heure et demie plus tard, le malade avait retrouvé son calme, le cœur avait repris un rythme normal, le poumon respirait librement. Je pus quitter cette maison, satisfait de la besogne accomplie et de l'efficacité du traitement.

Cet accident cardiaque, l'œdème aigu du poumon, l' O.A.P. comme nous l'appelons en jargon médical, était, dans les premières années de mon installation, la cause la plus fréquente des réveils nocturnes. À cette époque, nous disposions d'un traitement mais dont l'efficacité laissait à désirer. Il était constitué de piqûres : un calmant, un tonicardiaque, et surtout d'une saignée qui avait un rôle essentiel. Le praticien sectionnait une veine du pli du coude ou la ponctionnait avec une aiguille de gros calibre. Ce geste, panacée des thérapeutes anciens, nous apparentait encore aux médecins de Molière. Il n'est plus pratiqué actuellement dans ces circonstances, pas plus d'ailleurs, que dans beaucoup d'autres. Dans les meilleures conditions, deux ou trois heures se passaient avant que les voies respiratoires d'un patient au bord de l'asphyxie soient de nouveau à peu près libres. La pose de garrots à la racine des cuisses a été aussi préconisée dans le but de faire obstacle au retour du sang veineux et ainsi diminuer la masse sanguine circulante. Cette méthode avait l'avantage de n'être pas spoliatrice mais elle était beaucoup moins efficace et insuffisante, employée seule.

La position couchée favorisait la dyspnée cardiaque. Celle-ci était due à l'encombrement progressif des poumons jusqu'à un paroxysme : l'œdème aigu. Les crises O.A.P. se situaient aux environs de minuit, une heure du matin et leur caractère dramatique provoquait aussitôt l'appel du médecin. En quelques années, j'ai vu leur fréquence diminuer d'une façon considérable. Et cela pour deux raisons.

La première est l'une des conséquences de l'assurance-maladie étendue aux agriculteurs puis aux artisans et commerçants. La prise en charge médicale plus précoce de certaines maladies a permis d'éviter leur entrée en scène spectaculaire par un épisode dyspnéique alarmant à l'occasion d'une fièvre ou d'un état de fatigue.

La seconde raison, la plus importante, était la mise sur le marché d'un diurétique puissant et non toxique à dose efficace. Plutôt que de soutirer du sang au malade, une injection intraveineuse du médicament déclenchait l'émission de deux ou trois litres d'urines. Il s'en suivait une diminution de la masse sanguine – sans diminuer le nombre des éléments figurés du sang, en autres, les globules rouges et blancs – dont l'effet ne tardait pas à se manifester. Le même médicament présenté en ampoules et destiné aux traitements d'urgence était conditionné en comprimés. Leur prescription a eu un rôle préventif certain qui a contribué grandement à réduire le nombre des oedèmes aigus du poumon. D'autres diurétiques étaient connus depuis longtemps mais la plupart étaient peu actifs et ceux qui l'étaient devaient être utilisés avec de telles précautions qu'ils ne faisaient pas partie des prescriptions courantes.

Encore une fois l'intraveineuse de diurétique avait fait merveille. Certes l'effet n'avait pas été immédiat. Mais, le temps d'attente avait été relativement court comparé aux longues heures passées au chevet de tels malades, quelques années auparavant. Je me lançai donc sur la route du retour en fredonnant un air de Charles Trénet : La Route Enchantée. Elle était large, déserte et, au de-là de l'éclairage des phares, semblait se prolonger jusqu'à l'horizon et se perdre dans le grand ciel étoilé. De part et d'autre, des bâtiments dispersés çà et là découpaient leur silhouette sombre dans la clarté bleue de la nuit. Je ressentais une joie indicible à parcourir ce vaste espace silencieux et rempli de mystères. Maintenant, je chantais :

– Une étoile m'a dit, Deux étoiles m'ont dit : « Connais-tu le pays du rêve … ?

Au loin, une lueur m'apparut comme dans un rêve. Bientôt, je distinguai les feux de position d'une auto stationnée sur l'accotement puis une autre lumière mouvante au milieu de la route : une ombre agitant un lampe électrique se dessina de plus en plus précisément. Mon euphorie des minutes précédentes avait soudainement disparu. J'arrêtai ma chanson. Que me voulait cette sorte de géant, la tête engoncée dans les épaules, dressé sur mon chemin ? À mesure que je m'en approchais, à moindre vitesse, il perdait son caractère fantastique. J'avais devant moi un homme barbu de grande taille mais pas excessive, vêtu d'une longue cape et le cou enveloppé d'un large foulard.

Quand ma voiture fut presque à son contact, il se détourna pour la laisser passer au moment même où j'écrasais la pédale de freins. Je retrouvai peu à peu ma sérénité en examinant le visage et l'attitude de mon interlocuteur : aucun signe d'agressivité n'apparaissait. Il me fit de longues excuses pour cet arrêt intempestif et me demanda de lui rendre un service : lui fournir de l'essence. Il s'était déjà adressé à deux automobilistes de passage. Le conducteur de la première voiture n'avait pas obtempéré à ses signaux. Celui de la deuxième l'avait bien écouté, lui avait promis de revenir au plus tôt mais n'en avait rien fait. Il l'attendait encore. Il me répéta le même discours, espérant me convaincre. En panne d'essence, il comptait sur moi pour lui en fournir un bidon. Nous n'avions pas les moyens de siphonner mon réservoir : ni l'un ni l'autre, nous ne possédions le tuyau qui nous aurait permis de le faire. Je l'assurai que je serai bientôt de retour avec le précieux carburant. Je n'en doutais pas. En effet, un garage avec distributeurs d'essence se trouvait à moins de deux kilomètres de là. Je crois que mon interlocuteur crut à ma parole car il me sourit alors que ma voiture démarrait.

Deux minutes plus tard, je cognais à la porte du garagiste. Mais j'eus beau tambouriner, aucun rai de lumière ne filtra aux persiennes. Comme je frappais mes derniers coups de semonce avec plus de force, j'entendis hurler : « Inutile d'insister, je n'ouvre plus la nuit. On ne sait jamais à qui l'on à faire.» Je déclinai alors mon identité, car cet homme me connaissait sûrement bien que je n'aie jamais mis les pieds chez lui, ni en qualité de médecin, ni comme client. Jamais même je n'y avais fait un plein d'essence. J'attendis quelques minutes. Je pensais voir enfin une fenêtre ou une porte s'ouvrir. Mais rien ne bougea et je n'eus pas d'autre réponse.

Mon seul recours était d'aller à Cerlans, à huit kilomètres et de réveiller mon mécanicien qui, lui, j'en étais certain, ne rechignerait pas à rendre ce service. Je n'eus pas longtemps à me manifester à la porte de sa maison. La fenêtre du premier étage s'ouvrit et le brave homme mal réveillé répondit favorablement à ma demande. Chaudement vêtu, il descendit bientôt me rejoindre. Il tenait à m'accompagner : « Le manque de carburant, me dit-il, n'est peut-être pas la seule cause de la panne et, dans ce cas, je pourrais être utile. » Je n'y avais pas pensé. J'appréciai sa proposition, sa présence était rassurante. Le temps de remplir un bidon d'essence, de charger une boîte à outils, le tout dévoué garagiste au volant de ma voiture me conduisit jusqu'au lieu du dépannage.

Le voyageur noctambule désespérait de me voir revenir. Aussi ce fut, avec joie qu'il m'accueillit accompagné d'un spécialiste des moteurs. Celui-ci n'eut pas lieu de montrer son savoir-faire. Au premier coup de démarreur, le moteur de la Mercédes toussa, et au deuxième essai, se lança. Jean effleurant du pied l'accélérateur lui donna un rythme régulier et fit, à plusieurs reprises, vrombir la belle mécanique semblant y prendre plaisir. Il accepta de recevoir le prix de l'essence, sans plus. L'homme que nous avions dépanné ne fut pas un ingrat. Commerçant à Nîmes, il envoya quelques jours plus tard, à chacun de ses dépanneurs, une lettre de remerciements, accompagnée d'une boîte de calissons.

Je vous ai déjà dit ma chance d'avoir eu à ma disposition un expert en mécanique pour veiller à la bonne marche d'un outil de travail qui m'était indispensable. De plus, cet homme d'une grande disponibilité demeurait à quelques cents mètres de chez moi Vous comprendrez que ce fut avec un grand déplaisir que j'appris qu'il prendrait bientôt sa retraite. C'était en juillet 1970. Il me demanda de le suivre dans son bureau et ce ne fut pas de gaîté de cœur qu'il me fit cette révélation, comme s'il s'excusait d'abandonner une clientèle fidèle. Il lui restait à peine trois mois à travailler. Une seule satisfaction. Son changement de domicile le rapprochait de chez moi. Désormais, nos habitations se faisaient presque face, distantes de cent mètres à peine. Avec le recul, je reconnais que mes appréhensions étaient exagérées et que tout s'est bien passé avec son remplaçant qui eut la sagesse de garder l'un des commis de son prédécesseur.

Toujours sur la brèche pendant son activité, sans un jour de vacances, Jean Merlin attendit la retraite pour me donner l'occasion de l'examiner au lit. Il avait une fièvre de cheval et souffrait d'une pneumopathie consécutive à une épidémie de grippe sévissant dans la région. C'était début décembre, seulement deux mois après qu'il eut quitté le garage. La fièvre résistait malgré l'antibiothérapie. Après huit jours de traitement, la radioscopie décela nettement une image suspecte. Au dernier examen de médecine du travail que mon patient avait passé à la fin septembre, rien n'avait été signalé. Un ami pneumologue confirma le diagnostic d'une affection grave. Plus tard, un grand patron parisien intervint. Il établit un protocole thérapeutique qui suscita un espoir vite déçu. L'aggravation de la maladie se poursuivit inexorablement.

Six mois après le début du traitement, elle était telle que le décès de ce patient qui m'était cher pouvait survenir d'un jour à l'autre. Cette fin juin 1971, je me préparais à partir en vacances avec ma famille sur la Costa Brava. Il m'en coûtait d'abandonner cet homme à qui je devais tant, au moment le plus critique de sa vie. Quand je lui en fis part, il resta muet quelques instants et l'ombre d'une angoisse assombrit son regard. Puis rasséréné, il me dit d'une voix bien assurée : « Bonnes vacances ! Revenez-nous vite ! » La veille du départ, un lumbago comme jamais je n'en avais eu, me cloua au lit. Nous dûmes renoncer à ce voyage, au grand dam de mon épouse et surtout de mes filles. Ce contretemps n'échappa pas à mon voisin malade. Son épouse vint prendre de mes nouvelles. Je lui promis d'aller rendre visite à son mari dès que mon état de santé me permettrait de traverser la rue.

Deux jours plus tard, je sonnais à la porte de celui qui allait bientôt mourir. Par précaution, j'avais apporté ma serviette médicale. Il me reçut assis dans un fauteuil d'où il pouvait voir la rue par la fenêtre de la salle à manger. Après les salutations pendant lesquelles il me souhaita un prompt rétablissement, il m'invita à m'asseoir près de lui et à déposer mon attirail médical sur la table. Il sera inutile aujourd'hui : ce n'était pas le médecin qui venait le voir mais son voisin et ami. Son visage me parut plus émacié que la semaine précédente et comme resserré sur de profondes rides. Bientôt, il s'anima et ses yeux mal réveillés reprirent de l'éclat que je leur avais connu naguère.

– Je suis content de vous voir, me dit-il. Les journées sont longues à ne jamais mettre le nez dehors, à passer, sans arrêt, du fauteuil au lit et du lit au fauteuil. J'aime bien lire mais à force, ça me fatigue. J'aimerais faire un tour dans le jardin ou dans mon atelier. Ah ! Mon atelier… il me manque. Heureusement que j'ai pu finir votre poignée de commode. Il était temps. Je n'ai rien fait depuis …

– Merci encore ! Elle est très réussie. Je l'ai fixée. Il est difficile de la distinguer des autres. Vous l'avez reproduite à l'identique. Vraiment ça, j'admire.

– Si vous êtes satisfait, j'en suis content. C'était facile à imiter. Le style Louis XVI avec ses lignes droites, ça me convient. J'aimerais pouvoir vous rendre encore de pareils services. Mais je crois bien que c'est mal parti. Je sens mes forces s'en aller. Les bouquins me tombent des mains. Je passe la plus grande partie du temps à somnoler.

– Habile de vos mains comme vous l'étiez, c'est sûr qu'il doit vous en coûter de ne plus avoir d'activités.

– Vous savez. Il y a un temps pour tout. J'ai lu, il y a quelques jours, que des grands peintres ont dû renoncer à peindre à cause de leur infirmité. Renoir et Dufy, si je me souviens bien. Je suis obligé de faire comme eux.

– Je l'ai lu aussi et que les drogues qu'on leur a administrées ont fait long feu.

– Il faut que je me résigne. Alors je rêve. Il me revient plein de souvenirs. Tout à l'heure après le repas, je nous revoyais à Chalon le 8 décembre. Vous vous souvenez. Vous étiez arrivés à Cerlans depuis deux mois.

– Si, je m'en souviens... Bien sûr ! C'était en 52. En fin d'après-midi, votre épouse en me servant de l'essence m'a proposé de nous emmener, ma femme et moi, voir, à Chalon, les illuminations. Nous ne les avions jamais vues. Alors j'ai accepté aussitôt. Elle me fixa l'heure de départ à 19 heures car il était prévu de dîner ensemble au restaurant.

– Chaque année, nous avions l'habitude, ma femme et moi, de faire ce dîner et de profiter du spectacle bien modeste, qui n'a rien à voir avec celui de Lyon. Vous étiez des nouveaux venus sympathiques et nous avons voulu partager cette soirée avec vous.

– Nous avons été très touchés par votre gentillesse. Vous nous aviez offert un merveilleux repas. Ah ! Ce plateau de fruits de mer et ce saint-pierre !

– C'est d'huîtres dont je rêvais tout à l'heure, moi qui n'ai plus d'appétit. J'en étais vraiment gourmand. Ils sont encore loin, les mois en R. Vous vous souvenez comme nous nous en sommes régalés.

– Je m'en souviens et ma femme aussi. Elle m'en a parlé

il n'y a pas longtemps. Des huîtres, elle en raffole. Ce dîner fait partie de nos bons souvenirs. Un moins bon souvenir me revient en mémoire. Il apporte encore une preuve de votre gentillesse à notre égard. C'était un triste soir de mars 1955. Revenant de Lyon, nous nous sommes arrêtés dans un restaurant en face de l'église de Brou. Avec votre épouse, vous étiez allé voir votre fils étudiant à Lyon et vous m'aviez offert une place dans votre voiture. Moi, j'avais passé mon après-midi auprès de ma femme hospitalisée depuis quinze jours dans une clinique lyonnaise. J'étais contrarié. On venait de s'apercevoir qu'elle avait une phlébite. Ce qui retarderait son retour à la maison.

– Je m'en souviens parfaitement. Au retour, nous nous sommes arrêtés dans un restaurant à Bourg où vous nous avez offert un excellent repas. Ça vous a un peu changé les idées car vous étiez triste en y entrant.

– Je veux bien croire que la bonne chère et les boissons ont dû me remonter le moral mais je vous devais bien ce dîner et je me devais de ne pas faire la gueule. C'était la deuxième fois que vous me transportiez à Lyon.

– Il me reste de cette soirée que le retour à la maison fut plutôt morose. Il faut dire qu'il faisait un temps de chien. Un mélange de pluie et de neige qui tombait dru gênait la visibilité. Vous ruminiez vos soucis. Ma femme, d'habitude bavarde, ne disait pas un mot.

– En fin de compte, tout s'est arrangé et mon épouse m'est revenue dix jours plus tard, pas en pleine forme mais presque.

– Dans la vie, c'est pas toujours rose, mais la plupart du temps, ça s'arrange jusqu'au jour où…C'est pour tout le monde pareil.

La conversation se poursuivit toujours entretenue par l'évocation de souvenirs, et souvent entrecoupée de courtes pauses. Mon interlocuteur en profitait pour reprendre son souffle, les yeux mi-clos et les lèvres entrouvertes comme esquissant un sourire. Je lui proposai de le quitter pour qu'il pût se reposer. Il m'en dissuada plusieurs fois arguant qu'il avait quelque chose à me dire et chaque fois, c'était un épisode des années passées qu'il me rappelait. C'est ainsi qu'il me parla d'une voix parfois enjouée des petits plaisirs qu'il avait aimés dans la vie et qu'il savait trouver sans s'éloigner de son village.

– Vous voyez, conclut-il, même jeune, des vacances, je n'ai jamais eu envie d'en prendre. À l'époque, d'ailleurs, ce n'était guère couru. J'étais passionné de mécanique. Pour moi, rien n'était plus reposant que de bricoler dans mon atelier. Sans contrainte, je faisais ce qui me passait par la tête. Pour changer, il m'arrivait d'aller à la pêche mais jamais très longtemps, et parfois de jardiner. Bien sûr, des vacances, j'aurais pu m'en payer. Mais le deuxième jour, j'en aurais eu marre. Aussi, je restais chez moi et ma femme était tout à fait d'accord. N'est-ce pas, dit-il, en posant son regard sur elle.

Celle-ci qui assistait à notre discussion et ne s'en mêlait pas, acquiesça d'un sourire.

– Dans le temps, on a beaucoup parlé ensemble, reprit-il. Et je crois que l'un et l'autre, nous y prenions plaisir. Aujourd'hui encore et je ne me sens pas trop fatigué. Ces derniers jours, j'avais plus de mal à causer. Demain, ma foi, on verra. En attendant, j'ai choisi ce jour pour vous remercier. J'ai fait préparer quelques bonnes bouteilles. Je sais que vous apprécierez et, comme vous êtes fragile du dos, je vous les ferai porter ce soir par mon fils. Il doit venir nous voir en fin de journée.

Après des remerciements réciproques, ce fut le moment de l'au revoir. Il ressembla plutôt à un adieu. Sur le visage de cet homme avec qui, sans doute, je venais de parler pour la dernière fois et à qui je vouais une haute estime, un voile de tristesse tomba soudain. Il me serra longuement la main.

Mon épouse et moi, nous nous reposions après dîner, dans le jardin, évoquant la disparition prochaine de notre voisin et formulant déjà des regrets quand la sonnerie de la porte retentit. Son fils nous apportait, comme promis, un carton de champagne et deux bouteilles de Saint Vivant 1934, un très grand vin de Bourgogne, d'un excellent millésime. Le jeune homme avait trouvé son père plutôt mieux que les jours précédents. Moins absent, il lui avait parlé davantage.

Le lendemain, l'angélus de midi fut suivi d'un glas. Mon épouse et moi, à l'écoute, nous nous sommes aussitôt regardés, sans dire un mot, persuadés qu'il sonnait pour notre voisin, Jean Merlin, un honnête homme qui nous manquait déjà.

DOCTEUR !
QU'EST-CE QUE J'AI ?

Qu'est-ce que j'ai, docteur ? C'est grave ? Vous n'allez pas m'envoyer à l'hôpital ? Je serai bientôt guéri ? Toutes ces questions et bien d'autres sont posées quotidiennement au médecin par des patients angoissés. Le visage de « l'homme de l'art » se doit de rester impassible et sa voix, ferme et assurée. Rien ne doit trahir son émotion. Mais que répondre, en toute honnêteté, quand, après un examen minutieux, le diagnostic ne peut être affirmé ? Le praticien doit-il faire part de ses doutes surtout s'il lui semble avoir détecté chez son patient une affection grave. Certains noms de maladie, le cancer, en particulier étaient tabous naguère et le sont encore pour beaucoup. On préférait parler de tumeur plus ou moins maligne. Personne n'était dupe, surtout pas l'intéressé, mais le pronostic paraissait moins grave quand un euphémisme était prononcé plutôt que le mot fatidique. Celui-ci sonnait, il y a très peu de temps encore, comme un arrêt de mort. Actuellement, du fait d'un pourcentage non négligeable de guérisons, ce diagnostic est de plus en plus fréquemment annoncé au malade lui-même, en même temps qu'un traitement lui est proposé. Ce traitement souvent long et pénible exige du patient, courage et volonté de s'en sortir. Mais comme il est aussi, porteur d'un espoir de guérison, il permet d'établir un dialogue de confiance entre le malade et l'équipe soignante. Notre culture latine et, en particulier, la culture paysanne s'accommodait des mille précautions que prenaient les médecins et autres soignants pour présenter la maladie comme moins redoutable. C'était l'époque des « docteurs tant mieux ». J'étais plutôt de ce genre. Une ambiance optimiste ne peut pas nuire, au contraire. De plus, dans la plupart des cas, il était bien difficile d'établir un pronostic précis, par manque de moyens d'investigation. D'où cette modération de langage de la plupart des praticiens.

Je suis d'une génération qui a vu la médecine faire une véritable révolution scientifique. Les actes techniques ont pris de plus en plus d'importance au détriment de la clinique qu'ils n'ont cessé de marginaliser. Celle-ci a perdu le rôle prépondérant qu'elle avait encore quand j'ai fait mes premiers pas à l'hôpital. Elle était magistralement enseignée « au lit du malade » par des patrons qui, certes, se donnaient en spectacle, imbus de leur savoir et de leur autorité mais qui, du moins certains, laissaient leurs élèves béats d'admiration tant ils montraient d'intelligence, d'intuition pour redresser un diagnostic erroné. À partir d'un détail négligé ou d'une interprétation plus rigoureuse des symptômes, ils apportaient la solution.

De grands progrès dans les domaines du diagnostic et de la thérapeutique ont marqué le début de mes études médicales et se sont poursuivis en s'amplifiant au cours de mon exercice. Succédant à l'ère pasteurienne, la découverte des antibiotiques a marqué cette période. Le plus connu d'entre eux, la pénicilline, était alors largement prescrit et, disait-on, faisait des « miracles ». Plus tard, la streptomycine s'attaqua avec succès à la tuberculose. La découverte d'un médicament actif sur un bacille si redouté me parut fondamentale. C'était une grande victoire remportée sur la mort.

Apprenti médecin, j'en conçus un grand espoir tant j'en avais gardé d'effrayants souvenirs. Au cours de mon enfance et mon adolescence, cette maladie était particulièrement redoutée tant elle était contagieuse et souvent mortelle. Les campagnes nationales d'information avec vente de timbres par les écoliers n'apportaient rien, au contraire, qui atténuât ma crainte d'en être atteint un jour. À cette occasion, une leçon du maître d'école m'a fait entrevoir, pour la première fois, la noblesse du métier de médecin. Celui-ci ne risquait-il pas sa vie à soigner des malades dont nos parents nous déconseillaient l'approche par crainte de la contagion ?

La phtisie, comme on l'appelait parfois, était l'une des affections les plus répandues dans la Bresse humide où une importante partie de la population était logée sans aucun confort. Pourvoyeuse de mort à plus ou moins brève échéance, la tuberculose frappait à tout âge. Plusieurs de mes camarades de l'école primaire en ont été victimes. Enfant, combien ai-je vu de familles décimées par ce fléau ? Plus tard, au cours de mes années de pension, trois de mes condisciples – un dans chacun des établissements que j'ai fréquentés – ont été emportés en huit à dix jours par une de ses formes foudroyantes : la méningite tuberculeuse. D'autres atteints de formes chroniques, gardaient, toute leur vie, des séquelles, pulmonaires le plus souvent. Même plus contagieux, ces malades faisaient le vide autour d'eux comme s'ils étaient pestiférés. La suspicion s'étendait à leur famille devenue peu fréquentable.

J'étais stagiaire dans un service de pédiatrie quand les premiers enfants atteints de méningite, ont été traités par la streptomycine. Le chef de service ne put cacher son émotion. Il n'en croyait pas ses yeux embués de larmes quand il vit, une dizaine de jours après le début du traitement, les petits malades reprendre goût à la vie. Les jeunes miraculés riaient et jouaient alors qu'ils étaient arrivés prostrés et souffrants. Hospitalisés quelques mois plus tôt, ils n'auraient eu aucune chance de guérison.

Parallèlement à la découverte de médicaments nouveaux et, en particulier, ceux qui ont apporté des progrès déterminants en anesthésie et, de ce fait, ont permis des exploits chirurgicaux, l'imagerie médicale s'est considérablement améliorée et les laboratoires ont proposé de nouveaux tests et analyses toujours plus perfectionnés. Les découvertes se succédaient à un tel rythme que, de jour en jour, les plateaux techniques étaient plus performants. Le médecin « aux mains nues » que j'étais, se sentait de plus en plus démuni. Il était à craindre que la clinique qui occupait la plus grande part de ma pratique fût bientôt considérée comme désuète voire inutile. En effet, à quoi bon, par exemple, faire un examen neurologique, long, minutieux, nécessitant savoir et attention si le scanner ou l'I.R.M. peut faire, en beaucoup moins de temps, un diagnostic plus sûr et plus précis.

Je m'installai à Cerlans avec un matériel d'investigations des plus réduits : deux stéthoscopes, deux marteaux à réflexes, un otoscope, quatre spéculums et quelques autres instruments de moindre importance. Les examens prénatals et prénuptiaux nécessitant une radioscopie des poumons, j'y ajoutai un appareil à cet usage. Je l'utilisais aussi dans le cadre de la médecine du travail agricole. J'avais chaque année à faire le bilan de santé d'une trentaine de salariés. Quant aux consultants, il m'arrivait rarement de compléter l'auscultation du thorax par un passage derrière l'écran. Pourtant, ils appréciaient particulièrement la « petite radio ». Pour moi, – et je ne me privais pas de le répéter – c'était un examen souvent inutile et dangereux non seulement à cause des rayons X émis mais surtout à cause des fausses certitudes qu'il confortait. Je préférais adresser ces patients aux radiologues qui pratiquaient la « grande radio » et disposaient d'appareils de plus en plus sophistiqués et performants. Je dus aussi faire l'acquisition d'un appareil d'électrocardiographie, m'initier à la lecture de ses tracés. Les jeunes confrères l'avaient apprise au cours de leurs études contrairement à leurs aînés qui n'en avaient pas reçu l'enseignement. J'en veux pour preuve le comportement de ce grand patron. En stage dans son service, au cours de ma deuxième année de médecine, je ne l'ai jamais vu analyser le tracé d'un E.C.G. Il en laissait le soin à l'un de ses chefs de clinique. En ignorait-il la lecture ?

Généraliste à la campagne, je devais donc surtout compter sur mes sens et, en quête du moindre signe, les tenir toujours et tous en éveil : la vue, l'ouie, le toucher et l'odorat. Je citerai le goût pour signaler qu'il n'est pas sollicité dans la pratique médicale actuelle. Ce qui n'a, sans doute, pas toujours été le cas, non seulement en des temps très anciens mais encore à une époque relativement récente, dans des pays de grande civilisation. Je n'en veux pour preuve que cette citation de Paul Savy dans son Traité de thérapeutique clinique : « Au XVIe siècle, le vénitien Vittorio Trincavella rapportait l'observation d'un diabétique dont les urines goûtées par les parents avaient les mêmes saveurs que les tisanes sucrées absorbées par le malade. » Sans doute, le diafoirus de l'époque, qui, imbu de sa science, n'avait confiance qu'en lui- même, dut-il en faire une savante dégustation. Et, après s'être gratté le front, avait-il prescrit une saignée dans le but de diminuer le flux édulcoré s'écoulant de la vessie.

S'il est rare que l'odorat soit mis à contribution, le médecin ne doit pas négliger certaines odeurs qui lui permettent parfois de faire un diagnostic dès qu'il « franchit la porte ». Par exemple, l'odeur d'acétone, plutôt agréable que l'on compare à celle de la pomme reinette est reconnue dans la chambre d'enfants vomisseurs et dans celle de certains diabétiques. Ce qui expliquerait, prétendent les esprits malveillants, que, parmi les bonnes sœurs, le pourcentage est grand de celles qui meurent en « odeur de sainteté ». Leur gourmandise qui se porte surtout sur les sucreries en serait la cause. Il est bien d'autres odeurs, comme celle de l'haleine de l'éthylique, mais moins caractéristiques, moins symptomatiques et, par conséquent, de moindre intérêt.

La vue, d'emblée sollicitée, renseigne sur l'habitus du patient. Son état général peut être évalué par comparaison si ce n'est pas un inconnu. Un premier coup d'œil sur le visage peut en dire long : face pâle, rubiconde ou traits tirés, asymétriques etc. L'inspection de toutes les parties du corps peut être riche en renseignements. Aidée ou non d'une instrumentation simple – loupe, spéculum etc. – elle peut s'employer à des investigations plus discrètes et plus minutieuses. Les progrès prodigieux de l'imagerie médicale ont donné à la vue une place de plus en plus importante dans l'affirmation des diagnostics.

L'ouie le plus souvent aidée du stéthoscope est sollicitée surtout dans l'auscultation thoracique parfois abdominale et artérielle. Avant que Laennec ait inventé cet instrument, les médecins n'interposaient qu'un tissu entre leur oreille et la peau du patient. Je les ai vus pratiquer de cette façon fréquemment dans mon enfance. J'y ai eu moi-même recours en de rares occasions. L'utilisation d'un stéthoscope a l'avantage d'amplifier les bruits de la circulation des fluides dans les différents organes. Et, pour qui a le nez délicat, un certain éloignement n'est pas sans avantage. Le bon clinicien dont l'oreille est fine et avertie doit savoir détecter la moindre anomalie. L'auscultation du thorax permet d'apprécier le bon fonctionnement de la pompe cardiaque et du soufflet pulmonaire.

Le palper a comme champ d'action toute la surface du corps avec une prédilection pour l'abdomen, endroit que les mains peuvent malaxer, déprimer. Ne parle-t-on pas de « ventre mou » pour désigner un point de moindre résistance ? Seule une infime partie de l'intimité corporelle est accessible au toucher par la voie des orifices naturelles.

Depuis la plus haute antiquité et jusqu'à une période récente, les médecins ne disposaient donc que de leurs sens pour détecter la maladie. La médecine était clinique, c'est-à-dire que le praticien « au lit du malade » ne pouvait compter que sur ses qualités d'observation et la recherche de signes avec un minimum de moyens techniques. Stéthoscope et tensiomètre sont des inventions relativement récentes. À partir de ces données, il ne pouvait compter que sur son savoir, son expérience, ses sens et son intuition.

À l'époque où j'ai commencé ma médecine, la clinique avait encore un rôle prépondérant. Pourtant, on disposait déjà d'examens complémentaires non négligeables comme les nombreux examens de laboratoire, la radiographie, l'électrocardiographie, la bronchoscopie... On n'y avait recours, la plupart du temps, que pour confirmer ou préciser un diagnostic. Au cours des quatre décennies suivantes, la pratique médicale a été complètement transformée. L'imagerie n'a cessé de se perfectionner jusqu'à la découverte du scanner et de l'I.R.M. Il est possible maintenant de détecter des tumeurs de quelques millimètres. Les échographies, les endoscopies explorent tous les compartiments du corps humain dans ses moindres recoins. Et de nouvelles thérapeutiques applicables seulement en milieu hospitalier, ont, dans des cas de plus en plus nombreux, réduit le rôle des généralistes à celui de pourvoyeurs des spécialistes. De plus en plus démuni, j'assistais, du fond de ma campagne à cette évolution. La technique allait-t-elle effacer ce qui faisait la noblesse de ce métier ? La science, supprimer l'art ? Le robot, remplacer l'homme ? On pourrait croire qu'il en sera bientôt ainsi. Pourtant, au cours des dernières années de mon exercice, dans certaines situations, les pratiques que l'on a trop tendance à oublier ont renouvelé mon espoir. La médecine, à moins d'y perdre son âme, ne pourra pas se passer de la sémiologie, cette science des signes pratiquée au lit du malade. Par ces gestes du plus haut humanisme, le patient et le médecin font échange de confiance. Grâce à ce « colloque singulier » dont jamais on ne répétera assez haut et fort les effets bénéfiques, ils se sentent en empathie. Décidément, le clinicien n'a pas dit son dernier mot.

Grâce à mon apprentissage clinique et une longue expérience, il m'a été possible de redresser plusieurs fois un diagnostic erroné. Non pas parce que ma science était plus grande, mon intuition plus subtile mais parce que ma pratique était différente. A contrario, de jeunes confrères ont certainement eu l'occasion de me prendre plus d'une puce sur le nez. Mais comme ils étaient corrects, je n'en ai rien su. En tous cas, la rumeur n'est pas parvenue jusqu'à mes oreilles.

Pourtant je me souviens avoir perdu la clientèle et surtout la confiance d'une famille avec qui j'avais les meilleures relations. Une négligence impardonnable a suffi. Je m'étais rendu, ce jour-là, au domicile d'un vieil homme que je suivais régulièrement. Hypertendu, il était parfaitement stabilisé avec un traitement prescrit depuis plusieurs années. C'est alors qu'il faut se méfier de la routine qui endort l'attention. Après l'examen, tout me parut pour le mieux. Sans doute n'ai-je pas écouté suffisamment ce patient. Plusieurs fois, il me parla de sa fatigue. Je ne fus pas sans remarquer la pâleur de son visage mais je n'en tins pas assez compte : à la mauvaise saison, ce vieillard ne quittait guère le coin du feu et son teint dans la grisaille du jour m'avait paru normal. Je le quittais donc l'esprit libre. Dans la quinzaine suivante, il était hospitalisé. Une prise de sang avait révélé une grave maladie sanguine. J'en fus d'autant plus vexé que le voisin de l'hospitalisé m'apprit que le jeune médecin appelé à son chevet avait soupçonné le diagnostic par la découverte d'une rate énorme. Un tel signe n'aurait pas pu m'échapper si j'avais fait une palpation abdominale et, bien sûr, aussitôt, j'aurais demandé un bilan sanguin. Cet homme mourut peu de temps après le début du traitement. J'en eus longtemps des remords et une certaine gêne chaque fois que je rencontrais un membre de cette famille dont il me semblait avoir trahi la confiance.

Une autre fois, j'ai bien failli me fourvoyer par négligence. Heureusement, je me suis repris à temps. Demandé dans une maison que j'aimais fréquenter. Je m'y sentais à l'aise. Le couple de cultivateurs dont le mari avait mon âge me manifestait une grande confiance. J'aimais m'attarder chez eux quand mon emploi du temps n'était pas trop chargé. Ce début d'après-midi, quand je franchis le seuil, ils étaient tous deux attablés et buvaient le café. Ils m'en offrirent une tasse, aussitôt servie avant même que j'aie acquiescé. Dans ce cas c'est comme quand le vin est tiré, il faut le boire.

L'homme passa ensuite dans la chambre à coucher, une petite pièce contiguë à la cuisine. Il souffrait de vagues maux de tête dont il était coutumier et surtout, depuis quelques jours, se plaignait d'un état nauséeux. L'interrogatoire et l'examen ne m'apportèrent rien qui pût éclairer mon diagnostic. La palpation abdominale ne me fit rien suspecter d'origine digestive. Les mouvements de rotation, de flexion, d'extension du cou étaient douloureux. Mais pouvait-on en tenir compte chez cet ancien commis meunier qui avait porté des sacs de cent kilos sur son dos et en avait gardé une arthrose cervicale ? Je me serais bien abstenu de faire une ordonnance. Il me semblait préférable d'attendre que la symptomatologie se précisât ou qu'elle disparût d'elle-même. Cependant, à la demande insistante du malade et de son épouse, je prescrivis un antinauséeux puis pris congé du couple en recommandant de me contacter à la moindre aggravation.

Je regagnai ma voiture, peu satisfait de ma prestation, avec une impression d'examen bâclé, incomplet. Après avoir rallumé ma pipe, je roulai lentement, pas pressé de retrouver un nouveau patient. Celui que je venais de quitter occupait toute ma pensée. Je passais en revue les différents diagnostics à envisager. Ils étaient d'autant plus nombreux que parmi les signes discrets, aucun n'était évocateur. Soudain, alors que j'allais entrer dans la cour de la ferme où l'on m'attendait, je découvris la faille de mon examen. J'avais tout simplement fait l'impasse sur les réflexes. Je rebroussai chemin aussitôt.

Quelle ne fut pas la surprise de la maîtresse de maison !

À peine m'eut-elle dit d'entrer qu'elle me vit ouvrir brusquement la porte et me précipiter vers elle.

– Où est votre mari ? Demandai-je.

– Il est toujours sur son lit, à l'endroit où vous l'avez laissé. Depuis plusieurs jours, il se repose, tous les après-midi.

– J'aimerais le réexaminer.

– Vous pouvez aller ! Vous connaissez la chambre.

Le malade couché, tout habillé sur un lit non découvert, était somnolent. Il s'assit avec difficulté, en s'aidant de ses bras et me regarda avec de grands yeux étonnés. Je lui demandai de se dévêtir, de quitter pantalon et chaussettes. Quand il se fut de nouveau étendu, je ne pus résister à l'envie de gratter, sans attendre, la plante de ses pieds à la recherche du réflexe cutané plantaire. Je le fis avec l'épingle que j'avais toujours piquée au revers de ma veste. Ce premier geste fut le bon. En effet, le gros orteil droit se dressa « majestueusement ». Au contraire, le gauche fléchit : cette flexion est la réaction normale tandis que l'inverse est pathologique. Je répétai plusieurs fois l'opération pour bien m'en assurer.

Cette réponse en érection de l'orteil est appelée, le plus fréquemment, par les médecins : signe de Babinski, du nom de son découvreur. Sa signification est formelle. Elle est la preuve d'une atteinte du faisceau pyramidal. Celui-ci est double. Naissant dans le cerveau et cheminant dans la moelle épinière, il constitue la voie nerveuse des actes moteurs volontaires.

Sur ma lancée, je continuai mes investigations par la recherche des autres réflexes : tendineux, cutanés, pupillaires. Ils me parurent tous normaux et n'apportèrent rien de nouveau au diagnostic. Il restait à le préciser mais, d'ores et déjà, je pouvais affirmer que les troubles dont souffrait le patient n'étaient pas d'origine digestive mais neurologique. Je savais à qui l'adresser.

– Cette fois, lui dis-je, je commence enfin à comprendre. Toutefois, j'aimerais vous posez encore quelques questions.

Essayez de vous rappeler et de répondre le plus précisément possible. Ces semaines dernières, n'avez-vous pas fait une chute ou n'avez-vous pas eu un choc à la tête, même peu violent ?

– Je me rappelle pas. J'ai pas eu d'accident depuis longtemps.

– Redites-moi. Depuis quand vous sentez-vous mal ?

– C'est depuis mardi, il y a huit jours en rentrant du champ, que je me sens pas bien.

J'ai souvent mal à la tête mais cette fois, ça commence à durer et, en plus, j'ai comme envie de vomir et ça m'arrive très rarement.

– Et qu'aviez-vous fait ce jour-là ?

– Du matin au soir j'avais fait du tracteur pour herser un champ.

– C'est un travail très fatiguant ?

– Pas plus qu'un autre, mais j'ai trouvé la journée particulièrement rude. La terre était dure, les mottes, des vrais cailloux. J'ai voulu tout finir. À la fin de l'après-midi j'étais crevé. Même que j'ai senti comme un malaise. J'ai eu un bout de vomissement et depuis je me sens pas bien : mal à la tête et envie de vomir.

– Dites-moi, avez-vous travaillé beaucoup plus durement que d'habitude, ce jour-là ?

– C'est sûr que la journée m'a paru longue mais il m'est arrivé d'avoir fait pire. Ce qui m'a fatigué c'est surtout d'avoir été, pendant des heures, grôlé comme un prunier. J'en étais tout abasourdi le soir quand j'ai descendu de la cabine.

– Sans doute, les secousses n'ont rien arrangé. Le cerveau a mal supporté ces trépidations. Mais est-ce que ça suffit pour expliquer vos malaises ? Je ne sais pas exactement ce qui s'est passé dans votre tête mais il s'est passé quelque chose. Aussi, il faut y aller voir de plus près et faire le plus tôt possible un scanner. Le mieux serait de vous hospitaliser. Autrement on risque d'avoir un rendez-vous dans plusieurs jours. D'ailleurs, l'hospitalisation d'urgence est tout à fait justifiée.

– Docteur, intervint l'épouse, je suis contente qu'il aille à l'hôpital. Depuis huit jours, il n'est pas bien, il na plus rien envie de faire. Aussitôt qu'il essaie de faire quelque chose, il a des battements de cœur. Des fois, il pâlit à me faire peur.

– Moi aussi, reprit le malade, J'aime mieux savoir ce que j'ai et guérir vite. J'en ai marre d'être à rien faire toute la sainte journée, de traîner du lit au fauteuil.

– C'est très bien ainsi. Dis-je pour conclure. Sans doute, vous aurez à subir une intervention sans gravité et bientôt, vous serez de retour, tout neuf, à la maison.

Le mari et sa femme accueillirent ces mots avec le sourire et ne me posèrent aucune autre question. Les voisins furent alertés et chargés de prévenir l'ambulance. La cabine téléphonique était proche.

Le lendemain, ce patient était opéré : trépanation et extraction d'un hématome extradural, c'est-à-dire d'un caillot de sang situé entre les méninges et l'os temporal. Les secousses prolongées au cours du hersage avaient tellement ballotté le cerveau dans la boîte crânienne que de petits vaisseaux sanguins s'étaient rompus. L'hémorragie, heureusement, avait été peu abondante et de courte durée. Comme il ne s'était pas produit de lésion cérébrale, après dix jours d'hôpital, le trépané put rentrer chez lui et reprendre bientôt ses activités.

Ce signe de Babinski m'a paru extraordinaire dès qu'il m'a été enseigné. Il est des plus remarquables par la simplicité de sa recherche et sa valeur diagnostique. Aussi ne faut-il pas manquer de le pratiquer devant tout syndrome neurologique supposé. De plus, il me rappelait le geste d'une de mes facéties préférées. Enfant, adolescent et même plus âgé, je ne pouvais résister à la tentation de gratter subrepticement sous les pieds nus qui se trouvaient à ma portée. Ceux d'un baigneur – ou de préférence, d'une baigneuse – endormi sur la plage étaient mes proies privilégiées. Il ou elle se redressait brusquement, les yeux éblouis par le soleil tandis que je m'éloignais, mine de rien. Face à la technique de plus en plus envahissante dans la pratique médicale, ce petit geste anodin sous les pieds d'un patient reste encore d'une grande utilité. Plus d'une fois, il m'a rendu de grands services.

Deux fois au moins, j'ai vu la séméiologie damer le pion à la science. Je ne résiste pas à l'envie de vous rapporter le cas de la mère d'un couple ami, une femme âgée de quelque soixante-dix ans. Par contre, je n'ai pas le cœur à évoquer celui d'une petite fille de sept ans. L'histoire mouvementée de sa maladie et son évolution fatale ont marqué ma mémoire de l'un des souvenirs les plus émouvants et les plus tristes de ma vie professionnelle. Pour conclure, trois patients singuliers, apporteront la preuve, s'il en est encore nécessaire, de l'importance du réflexe cutané plantaire.

Un certain lundi, en fin de journée, alors que je me préparais, en mettant un peu d'ordre dans ma toilette, à passer chez les voisins d'en face pour y boire l'apéritif, le téléphone retentit. C'était un autre ami qui venait de récupérer sa belle-mère malade et désirait avoir mon avis le plus rapidement possible. Cette femme était soignée depuis une huitaine de jours pour des troubles digestifs qui se manifestaient par des vomissements accompagnés de céphalées. Son médecin habituel étant en vacances, elle avait eu recours au remplaçant auquel elle n'avait qu'une confiance relative. Excédés de recevoir plusieurs fois par jour des appels téléphoniques désespérés, ses enfants l'avaient transportée chez eux. En rouspétant le moins possible – l'amitié oblige à la modération –, j'essayai de reporter ma visite à un peu plus tard mais mon interlocuteur manifestement inquiet ne voulut rien entendre. Je me précipitai donc chez lui. La malade, une septuagénaire souriante, m'attendait, alitée. Après l'examen du thorax et de l'abdomen qui ne révéla rien d'anormal, le réflexe cutané plantaire fit merveille et me livra la clé du diagnostic : les deux gros orteils, l'un après l'autre se mirent en érection. Une lésion cérébrale devait être en cause, d'autant plus crédible que, dans les semaines précédentes, la brave dame avait été victime de deux traumatismes. Le premier, par grand vent, un volet s'était rabattu à son passage et l'avait giflée violemment. Le second, alors qu'elle circulait en voiture, assise à la droite du conducteur, celui-ci freina brutalement ; ce qui la précipita, tête baissée, dans le pare-brise. La bilatéralité des réflexes me posait problème. Cette femme avait été victime de deux accidents. Etait-ce là l'explication ? D'autres que moi devraient pouvoir répondre à cette question.

Je la fis hospitaliser, le soir même, sous la pression de ses enfants. Manque de chance, elle arriva au C.H.U. de Dijon où le scanner était en panne. Et cela dura quatre ou cinq jours. En attendant la réparation, on fit des échographies qui ne révélèrent rien d'anormal, d'après ce que me rapporta le gendre de la malade, qui ne cessait de me tenir au courant. Je dois dire que j'en fus quelque peu marri, pour ne pas dire déçu, non pas que j'aie souhaité que cette traumatisée eût des dégâts cérébro-méningés mais, au cours de mon examen, le fameux signe m'avait paru si probant. Etait-il maintenant moins manifeste ou pouvait-il tromper ? J'attendis sereinement que la panne fût réparée. Elle le fut en fin de semaine et le scanner montra la présence de deux hématomes : un dans l'une et l'autre des régions temporales. Cette double lésion était restée muette à l'échographie du fait de sa symétrie. L'une éclipsait l'autre et vice versa. Ce fut l'explication donnée par les savants techniciens. La septuagénaire fut trépanée de part et d'autre du crâne. Le chirurgien la débarrassa des deux caillots, cause de ses troubles. Elle le supporta bien et s'en remit très vite.

J'ai gardé le souvenir de cet après-midi de décembre. Au cours de mes trois premières visites, la clé du diagnostic m'a été donnée par le réflexe cutané plantaire.

Après avoir pris mon repas vite expédié comme d'habitude et m'être habillé chaudement, je me lançai sur la route déserte pour une longue tournée de visites. La première se situait dans un hameau éloigné de Cerlans. J'eus à examiner un presque octogénaire. Depuis le matin, il avait des difficultés à parler et à se servir de la main droite. La jambe du même côté était atteinte mais plus légèrement. Le vieil homme se tenait debout avec difficulté. Chez cet hypertendu au taux de cholestérol élevé, le gros orteil droit dressé au grattage de la voûte plantaire corrobora le diagnostic d'accident vasculaire cérébral.

Les deux visites suivantes eurent lieu dans le même village, à une dizaine de kilomètres de Cerlans. Je fus amené d'abord au chevet d'un patient d'une soixantaine d'années. Il lui restait, sur le front, la marque d'une ecchymose en voie de résorption. Dix jours plus tôt, cet homme avait été victime d'un accident de la circulation à la tombée de la nuit. À cette heure, le brouillard était d'une telle densité qu'on ne voyait pas à vingt mètres. Je pouvais d'ailleurs en témoigner pour en avoir subi les inconvénients. Ce même soir, je n'avais pas reconnu un embranchement et avait fait de nombreux kilomètres inutiles avant de rebrousser chemin, perdu dans une campagne que je connaissais pourtant comme ma poche. Ce qui eut moins de conséquences que la rencontre brutale avec un obstacle, subie par le patient. Alors que son gendre au volant d'une 2CV Citroën roulait sans visibilité, à vitesse réduite et que lui-même, assis auprès du chauffeur n'avait rien vu venir, ils furent projetés violemment contre le pare-brise. La voiture venait de heurter la barrière du passage à niveau situé sur une route que tous deux fréquentaient presque chaque jour. Ni l'un ni l'autre ne furent alertés par les feux clignotants. Le réflexe cutané plantaire en extension de ce patient me dicta ma conduite. Le chirurgien désencombra sa boîte crânienne et tout rentra dans l'ordre après une dizaine de jours d'hospitalisation.

Le troisième malade était le plus jeune : il dépassait à peine la cinquantaine. Chez lui, les céphalées dominaient. De plus, il avait des nausées et des troubles de l'équilibre. La réaction de l'un des gros orteils au grattage de la plante du pied orienta ma décision. Les symptômes étaient suffisamment alarmants pour que ce malade fût hospitalisé. Des examens complémentaires permirent de faire le diagnostic dans un bref délai. Cet homme présentait des symptômes provoqués par des métastases cérébrales d'un cancer de la prostate. Les troubles urinaires discrets n'avaient pas attiré son attention jusqu'alors à moins qu'il s'en accommodât.

Ce dimanche de septembre, je venais de reconduire nos invités et restais sur le seuil à regarder le soir tomber sur Cerlans. Les derniers flonflons de la fête foraine me parvenaient à demi-étouffés par des vrombissements de moteurs. Des voitures, en files ininterrompues, quittaient le village qu'elles avaient envahi tout l'après-midi. Soudain, l'une d'elles ralentit et entra dans la cour où je la fis stopper devant mon garage. Le chauffeur en sortit précipitamment. C'était le nouveau propriétaire du Café de la Place, que les gens du pays n'appelaient déjà que par son prénom : Armand. Il ouvrit aussitôt la porte arrière de son auto et me dit : « Je vous amène un accidenté, il est dans le coma. » Je m'approchai et reconnus Gérard, un ouvrier boulanger. Recroquevillé sur la banquette, les yeux fermés, le visage calme, d'une immobilité parfaite, il ne présentait pas de traces de traumatisme ni désordre vestimentaire.

Quatre mois plus tôt, son patron m'avait appelé vers trois heures du matin. Il venait de découvrir son employé toujours au lit, inerte et muet alors qu'il aurait dû être debout depuis une heure. Je trouvai le jeune homme dans un tel état léthargique qu'il ne répondit à aucune sollicitation même douloureuse comme une piqûre sous-cutanée. Par ailleurs, l'examen médical s'avéra négatif. En particulier, le réflexe cutané plantaire en flexion me persuada qu'il n'y avait pas d'atteinte du système neurologique. C'était bien à une manifestation pithiatique que j'avais à faire. Aujourd'hui, on dit plus explicitement, histrionique. L'histrion était, dans l'antiquité un « acteur jouant des farces grossières ». Gérard était, en quelque sorte un comédien, un simulateur.

En ce soir de fête, je me trouvais donc devant un récidiviste et j'étais à peu près certain de mon diagnostic. Après un examen succinct, j'extirpai le pseudo comateux de sa couche inconfortable. Dès que ses pieds eurent pris contact avec le sol, je lui ordonnai : « Gérard ! Arrête de faire l'idiot ! Lève-toi et fous le camp ! Comme il ne faisait pas un pli, je le saisis par le col de veste et le mit debout. Il y resta un instant, toujours muet mais l'œil ouvert, puis, comme si rien ne s'était passé, il se mit en marche d'un pas décidé et s'éloigna, sans se retourner, en direction de la fête.

Le bon samaritain ne le quittait pas des yeux. Enfin, il se tourna vers moi et je l'entendis médusé murmurer : « Ah ! Ça alors ! »

Le clinicien averti et rigoureux a encore de « beaux » diagnostics à faire plutôt que d'avoir recours d'emblée aux investigations techniques. S'il est vrai qu'il est aujourd'hui impossible de s'en passer, il convient de les limiter. Les caisses d'assurance maladie ne s'en porteront que mieux.

Les progrès de la médecine ont été tels, surtout depuis le milieu du vingtième siècle, qu'ils ont joué un rôle déterminant dans l'évolution des sociétés. Les thérapeutiques, en particulier, ont permis de soulager bien des souffrances, de guérir des maladies jusque là mortelles, de prolonger considérablement la vie.

Pourtant les médecines parallèles dont les acquits ont été négligeables, sinon nuls, au cours de ces dernières décennies, ont toujours la faveur de nombreux adeptes. J'avais été frappé par le comportement de certains confrères, très peu nombreux, il est vrai, qui offraient une alternative au traitement récent et efficace de la tuberculose. Ils exagéraient les effets pervers de l'antibiothérapie et proposaient des thérapies moins contraignantes, sans effet secondaires, disaient-ils, mais, malheureusement, sans le moindre effet. J'ai connu plusieurs de mes patients atteints d'une forme chronique de cette maladie qui se sont laissés séduire par ces marchands d'orviétan et n'en ont pas tiré grand profit. C'est le moins qu'on puisse dire. Certains même l'ont payé chèrement. Pourtant ces praticiens n'étaient pas tous des charlatans. Au moins l'un d'eux, confrère très sympathique, par ailleurs, était sûrement de bonne foi. Il croyait aux vertus de sa drogue-miracle, car il en a fait usage pour lui-même. Il est mort prématurément. En a-t-il été victime ? Je le pense. En tout cas, par défaut car il l'avait substitué à un traitement efficace.

DÉFENESTRATION

Les Bressans n'étaient point atteints d'un syndrome de Babel ni même d'un syndrome pyramidal. Leur habitat ne s'élevait guère au dessus des plats reliefs de leur pays. Les constructions de la ferme typique ne comportaient pas d'étages mais seulement un rez-de-chaussée qui servait de logement aux hommes ou d'hébergement aux animaux. Autrefois, ils avaient cohabité. Mais aujourd'hui, « l'huteau » était séparé de l'étable ou de l'écurie soit par un simple mur de refend, soit plus nettement : les gens et les bêtes occupaient deux bâtiments distincts qui, le plus souvent se faisaient face. Ceux-ci étaient chapeautés d'un vaste toit à quatre pans abritant le grenier à fourrages, le « foineau » en patois local.

Pourtant, les Bressans des temps anciens avaient construit des bâtisses à étages. Il n'en reste que très peu dans la région. Sans doute, anciennes demeures de maître, elles sont, pour la plupart, disséminées dans les hameaux. Celles qui ont le mieux résisté au temps, ont été rénovées. Avec leurs murs à colombages ceinturés d'une galerie extérieure et de sa balustrade en bois tourné, elles ont fort belle allure. Convoitées, elles sont particulièrement prisées des riches citadins en quête de résidences secondaires.

Dans les gros bourgs, quelques maisons à plusieurs niveaux – pour la plupart de construction récente – toisent leurs vieilles voisines qui, de plus en plus, cèdent la place. À Cerlans, elles bordent la rue principale commerçante, telles des verrues rompant l'unité harmonieuse du village. À partir des années 60, beaucoup de constructions du même type, sans référence à l'architecture traditionnelle, furent bâties surtout dans les hameaux les moins écartés. Ces demeures bâties selon les normes actuelles : rez-de-chaussée avec sous-sol, un étage et toit couvert de tuiles mécaniques, sont de hauteur raisonnable et s'intègrent avec plus ou moins de bonheur dans le paysage. À part les bâtiments cubiques à deux ou trois étages de rares lotissements et le champignon énorme du château d'eau, le ciel de ma campagne bressane restait encore libre de toute autre protubérance inesthétique quand j'ai quitté Cerlans pour aller vivre ailleurs les dernières années de ma retraite.

Dans ce pays où la grande majorité de la population habitait au ras du sol, les risques de défénestration étaient des plus réduits.

Pourtant, par une chaude nuit de juin, je fus appelé auprès d'une petite fille défénestrée. Agée d'une dizaine d'années, elle était tombée du premier étage. Je me rendis donc dans le hameau proche de Cerlans où un jeune couple venait d'emménager avec ses deux enfants dans une maison récemment construite. Nouvelle demeure, nouvelles habitudes mais les anciennes persistent au moins pendant quelque temps. Il est fréquent de prendre une direction qui ne conduit pas à l'endroit désiré. Ce qui est sans conséquence grave dans le plus grand nombre des cas. Il suffit de revenir sur ses pas, de réfléchir, de se souvenir que la distribution des pièces n'est plus la même, que la cuisine a pris la place de la chambre et les W.C. celle de la salle à manger.

Les parents ne purent me dire si leur fille quelque peu somnambule avait franchi la porte-fenêtre à demi consciente ou si délibérément, ayant pris la direction qui, les jours précédents, la conduisait aux toilettes, elle avait malencontreusement fait un pas dans le vide. Et dans cette situation particulière, c'est vraiment le premier pas qui compte et peut parfois coûter très cher. Heureusement, il y eut plus de peur que de mal. Au milieu de gravats de toutes sortes : plâtras, briques, tuiles, moellons, ferrailles etc., l'enfant avait eu la chance d'atterrir sur une surface nette de matériaux coupants et contondants. Certes, l'argile tassée n'avait rien de très moelleux mais on ne pouvait pas mieux choisir.

Comme la température le permettait et que la défénestrée ne se plaignait pas de sa situation pourtant peu confortable, ses parents ne tentèrent aucun geste de sauvetage, sinon la protéger d'une couverture. Ils jugèrent plus prudent d'attendre les personnes compétentes, à savoir, le médecin et les pompiers. Quand nous arrivâmes à peu près ensemble, la petite fille était souriante et ne manifestait aucune impatience. Un examen précautionneux ne me révéla rien de grave apparemment. Les secouristes usèrent de beaucoup de patience et de douceur pour la poser sur le brancard. Elle supporta leur manœuvre sans le moindre gémissement. Ce qui rassura l'ensemble des acteurs et des spectateurs. Pourtant, je prescrivis quelques jours d'observation à l'hôpital en vue d'investigations radiographiques, en particulier de la colonne vertébrale. J'avais réveillé quelques douleurs à plusieurs niveaux. Mais il m'était impossible d'en tirer des conclusions, tellement le dos était marqué d'ecchymoses. Les pompiers la chargèrent aussitôt dans leur ambulance et l'embarquèrent.

La suite se passa pour le mieux. La fillette revint dans sa famille trois jours plus tard. Elle put profiter des derniers jours d'école avant les grandes vacances. Elle ne se priva pas de raconter ses exploits à ses copines et de leur enseigner : comment sauter du premier étage sans se faire du mal à l'atterrissage. L'essentiel est de bien choisir l'endroit.

La seconde défénestration concerne un homme d'une cinquantaine d'années, de peu mon aîné et avec qui je sympathisais. Elle a eu lieu en ville, là où les maisons entassent étage sur étage. Heureusement, la clinique en question était un bâtiment déjà vétuste de deux étages seulement. J'y avais hospitalisé mon patient qui souffrait d'un syndrome méningé dont la cause m'échappait.

Quelques jours plus tard, je reçus un appel téléphonique de son épouse qui me faisait part de son inquiétude.

– Mon mari délire, me dit-elle sans préambule. Il me raconte n'importe quoi. Il prétend qu'il est tombé du deuxième étage. Il aurait passé la nuit dehors et n'aurait retrouvé son lit que quand les infirmières de jour sont venues reprendre leur service. Il était étendu sur un banc. Heureusement il ne faisait pas trop froid.

– Qu'est-ce que vous me dites là ? Vous en avez parlé au médecin ?

– Je ne l'ai pas vu mais j'en ai parlé à la bonne sœur qui s'occupe de Georges. Elle m'a dit que mon mari n'avait pas toute sa tête à cause de la maladie, qu'il ne fallait pas croire à ce qu'il raconte. Elle m'a rassuré, m'a dit que ce n'était pas grave, que ça allait se passer. Et vous, docteur, qu'est-ce que vous en pensez ? Est-ce qu'il va revenir comme avant ? Son cerveau n'a pas été trop touché ?

– Difficile de le dire. Je n'ai pas eu de nouvelles depuis qu'il est hospitalisé. Ce qui est plutôt rassurant. Mais vous qui l'avez vu, comment le trouvez-vous ?

– Je le trouve plutôt mieux. Il ne souffre plus de la tête, n'a plus de nausées. Maintenant, il mange et a repris de l'appétit. On ne lui fait plus de sérum dans les veines. Il irait bien s'il ne répétait pas sans arrêt des balivernes. Je fais semblant de le croire autrement il se met en colère. Il m'a dit aussi qu'il avait eu de la chance d'être tombé sur la capote d'une voiture qui stationnait dans la cour. Ce qui a amorti le choc. J'ai essayé de lui faire comprendre qu'il avait rêvé. Il n'en veut pas démordre. J'en suis bien ennuyée. J'ai peur que ça empire

– Cette histoire me paraît bien bizarre. Je ne suis pas au courant. Il m'est impossible de donner mon avis dans ces conditions. Ecoutez ! je vais téléphoner au docteur Duteil. Il me dira ce qui s'est réellement passé et je vous en ferai part aussitôt.

Les explications me furent données par deux interlocuteurs et se révélèrent, en fin de compte, concordante. Ils me confirmèrent que la défénestration n'était pas une simple vue d'un esprit perturbé mais bien une réalité. Ma première interlocutrice fut la religieuse infirmière. Sa voix mal assurée et ses explications embrouillées me révélèrent son embarras. Je l'imaginais la main crispée sur l'écouteur. Sans doute, l'incarnat délicat de son visage devait s'empourprer puis passer au cramoisi tant sa confusion me semblait à son comble. Après quelque réticence, elle passa aux aveux, me confessa « son pieux mensonge », ne me demanda pas de l'absoudre mais de l'en excuser auprès de l'épouse du malade. J'écoutai ensuite les arguments en faveur de sa défense : « Si elle n'avait pas dit la vérité, c'était uniquement pour ne pas nuire à la réputation de la clinique ». Je lui accordai volontiers les circonstances atténuantes.

Satisfaite, elle me passa le médecin qui, lui, fut beaucoup plus prolixe et m'affirma d'emblée que le récit du malade était bien exact. Celui-ci avait bel et bien passé une partie de la nuit sur le banc de la cour après avoir fait une chute du deuxième étage. Mon confrère se félicitait de l'heureuse issue de cet accident qui aurait pu avoir de graves conséquences. Une chute de cinq mètres de hauteur sur le sol pavé de la cour aurait été sans doute mortelle ou très traumatisante. Par un heureux hasard, une deuche stationnait là et sa capote avait servi d'amortisseur au défénestré qui s'en était sorti à peu près indemne. Seulement quelques ecchymoses étaient apparues sur les fesses et le dos. Ce malade avait été victime d'une méprise. La première nuit qu'il eut la permission de se lever, se croyant chez lui, il avait pris une mauvaise direction et surtout avait ouvert la mauvaise porte. Au lieu de pénétrer dans les W.C., il s'était trouvé sur un balcon et en avait enjambé la balustrade.

Par prudence, l'hospitalisation fut prolongée de quatre ou cinq jours. Heureusement, ce patient n'eut à se plaindre d'aucune séquelle due soit à l'affection méningée soit à la défénestration. Il oublia vite cette hospitalisation qui aurait pu mal se terminer. Son épouse garda quelque temps une dent contre la bonne nonne qui lui avait pieusement menti dans le seul intérêt de la clinique.

QUAND SONNE LE GLAS

Pour le médecin, dont la mission est de préserver la vie, la mort est un échec d'autant plus douloureusement ressenti que l'espérance qu'elle brise était plus grande. Les premières années de mon exercice, je me sentais écrasé par le poids des responsabilités quand seul à me colleter avec la camarde, la maladie marquait des points. Malgré mes soins diligents, je voyais peu à peu les forces du patient s'épuiser et je devais m'avouer vaincu. C'était avec une certaine gêne, presque un sentiment de culpabilité, qu'il me fallait confirmer mon échec aux proches du défunt.

La mort des jeunes personnes, des enfants, en particulier, était le pire des crève-cœur. Elle suscitait à la fois incompréhension et révolte. On admettait assez généralement dans la population rurale que, passé un certain âge, le temps était venu de quitter ce monde, de céder sa place. « La mort a été bien inventée » m'a dit, un jour, un vieil homme plein de sagesse. Pour lui, comme pour beaucoup, son souhait le plus cher était de mourir, entouré de sa famille, dans la maison où il avait passé une grande partie de sa vie et même, pour certains, dans celle où il était né, si possible, à un âge avancé.

À Cerlans, la grande majorité des habitants – croyants ou non croyants –, considérait que l'église était un lieu sacré. Le nouveau-né y était porté sur les fonts baptismaux dès ses premiers jours. Un curé rigoriste, en place lors de mon installation, refusait de carillonner tout baptisé âgé de plus d'un mois. Vatican II est passé par là et a arrondi bien des angles. La plupart des préadolescents, brassard au bras et pantalon long – comme les hommes – y faisaient leur première communion. Les jeunes gens s'y mariaient. Ils étaient très rares les défunts qui ne faisaient pas le détour et ne s'attardaient pas devant l'autel au cours de leur dernier voyage. Certes, les temps ont changé. Pendant prés d'un demi-siècle, j'ai été le témoin de cette transformation. Les nouvelles générations sont beaucoup moins fidèles aux pratiques religieuses que les anciennes mais n'y ont pas renoncé. Elles y ont encore recours dans les grands événements de la vie.

Le clocher domine toujours le village. À la pointe de sa flèche, le coq, nuit et jour en vigie, veille sur les alentours. Les plus âgés restent attentifs à sa position face aux vents, qui leur indique le temps qu'il fera demain. Dans la tour, les cloches laissent échapper leurs sonneries tantôt gaies, tantôt graves. Elles continuent à participer à la symphonie du village. Il est mort ou près de mourir, le pays où elles restent muettes. Cependant, les médias nous rapportent assez régulièrement que des grincheux, ici ou là, ont voulu faire taire leur « gosier vigoureux ». Leurs voix troublaient le repos matinal de ces citadins noctambules, venus chercher le repos à la campagne où beaucoup de ruraux ont gardé l'ancienne habitude de se lever tôt. Mais pourra-t-on jamais clouer le bec des coqs qui saluent le lever du soleil à grand renfort de cocoricos? Heureusement, demain n'en est pas la veille.

Depuis des siècles, les cloches sonnent à toute volée, dimanches et fêtes, ponctuent le cheminement de la journée. Matin, midi et soir, l'angélus tinte à l'heure des repas. Aujourd'hui appelle-t-il toujours à la prière ? On peut en douter à moins qu'elle ne se fasse plus discrète qu'à une époque encore récente. Le tableau de Millet nous donne une idée de la dévotion paysanne à la fin du XIXe siècle. J'ai parcouru la campagne bressane de long en large, pendant de longues années mais je n'ai jamais rencontré une telle scène champêtre. Par contre, elle était très connue de la population rurale. Les chromos reproduisant la célèbre peinture étaient accrochés aux murs de bien des logis. Même des assiettes et des dessous de plat en étaient décorés.

La sonnerie des cloches accompagne les événements importants de la vie des hommes et invite, chacun d'eux, à participer aux joies et aux peines que, les uns et les autres, ont en partage. Le carillon des baptêmes et des mariages ne se confond pas avec le glas. Celui-ci, pendant deux ou trois jours, matin midi et soir, égrène ses notes lugubres et rappelle à ceux qui ont connu le défunt, l'ont côtoyé, que sa dépouille est, pour peu de temps encore, parmi les vivants avant de retourner en terre. Quand sa tonalité grave succède au tintement clair de l'angélus, qui n'est pas aussitôt attentif, sensible à ce changement de ton et, ne se sent pas troublé ? Et particulièrement, le médecin. Pour lui, il arrive que le glas sonne comme un reproche.

La journée avait été étouffante. En fin d'après-midi, un soleil de plomb dardait ses rayons obliques dans la campagne surchauffée. À l'ouest, l'amoncellement des cumulonimbus montait lentement de l'horizon à l'assaut de la clarté d'un ciel d'azur. De visite en visite, j'avais vu les paysans s'affairer dans les prés qui bordaient de part et d'autre les chemins et les routes. Ils étaient nombreux à ramasser le foin et à en charger au maximum les chars munis, à l'avant et à l'arrière, de hautes ridelles. Ils travaillaient dans la précipitation car le risque était grand de voir des pluies orageuses abondantes s'abattre avant la nuit et surtout avant que le fourrage ne fût à l'abri.

Il était près de sept heures du soir. Je traversais, à vitesse réduite, le petit village de La Ronce. La rue principale était déserte, à l'ombre grandissante des quelques maisons basses qui la bordaient d'un seul côté, tandis que le monument aux morts des guerres, qui se dressait sur l'autre bord, au centre d'une petite place, se dorait encore aux dernières lumières du couchant. Devant l'unique bistrot de la bourgade, je reconnus la camionnette d'Antoine, le boulanger de Bussière.

Cet artisan avait à peu près mon âge. De taille moyenne, corpulent, son visage reflétait la bonhomie. Sa cordialité était reconnue dans toute la région où beaucoup ne l'appelait que par son prénom, Antoine ou plutôt Toine. Avenant à mon égard et toujours prêt à me rendre service, il était de ceux qui, au temps où les ambulances étaient rares, conduisaient volontiers des malades à l'hôpital ou en consultation chez les spécialistes. Travaillant surtout de nuit, il disposait parfois de quelques heures, l'après-midi. Aussi, certains de ses clients en profitaient-ils pour abuser de sa complaisance.

C'est lui qui, le dimanche précédent, avait transporté à l'hôpital, un cycliste victime d'un accident de la route. Médecin de garde j'avais été appelé pour lui donner les premiers soins. L'homme qu'on avait retrouvé dans un fossé, souffrait de la région sous-costale gauche. Le traumatisme abdominal sans doute provoqué par le guidon était à l'origine d'une hémorragie interne. L'examen m'en persuada et je soupçonnai aussitôt une rupture de rate.

Dans de telles circonstances, cet organe est fréquemment en cause. Son parenchyme fragile est enveloppé d'une membrane élastique et résistante qui, souvent, n'est pas lésée d'emblée par le choc. Cette capsule peut alors, en se distendant, retenir une certaine quantité de sang et des caillots qui, par leur pression, peuvent contribuer à l'hémostase dans un premier temps. Cette rémission qui s'accompagne d'un mieux-être du blessé, ne met pourtant pas à l'abri de tout danger. Parfois, dans un second temps, après quelques heures ou un, deux, trois ...quinze jours et même davantage, l'enveloppe cède à la poussée et se déchire. Cette brèche déclenche alors la reprise d'un saignement qui, plus ou moins abondant, se répand dans la cavité abdominale.

Le boulanger et moi avions eu de nombreuses occasions de faire connaissance. J'étais son médecin de famille et nous avions un bon nombre de clients communs dans plusieurs villages de la région. Nous nous rencontrions donc souvent, au cours de nos tournées respectives et c'était une occasion de sympathiser, en particulier, chez Marcel, le tenancier du bistrot de La Ronce.

Comme moi, sans doute, Antoine avait beaucoup sué au cours de cette journée et avait le gosier sec. Nous roulions dans des voitures non climatisées. Il y régnait une chaleur torride. Après une demi-heure d'arrêt sous le soleil d'été, on avait l'impression d'entrer dans un four. J'ai toujours été étonné de la rareté des arbres plantés aux abords des fermes bressanes. C'est vraiment un grief que je fais aux propriétaires. L'ombrage le plus proche ne se trouvait que sous les fruitiers du jardin bien clos et inaccessible aux voitures.

Je ne crois pas avoir eu le temps d'y réfléchir. C'est tout naturellement que je ralentis et m'arrêtai devant le café. Quand j'en franchis le seuil l'envie de me désaltérer se fit impérieuse. Je me précipitai dans la salle qui gardait une relative fraîcheur encore bien agréable. Antoine et le patron, Marcel, étaient attablés devant deux grands verres remplis à ras bord d'un liquide trouble : un Ricard copieusement allongé d'eau. Ils m'invitèrent à leur table. Aussitôt, la patronne, alertée, me servit la même boisson où nageaient deux glaçons. La prise des premières gorgées fut suivie d'un long silence.

C'était l'heure de l'angélus du soir. Il tinta au clocher tout proche de La Ronce puis fut suivi d'un autre son de cloche : un glas que le vent du sud-ouest apportait de loin. Il venait de

Bussières. Le boulanger le reconnut et nous le confirma. Une sorte de panique intérieure me saisit. Je reposai mon verre à demi-vide. Je sentis l'anxiété se poser comme un masque froid sur mon visage perlé de sueurs : « Ce glas n'annonçait-il pas la mort de Joséphine Gillet, une femme encore jeune ? Elle m'avait posé des problèmes de diagnostic. Je l'avais envoyée à l'hôpital, il y avait une dizaine de jours, après un temps de tergiversations. Peut- être avais-je trop hésité ? Envoyée plus tôt, elle aurait été opérée dans des conditions plus favorables et tout se serait bien passé... À ce moment précis, ma responsabilité me parut en cause et j'étais persuadé que c'était pour elle que sonnait le glas. Le remords commençait à me tarauder la conscience. Je me sentais au bord du malaise. J'aurais voulu vite savoir mais hésitait à interroger Antoine. Il ne m'en laissa pas le temps.

– C'est le François Caret qu'on sonne, dit-il en s'adressant à moi. Vous savez celui qui a fait un chute de vélo et que vous êtes venu voir dimanche soir. Je suis arrivé chez lui juste après votre départ. Je l'ai emmené aussitôt à l'hôpital. Pourtant, j'en avais guère envie. J'étais en retard de sommeil. Mais sa sœur et son beau-frère m'ont tellement tarabusté. Et puis, j'aimais bien le François. En arrivant aux urgences, il était plutôt mieux. On s'est occupé de lui sitôt arrivé. J'ai attendu que le chirurgien arrive. Alors une infirmière est venue me dire qu'on allait l'opérer d'urgence. J'ai rapporté chez lui des nouvelles plutôt rassurantes. Vous saviez qu'il était mort ?

Avant de répondre, j'eus un long soupir de soulagement qui n'échappa pas à mes deux compagnons de table.

– Non, je ne savais pas. D'ailleurs, je n'ai encore rien reçu de l'hôpital. Pas de compte-rendu opératoire. D'habitude, je le reçois assez vite et je n'avais rien au courrier encore ce matin. Je compte sur vous pour me renseigner. Vous êtes probablement un peu au courant de ce qui s'est passé ?

– J'ai entendu dire qu'ils se préparaient à l'opérer, que Le François était sur la table d'opération et que, tout d'un coup, il a perdu connaissance. Alors le chirurgien s'est précipité. Mais c'était déjà trop tard. Quand il l'a ouvert, sa rate était éclatée et tout son sang s'était répandu dans le ventre. Ils ont tout fait pour essayer de le réanimer. Mais impossible. Les transfusions n'y ont rien fait

– En effet, je l'avais fait hospitaliser car je craignais une rupture de rate. C'était donc bien ça. L'hémorragie a dû s'arrêter peu de temps après l'accident puis a repris plus fort quand l'enveloppe de la rate s'est déchirée à son tour. Pour avoir été témoin d'un tel drame, je peux vous affirmer que ça va vite, même très vite. Interne de garde à l'hôpital de Dijon, je fus appelé pendant le repas du soir auprès d'un adolescent qui, dans l'après- midi était tombé de bicyclette. Je n'eus pas à faire de diagnostic. Il était écrit dans la lettre du médecin de famille, qu'on m'avait remise. Il s'agissait d'une rupture de rate. À son arrivée dans le service, le jeune garçon paraissait parfaitement en forme, ne ressentant qu'une légère douleur à la palpation de la région sous-costale gauche. J'appelai aussitôt le chirurgien et, sur son ordre, je fis installer le blessé en salle d'opération. Tout fut prêt dans le meilleur délai. L' opérateur et moi, nous nous lavions les mains quand les infirmières affolées nous appelèrent. Le visage du patient était d'une blancheur cadavérique. Le pouls était impalpable, la tension artérielle imprenable. Mort déjà sans doute. On découvrit, dans le ventre de ce jeune homme, comme vraisemblablement dans celui de François, des caillots et du sang en abondance.

– Quand même, on est vite mort, dit Marcel songeur. Mais on peut rien y faire à une rupture de rate ?

– Si, à condition d'arriver à temps c'est-à-dire de l'enlever avant que l'hémorragie soit trop abondante, c'est-à-dire, de préférence, avant la rupture de la capsule. Là, dans les deux cas, si le chirurgien avait pu les opérer quelques minutes plus tôt, l'un et l'autre ne seraient peut-être pas morts.

– Ben, vous avez un sacré métier, commenta le bistrotier.

Je l'aime mieux pour vous que pour moi. Dans des circonstances comme ça, faut pas se tromper et pas bricoler. Ça doit pas être toujours marrant.

– C'est le moins qu'on puisse dire. C'est sûr que dans certaines urgences, le temps presse. Il ne faut pas avoir les pieds dans le même sabot. Tout retard peut aboutir à la catastrophe. Je me souviens que, le jour de la mort de ce pauvre jeune homme, nous n'étions pas fiers en sortant de la salle d'opération. Le patron a dû aborder la famille et toutes ne sont pas compréhensives.

– En tout cas, intervint Antoine, je peux vous dire que la sœur de François n'a pas été tendre pour vous, dimanche, après votre visite. Elle a râlé parce que vous aviez expédié son frère à opérer, trop vite, sans même être sûr de ce qu'il avait. Maintenant elle ne jure plus que par vous et s'en prend aux « sagouins » de l'hôpital qui ont laissé mourir son frère. Je crois bien qu'elle va laisser tomber son vieux médecin de famille et vous demander à sa place.

– C'est vrai que cette femme était méfiante. Il a fallu discuter longtemps. On a peut-être perdu un temps précieux. Un moment, j'ai cru qu'elle ne tiendrait aucun compte de ma prescription. Si ce n'avait pas été dimanche, je suis à peu près certain qu'elle aurait appelé un confrère pour avoir son avis. C'est vrai qu'elle ne me connaissait que de nom et pouvait se poser des questions. Tant mieux, si j'ai fait une nouvelle cliente mais c'est bien dommage pour ce pauvre François. Heureusement que je n'ai rien à me reprocher. J'ai fait en sorte qu'il n'y ait pas de temps perdu. L'ambulancier sur place y a contribué et le confort de votre voiture convenait parfaitement au transport de ce blessé. C'est pourquoi, j'ai été tout de suite d'accord avec cette femme autoritaire quand elle m'a parlé de vous. Antoine ! Nous avons la conscience tranquille.

– Et les autres, ils n'ont rien à se reprocher ? Interrogea Marcel.

– Les autres, les « sagouins ». Je les connais bien. Le chirurgien est un de mes bons amis et surtout c'est quelqu'un qui connaît bien son métier et le fait avec beaucoup de compétence et d'humanité. Sans doute, il ne pouvait pas savoir, sur un simple examen clinique, quel était l'état de la rate. Il fallait aller voir le plus tôt possible et, pour cela, ouvrir le ventre ce qu'il a fait. Hélas ! C'était déjà trop tard. Vous pouvez le comprendre maintenant. Cela s'est passé comme pour le jeune garçon mort sur la table d'opération quand j'étais interne à Dijon. Croyez-bien que cette première expérience m'a servi de leçon.

– Mais dites-moi, me demanda Antoine, en souriant, des fois, est-ce qu'il vous arrive de vous tromper ?

– Je crois que vous vous foutez de moi. Qui aurait le culot de dire qu'il ne se trompe jamais ? Bien sûr qu'il m'est arrivé de me tromper et, malheureusement, je me tromperai encore. Pourtant je fais tout pour rattraper une erreur et prie le Seigneur qu'elle ne soit pas irréversible.

Pas plus tard qu'il y a quinze jours, je suis appelé chez un copain à quatre heures du matin. Il avait été réveillé par le choc bruyant d'une voiture contre un poteau électrique. Il avait secouru le conducteur et l'avait installé chez lui sur un divan. Cet homme d'une soixantaine d'années souffrait d'un traumatisme abdominal et d'une hémorragie interne assez conséquente, sans doute, car il avait eu une perte de connaissance avant que je n'arrive et restait dans un état subconscient. Après examen, le diagnostic de rupture de la rate me parut presque certain. C'est le diagnostic que vous, aussi, vous auriez fait après tout ce que je vous ai dit. D'autres organes peuvent se rompre dans cette région sous-costale mais, de tous, la rate est la plus fragile. Je fis donc hospitaliser le blessé aussitôt. À très bref délai, il se trouva en salle d'opération, le ventre largement ouvert. Le succès était à peu près assuré car l'hémorragie n'avait pas été trop abondante et les effets de la transfusion sanguine étaient manifestes.

Après avoir débarrassé la cavité des caillots, le chirurgien s'aperçut que le saignement ne provenait pas de la rate mais de lésions de l'artère mésentérique, celle qui approvisionne en sang les intestins. L'intervention se présentait tout autre, beaucoup plus grave que celle de supprimer un organe dont on peut se passer. Le chirurgien dut faire l'exérèse, c'est-à-dire l'ablation d'une partie de l'intestin. Les suites opératoires furent mauvaises. L'accidenté en mourut. Vous voyez que je me suis trompé cette fois-là et que vous en auriez fait autant, compte tenu de ce que je vous ai dit. Vous ne croyez pas qu'on a assez parlé de malheurs. Si on parlait d'autre chose. Antoine ! Donnez-moi donc des nouvelles de madame Gillet ? J'espère qu'elles sont bonnes.

– La Joséphine. J'ai vu son mari ce matin. Elle se porte comme un charme et devrait rentrer dans quatre à cinq jours. Lui aussi, le Francis, il fait des compliments de vous.

– C'est sûr que, quand ça tourne bien, on en entend des compliments mais, à la moindre anicroche, le médecin est tout juste bon à jeter aux chiens. S'il arrive que l'on dise du bien, les reproches ne doivent pas manquer car j'ai souvent la mauvaise oreille – la gauche, je crois – qui siffle. Dans le cas de la Joséphine, comme vous l'appelez, c'est le chirurgien qui a tout le mérite. D'ailleurs, vous le savez sans doute, c'est le même qui était de garde quand François a été hospitalisé et qui l'a vu mourir sous ses yeux. Madame Gillet qui va bientôt rentré chez elle : voilà une très bonne nouvelle ! Patron, donnez une deuxième tournée ! La première m'a laissé sur ma soif.

La conversation se poursuivit sur des sujets divers et moins austères. Les premiers grondements du tonnerre l'orientèrent sur les aléas des orages. Marcel et Antoine, en contact quotidien avec les agriculteurs, en épousaient leurs soucis. Ils m'entretinrent des risques encourus par les fenaisons et même des moissons. Les blés déjà hauts en paille et les foins encore sur pied pourraient subir des dégâts en cas de violente tempête. Quant à ceux qui, déjà fauchés, ne pourraient pas être mis à l'abri, ils seraient sans doute, en cas de pluies diluviennes, impropres à la consommation animale. Mes compagnons en parlaient en connaisseurs avec gravité et une certaine compassion. Et la discussion durait, tournait en rond. Pour conclure, comme chacun s'y attendait et y comptait bien, la patronne nous servit une troisième tournée, la tournée du patron.

Quand je sortis, accompagné du boulanger, le vent soufflait en tourbillonnant. De lourds nuages gris, zébrés par les éclairs et retentissant de coups de tonnerre obstruaient le ciel d'un horizon à l'autre. De grosses gouttes d'eau s'en détachaient l'une après l'une et se collaient comme d'énormes confettis sombres, de loin en loin, sur la poussière blanchâtre du sol. Dans ma 2CV Citroën, cage de Faraday rassurante par temps orageux, je regagnai la maison. Je fus ralenti par une voiture chargée au maximum de fourrage, zigzaguant sur la route et rendant le dépassement impossible. Elle était traînée par un cheval au trot que le maître stimulait de son fouet. Elle tourna brusquement dans une cour de ferme où la grange aux portes grandes ouvertes l'accueillit. La pluie toujours parcimonieuse et « pesant bien ses gouttes » tambourinait sur la capote de ma voiture, imposant un rythme lent à ses flops répétitifs.

À quelques centaines de mètres de chez moi, soudain, après un éclair fulgurant qui déchira le ciel aussitôt suivi d'un coup de tonnerre qui me fit sursauter, les écluses du ciel s'ouvrirent. Des trombes d'eau s'abattirent en myriades de gouttes sautillantes sur le pare-brise. Aucune visibilité. Le travail imposé à l'essuie-glace était au-dessus de ses possibilités. Soulagé, je stoppai devant mon garage. J'y stationnai un moment à l'abri dans la deuche dont les vitres embuées à l'intérieur étaient, à l'extérieur, ruisselantes de pluie. Les minutes me paraissaient longues. Las d'attendre, je décidai de me lancer sous ce déluge. Le temps d'arriver à la porte d'entrée, je me sentis trempé d'un seul coup, comme une soupe. En m'ébrouant sur le paillasson, face à la grande glace du hall, je ne pus réprimer un rire sonore. Ce qui m'aurait fait râler un tout autre jour m'avait mis en joie. Malgré les grondements de la foudre, mon épouse, sans doute étonnée de ma réaction et peut-être aussi ravie, l'entendit et me cria de loin :

– C'est le temps qui te rend si joyeux ?

– Non, en fait de temps, on peut faire mieux et je suis trempé plus qu'un canard. Mais aujourd'hui, je me sens heureux. Cette nuit, je vais dormir comme un sonneur.

– Si l'orage est toujours aussi violent n'y compte pas trop. Pour moi, avec un tonnerre pareil, ça m'étonnerait que je puisse dormir.

– Eh bien ! Moi si. Maintenant je vais me changer. Je n'ai pas un poil sec. Nous en reparlerons tout à l'heure quand je serai relingé.

Il est vrai que, depuis une dizaine de jours, je ne me sentais pas très euphorique. Madame Gillet, la Joséphine, me causait un souci qui ne me quittait guère de la journée. Et je m'endormais difficilement. Aujourd'hui, j'étais tout autre, je me sentais libéré. Le boulanger de Bussières m'avait apporté une excellente nouvelle. J'en fis part à mon épouse tout au long du repas du soir. L'orage s'était apaisé. La trombe d'eau qui s'était abattue à mon arrivée chez moi, n'avait duré que quelques minutes. La pluie de moins en moins drue avait vite cessé de tomber. Les éclairs et leurs tonnerres qui n'avaient fait que passer sur le village l'assiégèrent encore pendant plus de deux heures sans jamais l'aborder puis prirent de plus en plus de distance. La nuit fut des plus calmes et propice à un sommeil réparateur.

MÉDECIN SOIGNE – TOI, TOI – MÊME

Depuis le jour de mon installation à Cerlans jusqu'à celui de ma retraite, le nombre des médecins dans le canton et les cantons avoisinants n'a pas diminué, même il a quelque peu augmenté. Dans le même temps, celui des prêtres s'est effondré. Les cures des petits villages ont perdu leurs occupants ensoutanés – ce furent les derniers à porter cette robe encombrante – pour faire place à des locataires laïques. Les paroisses regroupées n'ont plus qu'un seul desservant qui ne sait plus où donner de la tête. Le pasteur a dû renoncer à connaître toutes ses ouailles et surtout à faire des visites dans chacun des foyers de son secteur au moins une fois l'an. Ce qui était une ancienne coutume très appréciée des personnes âgées, des femmes surtout.

Aussi, certaines paroissiennes isolées et peu valides s'en trouvent-elles désemparées. Plusieurs d'entre elles m'en faisaient part et me demandaient de prolonger ma visite pour « causer un peu ». Au fond, elles suggéraient que le médecin remplaçât, en quelque sorte, le prêtre défaillant et leur tînt compagnie une partie de l'après-midi. Ce qui, bien évidemment, m'était impossible. Car si le prêtre avait peu de temps libre, j'en disposais certainement encore moins que lui et pourtant « je n'avais pas les pieds dans le même sabot », pour employer une expression que connaissent bien les Bressans. En plus des consultations et visites quotidiennes à horaire régulier, les urgences perturbaient fréquemment mon emploi du temps, et de jour et de nuit.

La comparaison avec le prêtre ne s'arrêtait pas là. Le colloque singulier ressemblait parfois étrangement à une confession. J'en ai appris des choses – et pourtant je n'en demandais pas tant, – au cours de l'interrogatoire de dames pécheresses. Car ce sont surtout les femmes qui subissaient le préjudice de certaines inconséquences. Et peut-être aussi, ne savaient-elles pas retenir leur langue. Les hommes non moins pécheurs restaient plus discrets sinon les frimeurs qui voulaient en rajouter à leurs hauts faits dont tout le monde avait eu vent. En tous cas, tous et toutes ressortaient de mon cabinet sans pénitence ni absolution. Mais il était dans mes attributions de prescrire parfois un régime. À l'évidence je devais faire abstraction de toutes considérations éthiques sinon je risquais de perdre la confiance de celle ou de celui qui venait me consulter. L'abus d'alcool, en particulier, demandait à être traité avec tact et mesure tant la susceptibilité de ce genre de patient était grande.

Dans l'opinion publique, les jugements concernant l'alcoolisme et surtout concernant les alcooliques, étaient des plus ambigus. Tant que les buveurs gardaient leur prestance et leur faconde – et dieu sait que certains n'en manquaient pas –, beaucoup les considéraient presque comme des surhommes, des héros. Mais dès que les premiers signes de la déchéance apparaissaient, ils étaient voués aux gémonies par ceux-là mêmes qui les avaient tant admirés. L'alcoolisme devenait un vice rédhibitoire, et pour ceux qui s'y adonnaient régulièrement, une tare inavouable. Il s'agissait presque toujours d'hommes bons vivants, conviviaux et sympathiques, pour le moins, au début de leur expérience. Leur épouse était la dernière à en parler et la première à les défendre. Elle ne voulait admettre l'évidence que lorsqu'elle était à bout de patience. Alors on s'étonnait de la violence du réquisitoire qu'elle avait trop longtemps gardé sur le coeur.

Les prêtres à travers leurs sermons moralisateurs et les médecins à travers leurs conseils diététiques paraissent trop souvent édicter des règles de bonne conduite. Pour ceux à qui ils s'adressent ils se doivent, pour le moins, de donner l'exemple. Aussi, les donneurs de leçons sont-ils « attendus au tournant ». À Cerlans, j'ai particulièrement sympathisé avec un curé qui a laissé un excellent souvenir de son long séjour dans le village. Tolérant, il ignorait le prêchi-prêcha. En forçant beaucoup le trait, sa devise aurait pu être : « Faites ce que vous voulez mais pas plus. » Il nous arrivait assez fréquemment de nous retrouver et de boire, à notre santé, un verre ou plutôt deux, car, disait-il, « on ne marche pas sur un pied ». Comme moi, il se tenait beaucoup mieux à table qu'à cheval et levait allégrement le coude surtout quand le vin était bon. Et « bien meilleur, disait-il, quand on le boit soi-même. »

Invités aux banquets des associations, nombreuses dans le pays, Nous étions souvent placés proches l'un de l'autre, et donc exposés aux regards à la fois amusés et inquisiteurs des autres convives. Ceux-ci ne manquaient pas, avec plus ou moins de discrétion, de partager leurs réflexions. Certaines que voici me sont revenues aux oreilles. Toutes, sur le même thème, ressassaient que « le prêtre n'était pas gras de lécher les murs », que le médecin était « comme les ch'tives bêtes à qui la nourriture ne fait pas de profit », que « tous les deux, ils s'entendaient comme larrons en foire ou comme cochons » qu' « il valait mieux les avoir en photo qu'en pension » et toutes sortes d'autres plaisanteries, entendues mille fois mais qui font toujours rire en fin de repas. Certains n'hésitaient pas à m'en parler en face au cours d'une consultation et me faisaient douter de ma crédibilité. Quand je leur conseillais de modifier leurs habitudes alimentaires dans le sens de la modération, il me faisaient remarquer qu'ils m'avaient vu à l'œuvre et concluaient qu'ils préféraient faire ce que je faisais plutôt que ce que je disais. J'avais beau récriminer et affirmer que ces excès étaient exceptionnels, ils ne me croyaient qu'à moitié.

La campagne d'information sur la toxicité du tabac me posa le même problème que celui des boissons alcoolisées « à consommer avec modération ». Médecin fumeur de pipe devais-je cesser toute activité tabagique devant les patients sans doute nombreux à qui je conseillerai de ne plus toucher au tabac. Dans un premier temps, je décidai de fumer en cachette, c'est-à-dire le soir, à la veillée. Ce régime de restriction dura quinze jours. Je suspendis mes pipes au râtelier et le plaçai sur mon bureau, parmi les autres éléments décoratifs. Je me privai donc d'un plaisir qui, jusqu'à ce jour, m'avait paru indispensable. Je fus le premier à m'étonner de la facilité avec laquelle je m'étais débarrassé de cette drogue. Deux amis m'y aidèrent. Tous trois, le même jour, nous avons fumé notre dernière cigarette et fait la promesse que le premier qui toucherait au tabac offrirait un dîner dans un grand restaurant. Ce repas qui devait réunir les intéressés et leur épouse n'a jamais eu lieu pour cause de bonne conduite. Ce furent ces dames qui en furent le plus surprises et regrettèrent qu'aucun des maris n'ait failli. De dépit, elles ont continué de fumer, mais modérément.

Quand je me donnais en exemple et parlais de l'efficacité de ma méthode, on me répondait invariablement que je n'étais pas un vrai fumeur, que j'avais donc eu raison de laisser le tabac à ceux qui l'appréciaient en esthètes. Et, en effet, j'eus vite fait d'oublier la fumée parfumée de l'Amsterdamer et du Prince Albert. Quant au vin « la plus saine et la plus hygiénique des boissons » selon Pasteur, je continue d'en boire, comme il se doit, avec modération, privilégiant la qualité plutôt que la quantité. À ceux qui « tordent le nez » devant un grand cru, je leur conseillerai de le laisser humer et boire à ceux qui, comme moi, s'en délectent. Dès que j'ai abandonné ma pipe – avec un certain regret –, mon goût s'est affiné et les plaisirs de la table m'ont paru d'autant plus agréables.

Les méfaits du tabac, les méfaits de l'alcool... Médecin, il fallait bien que j'en parle. Presque chaque jour, j'étais confronté à l'un de ces toxiques complaisants qui, par les chemins du plaisir, conduisent leurs accros jusqu'au bord du gouffre. Les fumées de l'un agissent sournoisement tandis que les vapeurs de l'autre provoquent des manifestations plus ou moins spectaculaires dont le delirium tremens est le paroxysme. J'ai vu les intoxications par le tabac ou l'alcool toucher tous les âges de la vie, du petit enfant au vieillard. Les plus gros bataillons des buveurs et des fumeurs excessifs qui souvent usent des deux drogues, sont composés de jeunes adultes qui, pour la plupart, ne font pas de vieux os.

Parmi les plus jeunes tabagiques rencontrés, un gamin de six ou sept ans m'a particulièrement fait pitié. Encouragé par son père, fumeur invétéré, il prit goût à la cigarette et en vint à fumer comme « un grand » sous le regard complaisant pour ne pas dire admiratif de ses parents. À cette époque, la campagne antitabac n'avait pas l'ampleur qu'elle a prise quelques années plus tard. J'ai revu ce fumeur précoce dans la force de l'âge. De petit gabarit, les épaules rétrécies, il était, déjà à trente ans, insuffisant respiratoire. Ce qui ne présageait rien de bon pour la suite.

Je me souviens aussi de cette petite fille de deux ans à peine, plongée dans un coma profond. L'odeur de son haleine me fit penser d'emblée au diagnostic. Je ne pouvais me tromper. La mère me confirma que la jeune enfant avait été surprise à boire le reste d'un verre de goutte. En avait-t-elle vidé d'autres ? La maison était sens dessus dessous. Sur la table non desservie, encore de nombreux verres, parmi les assiettes mal torchées, gardaient un fond plus ou moins important d'un liquide translucide. Le repas après le battage venait de se terminer et la maîtresse de maison n'avait pas encore terminé ses rangements. Avec les deux voisines qui l'avaient assistée, elle avait essayé de prendre un peu de repos bien mérité après qu'elles eurent servi une vingtaine d'hommes affamés et assoiffés. Son attention s'était relâchée et la gamine en avait profité.

La petite comateuse fut hospitalisée. Le lavage d'estomac pratiqué à bref délai s'avéra efficace. J'ai vu grandir cet enfant et je peux vous assurer que, jeune fille, elle avait un physique agréable et, heureusement, elle ne conservait aucun stigmate de cette intoxication malencontreuse qui avait failli lui coûter la vie.

À l'autre extrémité de la vie, j'ai en souvenir le cas d'un vieillard de plus de quatre-vingt ans qui m'a posé et me pose encore la question de la toxicité de l'alcool. Je fus appelé à son chevet alors qu'il souffrait d'une de ces maladies pulmonaires fréquentes l'hiver et qui, déjà, à cette époque, avait grande chance d'être jugulée par l'antibiothérapie. Le vieil homme vivait seul. Sa fille venue le soigner m'accueillit sur le seuil et me susurra que son père n'était pas un modèle de sobriété et qu'elle même contribuait à le fournir en alcool.

La pièce sombre, à peu près carrée était chauffée par un poêle de fonte noire. Posé sur trois pieds, il ronronnait devant l'ancienne cheminée dont l'âtre noirci avait gardé ses chenets. Le mobilier vétuste était réduit à l'indispensable : une armoire, une maie et, flanquée de quelques chaises paillées, une table mise en épi en face de l'unique fenêtre. Dans ce trou de lumière, se profilait un litre de vin déjà bien entamé et un verre vide aux reflets cramoisis. Le lit était relégué dans le coin le plus sombre. Enfoui sous un fouillis de couvertures et un énorme édredon, le malade, à mon approche, en dégagea sa tête coiffée d'un bonnet de nuit.

L'interrogatoire ne laissa pas de m'étonner. Jusqu'à ce jour, ce vieillard n'avait jamais eu de maladies importantes. C'était la première fois qu'un médecin l'examinait au lit. Aujourd'hui, il se sentait « pris sur la poitrine ». Fils de paysan, il avait travaillé dur depuis son enfance et, au plein de ses forces, pendant une vingtaine d'année, il avait exercé simultanément le métier de cultivateur et celui de charron. Une première constatation me vint à l'esprit : « chez cet homme, le travail n'avait manifestement pas altéré la santé ». La suite de sa « confession » m'étonna encore davantage. Il m'avoua qu'il ne buvait presque jamais de l'eau pure. Il s'en servait pour faire la soupe et le café. Pour compenser, il buvait un litre ou deux litres de vin par jour, selon la saison. Il y ajoutait, chaque semaine de l'année, une bouteille de goutte et en plus, de novembre à mars, une de rhum pour « chasser la grippe ». Il m'expliqua longuement qu'il n'avait trouvé rien de mieux jusqu'à maintenant pour tenir le coup l'hiver. Je pensai que ce régime ne lui avait pas trop mal réussi mais je voyais mal à qui le prescrire préventivement. J'ai rencontré tant de patients que l'alcool n'a pas conservé. Bien au contraire, il en a ruiné la santé. Les uns ont vu se développer une cirrhose du foie, d'autres des troubles neurotoxiques et d'autres ont été atteints d'affections graves touchant divers organes. Sans parler des dégâts familiaux et sociaux.

En plus des prescriptions médicamenteuses, je ne manquai pas de recommander à ce vieux paysan – par oral et écrit – de ne pas oublier sa ration de rhum habituelle et même d'en rajouter un peu. Un sevrage aurait pu être catastrophique. Combien j'ai vu d'hommes surexcités au cours d'un épisode fébrile, retrouver leur calme après leur avoir redonné leur dose d'alcool quotidienne dont l'entourage avait cru bon de les sevrer.

Il arrive – mais moins fréquemment que l'on croit sans doute – que les médecins, pourtant donneurs de bons conseils, ne suivent pas les prescriptions qu'ils imposent à leurs patients. On se gausse même, dans les chaumières, des libations excessives auxquelles certains se seraient livrés. Cela a bien dû arriver mais certainement moins souvent qu'on ne le raconte. J'ai beaucoup fréquenté de nombreux et sympathiques confrères. Je dois dire que jamais, au grand jamais, aucun ne m'a refusé un verre offert en toute confraternité. C'est avec plaisir qu'il l'acceptait même s'il n'avait pas soif. Et même s'il avait le gosier sec, il aurait été incongru de n'offrir que de l'eau. Un vin blanc bien frais, par exemple, peut remplacer avantageusement.

Ils furent nombreux les repas partagés entre médecins amis. Il fallait faire de gros efforts pour tenir nos appétits aux limites de la modération. Autant que possible en deçà. Hélas ! Quelquefois au delà, mais si peu... La tentation est grande quand le vin servi s'avère meilleur de bouteille en bouteille. Après un repas trop arrosé, il est plus que vraisemblable que certains convives aient fait parler d'eux. Que celui qui n'a jamais péché...

Un excellent praticien mais d'une grande intempérance a longtemps défrayé la chronique en des temps plus anciens. Que de fois, j'ai entendu raconter ses foucades –plus ou moins agrémentées – par des confrères plus âgés. J'ai choisi de vous relater celle qui m'a été confirmée par le principal témoin, le chirurgien qui l'accompagnait ce jour-là. Parmi les différentes versions, voici ce que j'en ai retenu.

Ce médecin dont la réputation n'était plus à faire exerçait dans une petite ville de la région. La sûreté de ses diagnostics lui attirait une nombreuse clientèle venue parfois de loin, de toute la région alentour. Il était toutefois recommandé de consulter ce praticien plutôt dans la matinée car, dès le début de l'après-midi, il était à ce point imbibé d'alcool que son jugement en était perturbé. Et plus le jour déclinait, plus son esprit s'embrumait. C'est en cet état vaporeux qu'il se trouva, un soir, à la tombée de la nuit, perplexe devant un ventre douloureux. Il eut recours au chirurgien qu'il prit en charge dans sa propre voiture et conduisit au domicile du patient. La traversée de la ville se fit sans trop d'émotions. Le conducteur connaissait bien les rues qui, à cette époque, n'étaient pas encombrées de véhicules et, pas non plus, jalonnées de stops, de feux tricolores et de sens interdits. Les agents de police se contentaient de faciliter la circulation aux ronds-points et, en aucun cas, ne s'intéressaient au taux d'alcoolémie, même, du pire des chauffards.

L'auto stoppa devant un immeuble cossu. D'un pas mal assuré, le généraliste conduisit son confrère consultant au deuxième étage. Après un premier coup de sonnette, il en fallut un second pour voir apparaître sur le palier une femme au chignon de travers, qui, à n'en pas douter, venait de mettre précipitamment de l'ordre dans sa toilette. Son étonnement fut grand de voir devant elle deux médecins en quête de clients. Sa mauvaise humeur se manifesta par un départ précipité à reculons et un claquement de porte.

À quelque deux cents mètres de là, le cicérone monta péniblement les deux longues volées de marches qui conduisaient à l'appartement présumé. Essoufflé, il pressa longtemps le bouton de la sonnerie. Il fit surgir dans l'entrebâillement de la porte le visage d'un homme agité et rouge de colère qui ne les écouta même pas, et qui, sans explications, leur referma aussitôt la porte au nez.

Le chirurgien commençait à trouver que la plaisanterie avait assez duré. Il y eut une longue discussion entre les deux hommes et d'un commun accord, il fut décidé de faire une troisième et dernière tentative. Allait-il enfin trouver le malade qui attendait, avec impatience, les secours de la médecine sur son lit de douleur ?

Cette fois, le médecin de famille en était sûr et certain. Il s'était bien arrêté devant le bâtiment qu'il cherchait. Il en avait oublié le numéro mais, pas de doute, il reconnaissait les fenêtres, les balcons et leur balustrade en fer forgé. Les deux confrères forcèrent le pas pour gravir les escaliers. On les attendait au deuxième étage. La porte s'ouvrit dès qu'ils abordèrent le palier. Il en bondit un dogue de pelage brun roux, qui se dirigea en grondant vers les médecins. Le praticien aviné titubant, faillit perdre l'équilibre. De nouveau stable, il n'hésita pas un instant, porta la main droite à l'arrière de son pantalon et sortit, de la poche qui porte bien son nom, un révolver. Il le pointa sur l'animal et lui tira à bout portant, en pleine tête. Après quelques soubresauts, le chien, tomba raide, ensanglantant le tapis. La stupéfaction fut si grande que chacun resta muet, les yeux fixés sur la victime.

Le chirurgien pressé d'en finir et qui avait un ventre sous la main, en profita pour le palper et confirmer le diagnostic d'appendicite aiguë à opérer d'urgence. Ce qui fut fait dans l'heure suivante.

Mon récit s'arrête là. Aucun des rapporteurs de ce fait divers n'a pu me renseigner sur les suites données à l'abattage sans sommation, de ce malheureux chien.

QUAND LE HASARD FAIT BIEN LES CHOSES

La médecine m'a pris quarante-cinq ans de vie. J'en fixe le début à ce matin d'automne brumeux où, pour la première fois, je franchis le seuil de l'hôpital, le vieil hôpital général de Dijon. Ce n'était pas en conquérant mais toutefois avec une certaine fierté que je fis connaissance avec le service de médecine où je devais effectuer un stage d'un trimestre. Aucune fonction ne m'était attribuée mais mon admission dans une profession que je jugeais prestigieuse, flattait mon ego. J'étais là pour suivre « sur le terrain » un enseignement clinique, c'est-à-dire, apprendre les gestes du médecin au chevet du malade. Et, dès le premier jour, j'eus la chance d'être initié.

Revêtu d'une blouse blanche et le stéthoscope flambant neuf suspendu au cou, je me hasardai à traverser une salle commune d'une vingtaine de lits. Un externe occupé à rédiger une observation m'invita à ausculter le malade dont il rédigeait l'observation. Il s'interrompit pour m'initier aux premiers gestes de la pratique médicale. Après quelques rappels sémiologiques et anatomiques, il m'indiqua les points d'auscultation du cœur facilement repérables sur le thorax où le gril costal bosselé dessinait ses reliefs. Chez cet homme atteint d'une pathologie digestive et qui ne présentait pas de dysfonctionnement cardiaque ni pulmonaire, les bruits du coeur et le murmure respiratoire n'étaient pas perturbés. C'était donc l'auscultation d'organes non pathologiques qui m'était proposée par cet aîné complaisant. Au cours de cet examen initial, je devais les discerner avec la plus grande attention et commencer de me les fixer dans l'oreille. Ensuite je passai à l'exploration manuelle. Je me souviens du visage pâle du patient, tandis que, penché sur lui, mes mains inexpertes et maladroites lui palpaient le ventre. Je ne le quittai pas des yeux et lui ne se départit pas une seconde d'un rictus figé au coin des lèvres. Il semblait me narguer et avait bien raison. J'étais dépité de ne pouvoir saisir, apprécier ce que je sentais glisser sous mes doigts. Autant, à l'écoute de la mécanique humaine, je fus intéressé et même émerveillé – le battement d'un cœur au rythme régulier est une musique agréable à entendre –, autant ce pétrissage d'abdomen sans consistance me parut décevant.

Le lendemain, j'assistai à la visite du patron. Il arriva flanqué du chef de clinique, à sa droite et de l'interne à sa gauche, suivi de sa secrétaire et de la surveillante. C'était un homme de corpulence moyenne. Dans son visage aux traits réguliers, on remarquait d'emblée un regard vif, mobile, inquisiteur. Un début de calvitie découvrait un front large et haut et laissait apparaître une tonsure autour de laquelle se répandaient les mèches d'une chevelure grisonnante et légèrement ondulée. La grande salle commune résonnait des pas des arrivants. Les alités, une quinzaine d'hommes, s'étaient tus. Inquiets, la tête légèrement soulevée de l'oreiller, ils suivaient des yeux le chef de service qui, précédant son escorte, s'arrêta auprès du malade que j'avais ausculté la veille. L'externe était à son chevet, tenant en mains un classeur. Autour de lui, s'étaient déjà groupées une douzaine d'autres blouses blanches : infirmières et stagiaires. Avec quatre de mes condisciples, j'assistais, pour la première fois, à un cours magistral de clinique, « au lit du malade ». L'enseignement de cette discipline fondamental se transmettait de génération en génération selon un rite. Ce jour-là, le rite fut observé mais manqua de solennité. Aussi ne m'a-t-il pas impressionné. Je le fus plus tard à Lyon, où certains patrons souvent brillants, entourés de leur cour, plastronnaient autour d'un patient nu, recroquevillé dans ses draps.

Après que chacun eut trouvé sa place autour du triumvirat central – les stagiaires relégués à la dernière – l'externe lut l'observation. Puis ce fut à l'interne d'esquisser un diagnostic après avoir discuté des signes cliniques, examens radiologiques et résultats d'analyses. Le patron resta impassible mais très attentif aux exposés de ses subordonnés puis il prit la parole à son tour. Aussitôt son visage s'anima. On y lisait à la fois la suffisance et l'ironie. Tous les membres de l'assemblée l'écoutaient avec d'autant plus d'inquiétude qu'ils étaient haut placés dans la hiérarchie. On s'aperçut vite que l'interne n'était pas ménagé et que le chef de clinique en « prenait pour son grade ». Le premier faisait grise mine tandis que le second, relativement bonne figure comme s'il n'était pas concerné. L'externe, au contraire paraissait contrit, baissant la tête, il n'osait regarder le maître pontifiant et fustigeant. Je crus comprendre que le diagnostic proposé était erroné. Le patron reprochait à ses plus proches collaborateurs d'être tombés dans un piège radiographique. Il ne s'agissait pas d'un cancer de l'estomac mais d'une anémie pernicieuse de pronostic bien moins grave. Les clichés avaient été successivement mal interprétés dans le service de radiologie et dans son propre service. Il fit remarquer en souriant – bien qu'il n'en tirât aucune conséquence –, que personne n'avait signalé le petit souffle cardiaque retrouvé assez fréquemment au cours d'anémie grave. Après la semonce plus ou moins bien encaissée, le discours du patron se fit moins critique et le visage des protagonistes plus détendu.

Dès mon premier essai clinique, je fus donc confronté à la difficulté de poser un diagnostic. Me suis-je alors senti visé par les reproches magistraux ? Moi, non plus, je n'avais pas entendu le petit souffle cardiaque. Je ne le crois pas, je n'étais qu'un débutant donc excusable. Peut-être en ai-je tiré des leçons. Car je peux affirmer que, pendant toute ma carrière, j'ai pratiqué l'auscultation cardiaque avec la plus grande attention. À un certain âge, j'ai déploré d'avoir l'ouïe moins fine. J'avais des doutes sur mon écoute. Dans le même temps, les techniques firent de tels progrès, que la clinique naguère primordiale perdit quelque peu de son importance. Je regrette que celle-ci soit aujourd'hui trop négligée. Elle est encore d'une grande utilité et peut, ce qui est aussi à considérer, éviter de creuser davantage le trou de la sécurité sociale.

Je me suis souvenu de ma première leçon clinique en examinant une vieille dame dans une bourgade proche de Cerlans. Par défaut d'examens biologiques et en considération de son grand âge, résignée, elle attendait la mort. Je pensai d'emblée au diagnostic d'anémie pernicieuse, aussi appelée anémie de Biermer. La moribonde guérit contre toute attente, aussi bien de sa famille que de son voisinage grâce à un nouveau traitement beaucoup plus efficace que les précédents et qui venait d'être découvert. On parla de moi en bien dans le village et alentour. Certains même en profitèrent pour crier au miracle. J'avais guéri un cancer. Ce qui était faux mais contribua grandement à me faire connaître alors que, jeune médecin, j'essayais de me faire une clientèle.

Après un long apprentissage, ce furent presque quarante ans de médecine de campagne qui se déroulèrent sans interruption, abstraction faite de deux semaines de vacances, chaque année en été. Quand je m'installai à Cerlans en 1952, je pensai faire comme mon vieux confrère toujours sur la brèche à près de quatre-vingts ans. C'était sans compter sur la retraite qui finit par s'imposer au plus grand nombre des médecins à partir de soixante-cinq ans. Il y eut bien quelques réfractaires qui, épris de liberté, se jugeaient assez forts pour gérer leurs sous. Ce fut à la suite d'un référendum national que la majorité des praticiens trancha en faveur de la création d'une caisse autonome de retraites. Dans le même temps, la sécurité sociale avait transformé le statut de la médecine. Celle-ci n'était plus une profession tout à fait libérale depuis qu'un organisme d'État intervenait dans la fixation des honoraires médicaux. En compensation, celui-ci assurait le versement d'une part de la pension des retraités. D'autre part, dans les années 80, beaucoup de jeunes médecins n'arrivant pas à faire leur trou, les anciens de ma génération furent incités à leur céder la place et à prendre une retraite anticipée. Je me contentai de m'associer avec un jeune confrère qui, à l'approche de mes soixante cinq ans ne fut pas mécontent de me voir cesser mes activités.

Le 31 décembre 1989, pour la dernière fois, j'ai parcouru les chemins de Cerlans et alentour pour répondre aux appels de ma patientèle. Ce ne fut pas sans nostalgie que je vis défiler les maisons qui, presque toutes, réveillaient des souvenirs. Cette ultime journée de travail se réduisit à la matinée car l'après-midi de la saint Sylvestre commençait le tour de garde du médecin qui assurait la permanence pendant les festivités du Jour de l'an. J'avais décidé d'offrir une bouteille de champagne à la famille de mon dernier patient. De passage à la maison en fin de matinée, une seule visite nouvelle était inscrite à la dernière feuille du dernier agenda. Une autre viendra-t-elle s'y inscrire avant midi ? Il était onze heures et demie. J'avais le temps, avant de voir mon patient, de pousser jusqu'à Gravière récupérer le foie gras que, depuis plusieurs années, un copain cuisinier concoctait pour notre réveillon. Dans cette maison, l'accueil était toujours chaleureux et je savais que l'apéritif me serait offert. Avant de repartir, je fis part à mon épouse de mes intentions. Ainsi saurait-elle où m'avertir si un appel lui parvenait avant midi.

À douze heures moins quelques minutes, comme je l'avais prévu, j'arrivais dans la maison amie où l'on m'attendait. Il y flottait une odeur de bonne cuisine qui me mit en appétit. La sonnerie du téléphone retentit alors qu'on s'apprêtait à boire le champagne qui pétillait dans les verres. C'était bien la dernière visite qui m'était communiquée : chez Georges Grillot, le fils d'Albert, aux Vernes. J'en éprouvai une grande satisfaction.

Le hasard avait bien fait les choses. Qui aurait mieux mérité mon cadeau de fin de carrière que cette famille ? Elle avait toujours été, à mon égard, d'une fidélité exemplaire et m'avait manifesté une confiance sans faille. Je ne traînais jamais les pieds quelle que fût l'heure et quel que fût le temps quand elle me faisait appel. Elle savait ne pas confondre l'urgence et son bon plaisir. J'y étais toujours accueilli avec beaucoup de gentillesse et de reconnaissance. Même les enfants facétieux me témoignaient un grand respect avec, me semblait-il, une pointe d'admiration. Enfin, j'aimais fréquenter cette maison où, certains jours de froidure, quand j'avais un peu de temps libre, j'acceptais de boire un café et même une petite goutte avec Albert qui l'aimait mais se servait avec parcimonie. Parfois, suprême délicatesse, on « démêlait les gaufres » en m'attendant. Je soupçonne que la maîtresse de maison encouragée par ses enfants, les préparait à mon intention. Dès que j'arrivais, deux louches de pâte prélevées dans une grande soupière commençaient à chuinter dans le gaufrier chauffé à même la flamme du poêle. Ainsi, j'avais droit à la première gaufre bien chaude, rissolée à souhait, offerte par la grande fille. Et, bien sûr, Albert ne manquait pas de me servir un verre de vin blanc.

En quittant la ferme où je venais de faire mon avant-dernière visite, je regrettai de n'avoir pas pris avec moi une seconde bouteille. Ce couple de vieux paysans avait voulu être examiné par moi une dernière fois. Fidèles d'entre les fidèles, l'un et l'autre regrettaient– je crois qu'ils étaient sincères

– mon départ à la retraite. Je fus ému par une telle marque de sympathie et je pensai que cela valait un geste de récompense. Il était trop tard pour le champagne. Je promis de venir les revoir.

Le dernier né que j'étais appelé à examiner ce jour de la saint Sylvestre, faisait partie de la quatrième génération des Grillot auxquels j'avais prodigué mes soins depuis mon installation. Le grand-père du petit malade, Albert, était de mon âge. Nous nous appelions volontiers « conscrit » plutôt que « docteur » et « monsieur ». Nous étions de vieilles connaissances. J'avais soigné ses parents, et ses enfants. Lui-même comme son épouse avait souvent eu recours à mes services. De là était née entre nous une certaine familiarité pour ne pas dire une amitié. Ce jour-là, je m'attendais à le revoir. Il venait me saluer en fin de consultation presque chaque fois que j'étais appelé auprès de l'un des membres de sa famille. Et s'il n'était pas présent, c'était à moi de faire le détour pour un compte-rendu discret et rassurant. D'ailleurs, cela ne me retardait guère : plusieurs foyers de la famille étaient groupés dans le même hameau des Vernes.

Je ne fus donc pas surpris de voir Albert m'ouvrir la porte et d'entendre aussitôt un retentissant : « Bonjour, conscrit ! » auquel je répondis en écho. L'examen médical révéla une affection bénigne. Après avoir rédigé l'ordonnance, je sortis le champagne de ma serviette et, pour la dernière fois de mon exercice, y replaçai stéthoscope, otoscope et ordonnances. Déjà des verres étaient disposés sur la table et le grand-père débouchait une bouteille d'un de mes vins blancs préférés : un Meursault goutte d'or. Avant d'y goûter, j'offris mon cadeau emmailloté d'un papier étoilé. Il fallut attendre pour boire que le flux des congratulations réciproques fût tari. Puis on parla de ma retraite. Tous reconnurent que je l'avais bien méritée mais que j'aurais pu attendre un peu. Mon conscrit me reprocha de l'avoir devancé d'une année. Lui devait attendre la fin de la nouvelle année.

Entre nous, les échanges de bons procédés ne manquaient pas. Mais je me sentais toujours redevable tant la générosité des Grillot était grande. De chaque visite ou presque, je rapportais un produit de la ferme très apprécié à la maison. Un jour, l'occasion me fut donnée de combler ce retard. La veille, une consultation d'ophtalmologie m'avait obligé à reporter au lendemain les visites non urgentes dont l'une auprès de la vieille mère d'Albert. Celui-ci accepta de bon gré ce contretemps. Le lendemain, il se présenta au domicile de ses parents alors que je terminais l'ordonnance. Après une plaisanterie d'usage en Bresse et sans doute ailleurs : « Bonjour les lunettes ! Adieu les nénettes ! ». J'en ai changé le dernier terme non seulement parce que la rime y gagne mais que la décence y trouve son compte et que le sens n'y perd guère. Il me parla de la baisse de sa vue : bientôt, il n'aurait plus les bras assez longs tant il lui fallait éloigner le journal pour le lire.

– Il faudrait que j'aille voir un médecin. Je repousse toujours. Faut aller à Chalon. J'ai guère le temps. Si j'avais une auto…

– Essayez-voir, lui dis-je, en lui tendant mes lunettes.

C'était les anciennes que j'avais sur le nez, sans doute, pour ne pas user les neuves laissées à la maison. Dès qu'il les eut chaussées :

– Alors ça ! Elles me vont vachement bien. J'y vois vraiment clair, s'enthousiasma-t-il, en rapprochant un journal de ses yeux.

– Eh bien ! Si elles vous conviennent, gardez-les en attendant de voir l'ophtalmo.

– Mais vous n'allez pas faire ça et vous, vous n'y verrez pas bien.

– Bien sûr que si ! Je peux encore m'en passer pour

conduire même pour écrire et lire à part les trop petites lettres. Je rentre à la maison récupérer les neuves.

Albert me remercia vivement mais je savais qu'il ne se contenterait pas de paroles. En effet, le dimanche suivant, la maisonnée se régalait d'une canne de barbarie. Encore une fois, la famille Grillot avait repris l'avantage dans la générosité et ses cadeaux n'étaient pas des vieilleries « d'occasion ». Cela devenait gênant d'avoir à faire à ce genre de clients qui ne voulaient jamais être en reste et payaient toujours largement le moindre service. Cependant je me sentis moins redevable après avoir donné à mon conscrit un conseil judicieux à un moment critique.

Dans ma pratique de médecin de campagne, les enfants et les vieillards étaient les plus grands consommateurs de visites à domicile. Les parents, les fils et filles d'Albert n'échappaient pas à cette règle. Mais lui-même avait régulièrement l'occasion de solliciter mes soins. C'était un malade « saisonnier ». Deux fois par an, au printemps et en automne, son ulcère d'estomac se réveillait et le faisait souffrir. Nous ne disposions pas alors de cet antibiotique qui maintenant guérit. Je lui ordonnais les remèdes du moment et nous savions, lui et moi, que nous nous reverrions dans six mois à moins d'accident avant cette échéance. En plus du régime et des médicaments, presque chaque année je lui prescrivais un contrôle radiographique et lui proposais le traitement chirurgical avant qu'une complication grave ne survînt. En ce temps, l'endoscopie gastrique n'était pas encore pratiquée.

Un certain automne, mon remplaçant qui, par la suite devint mon gendre, l'envoya chez le gastroentérologue pour un examen de routine. À mon retour de vacances, c'est moi qui reçus les clichés et les commentaires du spécialiste : rien d'alarmant, en particulier, aucun signe de malignité. Comme moi, Albert abordait la cinquantaine, je lui reparlai pour la énième fois d'envisager l'opération. Il s'y intéressa longuement me posant de nombreuses questions auxquelles je m'efforçais de répondre le plus clairement possible.

– Qu'est-ce que vous feriez à ma place ? Me demanda-t-il soudain en me regardant droit dans les yeux.

– À votre place, je me ferais opérer.

– Alors, aujourd'hui je vous écoute, j'y vais. J'aurais peut-être dû le faire plus tôt.

– Vous avez raison. Rien de grave jusqu'à maintenant mais n'attendez pas que ça se complique. J'en ai vu beaucoup qui ont regretté d'avoir trop tardé.

– Vous me dites où il faut que j'aille et le plus tôt possible. Comme ça, je pourrai pas me dédire. Maintenant je regrette d'avoir trop attendu.

Bien lui en prit d'avoir choisi cette solution. Il fut opéré et tout se passa pour le mieux pendant et après l'intervention. L'analyse anatomopathologique extemporanée – c'est-à-dire en cours d'opération – de la lésion décela un début de cancérisation. Ce qui permit au chirurgien d'agir en conséquence. Les suites opératoires se passèrent pour le mieux. Albert reprit une vie normale. Avec un recul de plus de trente ans, on peut dire qu'il est guéri. En retraite, j'ai rencontré plusieurs fois mon conscrit qui souffre, comme moi, de certains inconvénients plus ou moins contraignants de la vieillesse mais semble vivre heureux au milieu de sa nombreuse famille. Il m'est même arrivé de boire, de nouveau, chez lui notre vin préféré, le Meursault goutte d'or.

Un autre patient, porteur, lui aussi, d'un ulcère d'estomac a pu rester en vie grâce à des circonstances exceptionnelles presque miraculeuses. Encore une fois, le hasard a bien fait les choses. En fin d'automne, Eugène Bideau, paysan sympathique, bon vivant, était venu à mon cabinet pour sa consultation semestrielle. Les douleurs digestives bien caractéristiques, à horaire fixe, le faisaient de nouveau souffrir. Depuis plusieurs années, elles revenaient aux mêmes périodes.

L'homme en connaissait le diagnostic. Il comptait seulement sur une prescription de ma part où figurerait peut-être un médicament nouveau. La soixantaine passée, il se satisfaisait du traitement médicamenteux qu'il suivait rigoureusement mais ne voulait toujours pas entendre parler de chirurgie et de régime. Un rendez-vous demandé pour radiographie de l'estomac, ne put être fixé qu'à une date assez lointaine. Ce qui m'avait contrarié, car l'état de mon consultant m'avait paru se détériorer.

C'est pourquoi, cinq ou six jours plus tard, passant devant chez lui au cours de ma tournée de visites, je m'arrêtai prendre de ses nouvelles. À peine sorti de ma voiture, j'entendis une voix de femme affolée crier : « Appelez vite le docteur ! Le grand-père est tombé. Il saigne de partout. » Sa belle- fille venait de le découvrir étendu dans l'étable. Elle m'y conduisit aussitôt.

L'homme gisait à plat ventre, le visage dans son sang. Manifestement, il l'avait vomi mais le volume était difficile à évaluer. La paille alentour et la rigole encombrée d'excréments animaux en étaient rougies. Un examen rapide me persuada de la gravité de l'hémorragie. L'hospitalisation s'imposait d'urgence. Depuis quelques semaines, un ambulancier s'était installé au chef-lieu de canton. Il ne tarda pas à venir. Le malade fut placé sur le brancard avec d'infinies précautions. Inerte, d'une pâleur cadavérique, il ne vomissait plus, respirait faiblement. À chaque secousse, provoquée par son transport jusqu'à l'ambulance, il nous semblait qu'il allait expirer dans un ultime soupir. Je l'examinai rapidement, une dernière fois avant que la voiture ne démarrât. J'eus alors l'impression que ce parcours risquait d'être inutile et serait sans doute vite interrompu. Mais il fallait laisser une chance même infime à la vie. La suite me donna raison.

En clinique, les transfusions sanguines et le traitement chirurgical de l'hémorragie et de l'ulcère sauvèrent la vie du moribond. Mais, bien vite, son état se dégrada. Après trois semaines d'hospitalisation, il rentra à son domicile dans un état désespéré. La lettre du spécialiste que l'on me remit ne laissait de place à aucun doute : le pronostic était des plus sombres. Mon confrère pensait qu'il y avait une contre-indication formelle à la prescription de la seule thérapeutique qui pourrait être efficace. Ce malade présentait de telles insuffisances organiques qu'il ne pourrait la supporter et on ne ferait qu'avancer sa mort. Le spécialiste jugeait plus sage de poursuivre les soins palliatifs et un traitement symptomatique. Il n'y avait aucun espoir d'obtenir une guérison. Quand je revis l'opéré, je fus totalement de cet avis, surtout après l'avoir examiné. Je suivis donc le conseil qui m'était donné et rédigeai l'ordonnance dans ce sens.

Le soir même, alors que j'allais me mettre à table pour le dîner, j'ouvris, moi-même, la porte à la fille et au gendre de ce malade condamné par la médecine. Je connaissais bien ce couple qui m'était très sympathique et me faisait entière confiance. Un vent violent hurlait dans la nuit et la pluie tombait drue. Je les fis vite entrer dans mon cabinet. Le jeune homme puis son épouse balbutièrent quelques excuses:

– Ma femme a attendu que je revienne du boulot, me dit le mari. C'est pourquoi, on est venu vous voir si tard. Puis, ce fut elle qui m'interpella :

– Docteur ! J'ai vu que vous hésitiez à écrire l'ordonnance et que vous ne vous êtes décidé qu'après avoir relu la lettre du spécialiste.

– Vous m'avez bien observé. J'ai eu une hésitation puis j'ai suivi le conseil préconisé par mon confrère qui, toutefois, faisait allusion à un autre traitement, curatif celui-là, mais aussitôt écarté parce dangereux et sûrement mal supporté.

– Quand ma femme m'a raconté votre visite, intervint le jeune homme, j'ai pensé qu'elle aurait dû vous demander des explications. C'est pourquoi, on est venu vous voir.

– Je crois que le traitement prescrit est le plus raisonnable. Un autre traitement qui pourrait être curatif dans des circonstances beaucoup plus favorables, risquerait de précipiter la mort de votre père.

– Pourquoi ne pas essayer de le guérir? reprit la fille, même s'il y a une toute petite chance.

– Vraiment une toute petite et je risque de le tuer et alors, vous m'en voudrez de l'avoir fait et moi, je l'aurai sur la conscience.

– Docteur ! S'il y a la moindre petite chance, il faut la saisir. On vous en voudra pas quoiqu'il arrive. N'est-ce pas Simone ?

– Oh ! Oui, docteur ! Il faut essayer. On vous fait toute confiance et vous allez réussir.

– Eh bien ! Je le souhaite et votre confiance m'a convaincu. Je vous fais une nouvelle ordonnance. J'espère qu'elle sera la bonne.

– Je peux déchirer l'ancienne ?

– Bien sûr et souhaiter que j'en fasse encore beaucoup d'autres pour votre père. Après-demain, j'irai le délivrer du liquide qu'il a dans le ventre.

– Dimanche ?

– Oui, dimanche, car ce sera long. J'y passerai toute la matinée. Pas plus j'espère. Les pompiers fêtent la Sainte Barbe. Je suis invité au banquet.

Le jeune couple me quitta après m'avoir comblé de remerciements. Les yeux de la jeune femme, mouillés de larmes brillaient de gratitude.

Ce dimanche matin de décembre, le brouillard givrant était si dense qu'on ne voyait pas à plus de vingt mètres devant soi. Les essuie-glaces de ma 2CV Citroën avaient bien du mal à balayer le pare-brise. Le jour tardait à se lever quand j'arrivai chez les Bideau. J'y fus accueilli comme un sauveur. Une partie de la famille était réunie pour me témoigner sa considération et sa reconnaissance. Le malade me reçut avec le sourire. Il reposait dans la pénombre d'une chambre assez vaste, éclairée d'une seule fenêtre diffusant un jour blafard. Je dus avoir recours à une lampe d'appoint, la lumière du plafonnier s'avérant insuffisante. Les préparatifs achevés, je pus enfin piquer le cathéter dans la paroi abdominale du patient. Cette grosse aiguille était munie d'un long tuyau de caoutchouc dont l'extrémité libre, suspendue au dessus d'une bassine, laissa aussitôt s'écouler un liquide jaunâtre. Au bout de deux ou trois minutes, j'en modérai le flux à l'aide d'une pince à linge fixée sur le tuyau. Puis j'essayai d'en régler, avec plus de précision, le débit de façon à ce que la presque totalité de la sérosité fût extraite de la cavité péritonéale, en trois heures environ. J'en avais sous-estimé la quantité. Il me fallut près de quatre heures. Ce qui me laissa le temps de voir, par la fenêtre, se déchirer l'épaisse grisaille et naître peu à peu un paysage féerique sous les rayons obliques d'un soleil éclatant. Cette beauté lumineuse de la nature me remplit d'enthousiasme et me conforta dans l'espoir de sauver cet homme. Pourquoi pas ? Il avait bien supporté un important prélèvement de liquide – plus de trois litres – sans ressentir le moindre malaise. En le quittant, j'eus l'impression très forte qu'il guérirait. Son sourire me parut de connivence et renforça ma conviction.

Sur le chemin du retour, le soleil de midi commençait la destruction du somptueux décor matinal et je vis disparaître les uns après les autres les brocarts d'argent qu'avaient tissés le givre.

Le miracle se produisit. Eugène Bideau se remit debout, défiant tous les savants et leurs pronostics. Moi-même, j'avais bien du mal à croire mes yeux quand je le voyais reprendre goût à la vie et même user – en petites quantités, certes – des boissons qu'il avait trop aimées. Je peux témoigner qu'un Pommard rugiens qu'il me fit goûter, un jour, tout en évoquant ces journées pendant lesquelles il avait été entre la vie et la mort, ne pouvait pas faire de mal à la santé, bu avec modération évidemment.

Cet homme a vécu une dizaine d'années après ce grave accident de santé. Une affection sans rapport direct – mais peut-être indirect – avec celui-ci, eut raison de sa vie, en moins de quarante huit heures.

Sans doute, les deux familles mises en cause dans ces récits se reconnaîtront bien que j'y aie introduit une part de fiction importante et que je n'aie pas utilisé leur patronyme. Il m'a toutefois paru honnête de les informer. Toutes deux m'ont assuré de leur confiance. Elles me l'avaient déjà accordée quand j'étais leur médecin. C'est ce dont j'ai voulu les remercier en rapportant ces faits qui, avec le recul, ont pu être inconsciemment quelque peu déformés mais sont restés gravés dans ma mémoire comme d'excellents souvenirs. Ceux que l'on aime à rapporter plutôt que ceux qui rappellent des déconvenues.

J'espère qu'à leur lecture, ces familles retrouveront l'esprit cordial et respectueux des rapports que j'ai essayé d'établir entre ma patientèle et moi.

MÉDECINE INFANTILE

La majorité des malades que je voyais au cours de mes visites à domicile étaient des enfants, au moins, les premières années de mon installation. Les dernières années, – le vieillissement de la population et les conséquences de la pilule s'additionnant – les personnes âgées devinrent les plus nombreuses.

J'ai encore connu des malades qui attribuaient une valeur rédemptrice à leurs souffrances. Ils étaient très rares et quand leurs douleurs devenaient intolérables, aucun ne refusait de prendre des calmants. Malheureusement, parfois, la médecine était impuissante, non pas toujours par manque de médicaments, mais du fait de l'obligation légale d'en limiter l'emploi.

Les enfants étaient les principales victimes de cette réglementation. Certaines interventions abdominales chez le nourrisson se faisaient encore sans anesthésie générale jusqu'au milieu du vingtième siècle. L'arsenal thérapeutique mis à la disposition de la pédiatrie pour soulager la douleur a longtemps été d'une grande indigence.

Au cours d'une longue pratique médicale, j'ai vu souffrir et mourir des enfants, heureusement, en très petit nombre. C'est grâce à la découverte de thérapeutiques nouvelles, et, en premier lieu, des antibiotiques que l'on doit la réduction considérable de la mortalité infantile. Pourtant elles étaient sans effet sur de nombreuses maladies considérées comme banales et dont certaines complications sont encore mortelles aujourd'hui.

À la mort d'un nourrisson atteint d'une encéphalite morbilleuse – consécutive à la rougeole –, l'incompréhension des parents m'est restée sur le cœur. Ils m'en ont tenu rigueur alors qu'un pédiatre était venu en consultation dès les premiers signes inquiétants et que, quelques jours plus tard, j'avais fait hospitaliser le petit malade. Je peux affirmer que la responsabilité médicale n'était pas en cause. La vaccination antirougeoleuse a été pratiquée peu de temps après ce drame. J'en fus un ardent zélateur. Pourtant, beaucoup de parents étaient réticents à y soumettre leur enfant.

J'ai gardé un souvenir ému de ce petit garçon de dix ans, atteint d'une maladie incurable, qui, comme je finissais de l'examiner, se mit à pleurer. J'essayais de le consoler, peut-être, maladroitement et lui dit :

– Maintenant que tu es grand, il ne faut plus pleurer.

Il cessa de sangloter et me répondit d'une voix tremblotante :

– C'est pas moi qui pleure, c'est mes yeux qui me font pleurer.

J'eus bien du mal à retenir mes larmes et celles-ci me montaient du cœur.

La souffrance et la mort des enfants sont des épreuves particulièrement intolérables. Eu égard à ceux et à celles qui en ont fait la douloureuse expérience et aux petites victimes, je n'ai pas voulu relater certaines situations insoutenables auxquelles peut être confronté le médecin. J'ai fait le choix d'autres souvenirs qu'il m'est agréable d'évoquer.

Comme je l'ai déjà indiqué, c'était surtout à l'occasion de mes visites, l'après-midi, que je rencontrais les enfants soit malades soit, après leur retour de l'école, en train de faire leurs devoirs ou d'apprendre leurs leçons. C'était une occasion, pour moi, de m'intéresser à leur travail scolaire, en particulier aux problèmes, rédactions et récitations.

Je me souviens de cette petite fille de six ans, qui me récita avec une diction parfaite, malgré l'absence de deux dents, ces quelques vers:

« Avec ses quatre dromadaires
Don Pedro d'Alfaroubeira
Courut le monde et l'admira.
Il fit ce que je voudrais faire
Si j'avais quatre dromadaires. »

Grâce à elle, le soir même, j'ai appris cette petite poésie et me remis à la lecture de Guillaume Apollinaire.

Quelques années avant de prendre ma retraite, un jeune homme se présenta à ma consultation. Après m'avoir salué, il enchaîna aussitôt :

– Vous ne me reconnaissez pas ?

– Bien sûr que si, que je te reconnais. Avec ta bosse des maths, impossible de ne pas te reconnaître. Et qu'est-ce qui t'amène ?

– Je viens pour un certificat prénuptial.

– C'est mieux comme ça. Mais dis-moi, Daniel ! Qu'est-ce que tu fais maintenant.

– Je viens de passer mon agrégation de maths.

– Et bien entendu, tu as été reçu ?

– Oui, ça s'est pas mal passé. Vous vous en souvenez. Vous l'aviez prévu quand j'étais gamin, encore à l'école primaire.

– Je l'avais prévu ? Raconte un peu pour me rafraîchir la mémoire.

– Vous me l'avez dit, un jour que vous étiez venu à la maison pour soigner ma sœur. J'étais en train de faire un problème. Vous m'avez longtemps regardé travailler. J'étais gêné de vous sentir, penché sur mon dos. Quand j'ai eu fini, je me souviens que vous m'avez dit : « T'es un champion. » Et vous m'avez demandé ce que j'allais faire. Ma mère vous a répondu qu'elle aimerait que je sois instituteur.

– Ah ! Maintenant j'y suis. Je commence à me souvenir.

– Vous lui avez répondu que c'était bien l'École Normale mais que je pourrais faire mieux, que j'avais la bosse des maths. Vous avez parlé d'agrégation. C'est la première fois que j'entendais le mot.

– Ta mère avait dû déjà l'entendre. Elle en parut gênée et jugea que c'était trop haut pour toi. Elle se contenterait de te voir instituteur.

– Je crois que maintenant, c'est elle la plus contente que je sois agrégé. Elle est comblée. Et ma sœur a fait l'école normale. Elle est institutrice.

– Et toi tu seras prof de lycée, de fac…Je suis content si je suis un peu pour quelque chose dans ta réussite.

J'avais l'habitude – bonne ou mauvaise – de me mêler de ce qui ne me regardait pas et de m'intéresser particulièrement à la jeunesse. Quand, à partir de 1959, l'âge de la scolarisation fut repoussé à seize ans et que les chefs-lieux de canton furent dotés d'un collège, certains parents m'ont demandé des conseils, d'ailleurs rarement suivis. Jusqu'en 1970, les enfants, avec un contrat d'apprentissage pouvaient être dispensés de poursuivre leurs études après quatorze ans. Beaucoup, surtout les fils de cultivateurs, en profitèrent. Plutôt que d'aller au collège ou au lycée, ils ont préféré travailler à la ferme ou ailleurs.

Ce début d'après-midi caniculaire, j'abordais un petit village apparemment mort. Rassemblées autour de l'église et de la maison communale – école et mairie –, une dizaine de maisons avaient toutes leurs volets clos. Deux d'entre elles dont les abords étaient envahis par les herbes folles, affichaient, sur la porte, leur mise en vente. Dans les autres, habitaient des personnes âgées qui n'en sortaient guère aux heures les plus chaudes de la journée. Le dernier artisan du bourg, un forgeron, venait de fermer son atelier. Il ne restait plus qu'un commerce, l'épicerie, qui faisait aussi débit de boissons et de tabac. L'activité du pays était reléguée dans la trentaine de fermes des hameaux alentour.

Le moteur de ma voiture arrêté, je fus impressionné par l'ampleur du silence. Soudain, alors que je me dirigeais vers la maison de la vieille dame qui attendait ma visite, je m'entendis interpeller. C'était l'épicier qui me saluait du fond de sa cour. Avec l'aide de son fils, un adolescent d'une quinzaine d'années, il chargeait une camionnette avant de partir en tournée à travers la campagne. Je m'en approchai.

– Vous savez, me dit-il, dès que je fus à proximité, que Georges a été reçu au brevet.

– C'est très bien, répondis-je, en m'adressant au jeune homme dont le visage rosit, je te félicite. Et maintenant, qu'est-ce que tu comptes faire ?

Ce fut le père qui reprit la parole :

– Il ne va pas continuer ses études. Pendant un an, il va travailler avec moi et préparer un concours pour entrer dans l'administration.

– J'ai entendu dire que c'était un élève brillant. Il faut absolument qu'il continue. Il pourra passer des concours plus tard. Il faut qu'il aille au lycée. Vous en avez besoin avec vous ?

– Bien sûr que non. Maintenant le pays se dépeuple, j'ai de moins en moins de clients. Si je le garde chez moi, c'est pour qu'il ait un contrat d'apprentissage, comme ça, il pourra attendre tranquillement jusqu'à seize ans sans aller à l'école. Et après, quand il sera reçu à un concours, il pourra gagner sa vie.

– Mais vous n'allez pas faire ça. Il est capable de faire des études. S'il n'en fait pas, un jour, il le regrettera et vous aussi. Et toi, Georges ! Qu'est-ce que tu en dis ?

– Moi, je sais pas mais je continuerais bien.

– Vous voyez, monsieur Chocard, il faut l'inscrire au lycée. C'est un bon conseil que je vous donne.

– Je sais pas. Faut que j'en discute avec ma femme.

– C'est tout discuté. J'ai le temps de vous conduire jusqu'au lycée. Vingt kilomètres, c'est vite fait. Préparez-vous vite.

– Vous êtes sûr que c'est ouvert ? En tous cas, aujourd'hui, moi, je suis pris. Faut que je fasse ma tournée. J'en ai pour l'après-midi.

– Le lycée est ouvert tous les jours cette semaine sauf samedi. Mes voisins vont aller y faire inscrire leur fils. Faites-en autant.

Les palabres se prolongèrent encore quelques minutes en buvant un café à l'intérieur du magasin-bistrot. Quand les parents de Georges me promirent que, dès le lendemain, ils inscriraient leur fils au lycée, celui-ci afficha un large sourire.

Il fit d'excellentes études supérieures, devint ingénieur. Son frère cadet suivit son exemple.

À plusieurs occasions, j'ai eu la confirmation du bien-fondé des conseils que j'ai donnés. J'avais toujours plaisir à l'entendre. La dernière fois, ce fut mon épouse qui servit d'intermédiaire. Récemment, dans un magasin dijonnais, elle a été reconnue par une jeune femme qui lui a fait cette confidence : « C'est grâce au docteur que mon mari a sa situation. » En effet, je me suis souvenu de Daniel. Comme pour Georges, j'avais encouragé ses parents à lui faire continuer ses études. Ce qu'ils firent et ils n'eurent pas à le regretter.

Sans doute, beaucoup de mes conseils sont tombés à l'eau, d'autres ne furent pas judicieux. Je ne l'ai pas su et, si je l'ai su, je l'ai oublié. Mais ceux qui ont porté des fruits m'ont rempli de satisfaction.

ENTRACTES

Les vagabondages de mon enfance m'ont laissé de merveilleux souvenirs. Ils me sont revenus en mémoire, plus vivaces quand, jeune médecin, je me suis installé à Cerlans. Naguère, galopin, je courais à travers prés, à travers champs, maintenant, « Docteur », c'est au volant d'une auto que je sillonnais les routes et les chemins de ma Bresse retrouvée. Contrairement à la grande majorité des habitants de la région qui vivaient directement ou indirectement du travail de la terre, l'été et le début de l'automne étaient pour le médecin de campagne « la saison morte ». Mes activités de praticien généraliste étaient de deux ordres : les unes casanières, les autres de plein air. Je préférais de beaucoup, les secondes.

La matinée à la maison me semblait longue. Le défilé ininterrompu des patients finissait par me « pomper l'air ». Certains jours, pendant cinq à six heures, je n'avais pas une minute de répit intellectuel entre chaque consultation.

L'après-midi, au contraire, je me sentais libre, pressé de me lancer sur la route. Même les pires intempéries ne me rebutaient pas, à l'abri dans ma voiture qui fut, longtemps, l'inimitable 2CV Citroën. Je faisais mon premier parcours enveloppé dans la fumée odorante de ma pipe jusqu'à ce que la Faculté relayée par les médias ait proclamé haut et fort la nocivité du tabac. Ensuite, entre chaque visite, je faisais une balade pendant laquelle un temps plus ou moins long m'était accordé pour admirer et même rêver. Ce qui pouvait avoir quelques conséquences sur mon itinéraire. Il m'arrivait de dévier du circuit prévu et de me retrouver dans une toute autre direction. Quand j'en avais le loisir, j'aimais m'arrêter au bord d'un étang, faire un bout de promenade en forêt, grappiller quelques mûres, me hausser pour cueillir les cerises sauvages et surtout ramasser des champignons.

Si la saison ne s'y prêtait pas, je pris l'habitude de passer quelques minutes de détente dans l'atelier d'un des artisans, encore nombreux à Cerlans au début des années 50. Ceux qui avaient ma préférence étaient les menuisiers et surtout les charrons qui, de jour en jour, voyaient leur métier péricliter. J'admirais leur travail. Ils me donnaient des conseils techniques, me choisissaient et me préparaient le bois le plus propre à satisfaire mes divers bricolages. Tout gosse déjà, j'aimais ce matériau dans lequel je taillais toutes sortes d'objets, du chasse-pierres au mirliton en passant par les castagnettes.

Sur la route, d'une maison à visiter à une autre, ma voiture se transformait en une cellule de cogitations et aussi de création. Je réfléchissais à mon prochain tableau, à ma prochaine statuette. Depuis l'école maternelle où j'avais tâté de la pâte à modeler et des crayons de couleur, je n'avais jamais cessé de me consacrer, de temps à autre, à ces lubies artistiques. J'utilisais la gouache, et la terre glaise qui ne manque pas en Bresse. Mes parents ont longtemps conservé des modelages que j'avais faits, adolescent : un buste de Mermoz et un nageur de crawl dont la tête, une épaule et un bras émergeaient de l'eau. Ils étaient d'argile non cuite et, à la longue, se sont effrités et sont retournés à la terre.

Dès mon installation, je décidai de peindre maintenant à l'huile et de sculpter des matières dures : le bois et la pierre. Dans les premières années, j'eus le loisir de faire quelques tableaux et quelques statuettes. Peu à peu, je dus y renoncer et, pour ne pas perdre la main, continuer à manier les ciseaux en réparant de vieux meubles achetés à la brocante. Mes projets « d'œuvres d'art » tombés à l'eau, je me suis alors lancé dans la poésie à laquelle, comme beaucoup, je m'étais déjà essayé dans mon adolescence. Il suffit de très peu de choses – de quoi écrire – pour se faire plaisir à rimailler avec l'espoir d'écrire, un jour, un beau poème. Ainsi, j'en remplis plusieurs cahiers et pris, alors, l'habitude d'avoir toujours une feuille de papier dans la pochette extérieure de ma veste. Si, en cours de route, il me venait une inspiration poétique, je la notais noir sur blanc, à mon premier arrêt. Le travail terminé, j'ajoutais à mon recueil les quelques vers que j'avais composés au cours de la journée.

Dans un hameau, à la sortie de Cerlans, Charles « faisait la roue ». N'en déplaise à Prévert mais le paon n'est pas le seul à la faire. Le charron que je vais vous présenter non seulement, savait « faire la roue » mais il faisait aussi le reste de la brouette et du char. Au fil du temps, l'atelier de cet artisan m'était devenu familier. Je m'y arrêtais de passage si je disposais de quelques minutes. L'homme était de taille moyenne, râblé, tout en os et muscles, sans graisse inutile. Son visage bien sculpté au nez bourbonien ne se départissait pas d'un léger sourire auquel s'accrochait, au coin des lèvres, un sempiternel mégot. Sur l'oreille droite, à ras du béret basque saupoudré de sciure, un gros crayon qu'il remettait souvent en place au cours de son travail ou de la conversation. Dès que l'on serrait sa main large et solide, on ressentait la sincérité de son accueil chaleureux. Après quelques mots de bienvenue, il se remettait vite au travail, un travail lent, bien fait, efficace. Pendant ce temps la conversation continuait. J'admirais l'habileté de ses doigts déformés et noueux.

Pour moi, le chef d'œuvre du charron était la roue. Trois essences d'arbre entraient dans sa composition. Le moyeu était tourné dans un petit billot d'orme. Assoupli pendant deux ou trois jours dans un bain d'eau bouillante, il était ensuite plus facile d'y creuser les mortaises dans lesquelles l'artisan insérait les rais de chêne taillés à la hache. Il restait à faire la jante dont les courbures précises étaient découpées dans un plateau de frêne. La fabrication et la pose du bandage métallique concernaient le forgeron. Je me souviens d'avoir assisté, enfant, à cette opération de cerclage des roues. J'étais impressionné par le feu de la forge d'où le fer chauffé au rouge était retiré à l'aide d'énormes pinces et placé rapidement sur le bois qui commençait à brûler. Il s'en dégageait une fumée âcre le temps que l'ensemble fût refroidi dans un petit bassin où l'eau entrait aussitôt en effervescence avec des chuintements stridents.

Je ne vis pas longtemps Charles « faire la roue ». Bientôt, il n'eut plus de commandes, non seulement de chars mais aussi de brouettes. La disparition de la traction hippomobile lui enlevait le pain de la bouche. Les remorques métalliques dont les roues étaient chaussées de caoutchouc, roulaient dans la campagne, de plus en plus nombreuses. Pourtant, jamais je ne l'ai entendu se plaindre. Pendant des mois et des mois, je l'ai vu polir des manches d'outils qu'il fournissait à des taillandiers. Même cet objet tout simple demandait beaucoup de savoir-faire et de minutie. Son polissage en était long. D'abord avec une lame d'acier flexible qu'il tenait par les deux bouts, l'artisan en arrachait de minuscules copeaux puis, avec le papier de verre de plus en plus fin, peaufinait le travail. Terminés, certains de ces objets étaient de cette sobre beauté stylisée que l'on admire dans la sculpture moderne. Enfin, peu à peu, Charles se convertit dans la charpente et fonda une entreprise prospère. Je fréquentais beaucoup moins son atelier. Le patron en était souvent absent, son travail l'appelait sur les différents chantiers.

L'atelier de deux autres charrons, l'un à Cerlans, l'autre dans le hameau d'un village voisin eurent désormais plus fréquemment ma visite. Le problème d'une reconversion se posait aussi, pour eux. L'un et l'autre me recevaient avec amabilité. Ils semblaient éprouver du plaisir à répondre à ma curiosité. Le travail au tour était le principal sujet de mes questions. À cette époque, certains meubles rustiques étaient très prisés. Même les plus délabrés étaient vendus trop chers, à mon sens, chez les brocanteurs. Je testai le savoir-faire de ces deux artisans en manque de travail par des commandes qui me donnèrent entière satisfaction. Par la suite, plusieurs membres de ma famille et des amis en firent autant. L'un de ces ateliers de charronnage fut transformé en atelier d'ameublement et rapidement se fit une réputation. Le patron embaucha, à commencer par deux de ses enfants qui ouvrirent un magasin d'exposition et vente au chef-lieu du canton.

Un autre atelier établi dans un hameau, m'était familier. C'était celui de François, l'un des derniers ébénistes de la région. L'homme avait dépassé largement l'âge de la retraite mais était encore d'une adresse remarquable. Il avait conservé ses quelques machines en état de marche et, à près de quatre vingts ans, était toujours prêt à rendre service. J'en ai largement profité.

Je me souviens de ce pied d'une coiffeuse Louis XVI, qu'il m'a taillé, en artiste. Je l'avais achetée à la brocante en bon état, mais elle était bancale. Je profitai d'un week-end libre pour la transporter chez François, au début de l'après-midi d'un samedi. Quand il m'ouvrit la porte, il ne me proposa pas d'entrer, comme d'habitude. Ce jour-là, il était impatient de voir ma découverte. Il se dirigea aussitôt vers ma voiture pour extraire du coffre le meuble à restaurer. Dès qu'il vit le pied tors, il le jugea irréparable. Il fallait le changer.

Je le suivis dans le hangar qui abritait sa réserve de bois. Là, quelques plateaux entiers et de nombreuses coupes regroupées selon l'essence et la longueur étaient superposés, non pas directement les unes sur les autres mais par l'intermédiaire de lattes intercalées. J'aidai François à déplacer d'épaisses planches de noyer. Après qu'il les eut longtemps comparées, il choisit le morceau de bois le moins foncé aux veines peu marquées. À deux, il nous fut facile de le transporter.

À l'atelier, il se mit aussitôt au travail. Quand la scie circulaire eut découpé un bout à des dimensions proches du modèle, il souffla un peu tout en manipulant une sorte d'égoïne comme je n'en avais jamais vu. Sa lame aux dents fines et très serrées n'était pas dans le prolongement de la poignée : les deux parties de l'outil se situaient dans deux plans différents presque perpendiculaires l'un par rapport à l'autre. Que pouvait-on en faire ? J'allais bientôt le savoir. La main droite armée de cet instrument bizarre, François commença son travail minutieux de dégraissage. Chaque face du morceau de noyer, en dévoilant sa blondeur, prenait progressivement les proportions et l'inclinaison exactes d'un pied de coiffeuse Louis XVI. Puis un polissage au papier de verre paracheva le bel ouvrage. Une œuvre d'art, à coup sûr, où la main de l'homme avait laissé son empreinte.

Aujourd'hui, les charrons, les ébénistes ont disparu de nos campagnes, comme les sabotiers, les taillandiers, les cordonniers et bien d'autres métiers que l'on qualifie de petits alors qu'ils étaient d'une grande valeur et faisaient vivre les villages.

Tout au long de l'année, mes veillées étaient consacrées en entier ou en partie à la lecture. La priorité était aux publications médicales : revues mensuelles, hebdomadaires et le Quotidien du médecin. Aux périodes de moindres activités professionnelles, je m'obligeais parfois à lire un roman ou un essai que je mettais plusieurs semaines à terminer. Je pus satisfaire ce plaisir de moins en moins souvent quand la télévision vint perturber le calme des soirées. Dés lors, je pris l'habitude de grappiller dans les anthologies et d'écrire des vers. Dans les années 80, deux de mes patients stimulèrent mon ardeur poétique : une vieille demoiselle devenue poète sur le tard et un jeune musicien, as de l'accordéon.

Deux vieilles demoiselles venues de la ville me firent l'honneur de me confier leur santé. À l'âge de la retraite, elles avaient choisi d'habiter le hameau paisible d'un petit village situé à dix kilomètres de Cerlans. La petite maison qu'elles avaient louée se blottissait au milieu d'un groupe de six fermes dont deux seules étaient habitées par des agriculteurs encore en activité. Leur appartement – deux pièces, une cuisine – était joliment meublé d'un mobilier ancien qui sentait bon la cire. Leur femme de ménage ne devait pas l'épargner.

Marie et Marthe étaient leurs prénoms, les mêmes que ceux des sœurs de Lazare. L'une plus portée sur les choses intellectuelles, vous l'avez deviné, c'était Marie, l'autre, sur les choses matérielles, c'était Marthe. D'ailleurs, il n'en aurait pas pu en être autrement car la première était atteinte de graves infirmités. De son enfance, elle gardait des séquelles de poliomyélite : une paralysie de la jambe droite, entre autres. Depuis quelques années, une polyarthrite la faisait souffrir et aggravait l'impotence de cette malade qui, de toute la journée, ne quittait plus son fauteuil.

Chaque fois que j'étais appelé en visite, je trouvais Mademoiselle Marie toujours souriante, attablée à la même place, dans la salle commune. Devant elle, des bouquins, des paperasses, des stylos et crayons ne manquaient pas de m'intriguer. Un jour, manquant peut-être de discrétion, je repérai un papier griffonné où je déchiffrai des vers qui m'étaient tout à fait inconnus. J'en fis la réflexion à ma patiente qui me dit qu'ils étaient de son cru. Je l'informai aussitôt que moi-même, je rimaillais à mes heures. Pour la convaincre, je tirai de ma pochette un bout de papier sur lequel j'avais noté quelques vers. Depuis ce jour, une certaine connivence s'établit entre nous.

Après ma consultation, je m'attardais dans cette maison, nous parlions de choses et d'autres mais surtout littérature. Comme moi, Marie écrivait la poésie, telle que l'avait codifiée Boileau dans son Art poétique, sans hiatus et respectueuse de la césure et de toutes les autres règles. Nous n'osions pas encore disloquer « ce grand niais d'alexandrin ». Elle devint membre de l'Académie des poètes classiques français, dont la revue « L'Albatros » publia plusieurs de ses poèmes. Elle m'incita à solliciter mon adhésion, ce que je fis. Mon admission ne posa pas de problèmes et, pendant une dizaine d'années, je fus « académicien », reçus la médaille de bronze et jugeant inutile d'obtenir la médaille d'argent ou même d'or, je cessai de payer ma cotisation et rentrai dans le rang.

Quand j'eus pris ma retraite, accompagné de mon épouse, je rendis souvent visite pendant quelques années à ces deux vieilles demoiselles. Marie morte, Marthe quitta le hameau isolé pour une maison de retraite, à l'autre bout du département. J'ai gardé de ces deux sœurs le meilleur souvenir. Dans ma bibliothèque, j'ai mis en évidence un recueil des poésies de Marie que Marthe a fait éditer et un volume magnifiquement relié des Œuvres complètes de Baudelaire que les deux soeurs m'ont offert.

Josiane et Armand arrivèrent à Cerlans, dans les années soixante-dix. Déjà l'exode rural commençait à se ressentir dans l'activité des petits villages. Les commerces ne trouvaient plus repreneurs. Quelques-uns avaient déjà disparu. Le jeune couple venu de la région parisienne pour reprendre le café de la place fut plutôt bien accueilli par la municipalité et les habitants, même par ceux qui n'avaient jamais mis les pieds dans un bistrot.

Ce déménagement en province avait eu pour cause la promotion d'Armand. Muté à Chalon-sur-Saône, il avait trouvé à trente kilomètres à la fois un domicile et un travail pour son épouse. Absent du matin au soir, il lui laissait la direction du commerce. D'emblée, elle s'en acquitta très bien et le bistrot eut un regain de clientèle, non pas dû seulement à la nouveauté, à la jeunesse de la patronne mais à l'accueil sympathique. Ce qui ne se démentit pas tout le temps que Josiane tint le bar.

En plus de son métier d'expert, le nouvel habitant de Cerlans était un musicien remarquable, un as de l'accordéon. Peu de temps après son arrivée, je pus m'en convaincre. Un dimanche, à l'heure de l'apéritif, il fit, dans son bistrot, un récital presque uniquement composé de morceaux de virtuosité. Je ne me souviens que de deux titres « Perles de cristal » et « Les yeux noirs ». Ce jour-là, nous prolongeâmes nos libations pour applaudir l'artiste. Pendant une dizaine d'années, il anima les bals de société dans toute la région avec l'orchestre qu'il avait créé. Quand plusieurs de ces musiciens quittèrent le pays pour des raisons professionnelles, leur chef se trouva quelque peu désemparé.

C'est à ce moment que j'eus l'occasion de parler longuement avec lui. Il m'avait fait venir chez lui pour une maladie fébrile banale. Au cours de notre conversation, je crus comprendre que la musique l'intéressait beaucoup moins. Seul à jouer, il en « perdait le goût ». Il m'apprit qu'il n'était pas seulement accordéoniste mais aussi chanteur et compositeur, qu'il aimerait trouver un parolier pour faire des chansons. Je lui proposai aussitôt mes services.

De ce jour, commença un partenariat productif. Parmi les textes que je lui proposai, il fit une sélection, les mit en musique, les interpréta, en s'accompagnant à l'orgue électrique ou de l'accordéon et les enregistra sur cassette. Plus tard il les grava sur CD. Pour toutes ces opérations faites par un seul homme, bravo, l'artiste ! Armand, je suis sûr que c'en était un vrai. En plus de chants profanes, le curé nous fit confiance pour la composition de cantiques. Le premier fut chanté la nuit de Noël. Les autres animèrent la messe de Pâques. Armand, chef d'orchestre, tint l'harmonium, ce qui l'obligea à assister à la messe !

Les premières années de mon installation à Cerlans, l'entracte de fin de semaine n'incluait pas le samedi. Ce jour faisait encore partie des journées ouvrées. Il m'arrivait même, fréquemment le dimanche, d'ouvrir ma porte à un consultant ou de me rendre au chevet d'un malade. Le plus souvent, je restais à la maison ou ne m'en éloignais guère et, dans la mesure du possible, j'essayais de réserver ce jour à ma famille.

À la mauvaise saison, je fréquentais le stade où il était rare que l'une ou l'autre des équipes de football ne disputât pas un match. Comme président du club, c'était pour moi une quasi-obligation. Ma tension nerveuse était telle que, pour réprimer mes emportements, je ne cessais de tourner autour du terrain de jeu en fumant la pipe. Il m'est arrivé, dans un excès d'exaspération de la fracasser sur la main-courante. Pris par mes occupations, j'allais rarement en déplacements. Quelques dirigeants du club assuraient le transport des joueurs avec leur voiture personnelle et se montraient assez compréhensifs pour m'en dispenser le plus souvent. Pourtant, des confrères m'ont parfois remplacé quand je me sentais obligé. Selon la distance à parcourir, j'y consacrai l'après- midi ou une journée entière.

La chasse m'a passionné pendant deux ou trois ans, mais je compris vite que je n'étais pas doué pour le tir au fusil et remballai mon arme. De plus, la saison de chasse coïncidait avec celle du sport, le dimanche, et encore moins que les autres jours, j'étais à la maison. Ma décision fut donc bien accueillie par mon épouse. Elle n'avait, par ailleurs, pas à regretter le gibier à qui son piètre Nemrod n'avait jamais fait beaucoup de tort.

C'était au cours de la bonne saison que j'avais le plus l'occasion de profiter de la vie de famille. Tant que le service de gardes ne fut pas établi, les balades dans le pays ou même dans les villages alentour, avec femme et enfants, étaient possibles mais limitées à deux ou trois heures. Le reste de la journée se passait soit à jouer, soit à bricoler à l'extérieur ou à l'intérieur de la maison. Peu à peu, les sorties se firent de plus en plus longues et nous n'hésitions plus à passer une grande partie de l'après-midi au bord de l'eau ou à visiter un site. Nous en profitions pour nous offrir un repas au restaurant.

Lorsque nos filles furent pensionnaires, je fréquentai moins le stade et, surtout, dès que les gardes furent assurées, je pus profiter d'une plus grande liberté. Partis dès le matin et de retour à la nuit tombée, nous avions le temps, en dehors des restaurants, plages, musées, expositions, monuments, ou parcs d'attractions, de courir les antiquaires et les brocanteurs. Mon épouse et moi aimions les meubles anciens et mes filles y prirent goût.

Quand un brocanteur vint s'installer à Cerlans, je devins un de ses plus fidèles clients. J'avais souvent à faire chez lui d'autant plus que je soignais sa nombreuse famille. Je ne manquais pas de m'arrêter au passage pour fouiner dans le hangar d'entrepôts, même en son absence. Je trouvais l'homme sympathique et lui reconnaissais un certain humour. Nous nous faisions entièrement confiance. Ce qui ne m'empêchait pas de marchander. Un jour qu'il me fit un prix que j'estimai trop élevé, je saisis une suspension ancienne et la posai sur le pétrin que je voulais acheter et, après avoir marmonné un savant calcul de soustraction, je lui proposai d'emporter les deux objets à moitié prix du meuble seul. Il s'esclaffa d'un rire qui sonnait juste puis, me tendant la main, me dit : « Topez là. »

Comme les amis ne nous manquaient pas dans le pays et aux alentours, il ne se passait guère de semaines sans que nous soyons invités ou que nous recevions à notre table. Les repas se faisaient en soirée, rarement samedis et dimanches. Les uns et les autres consacraient le week-end à la famille.

Le grand entracte, les vacances d'été, était de quinze

jours chaque année en une seule fois ou en deux fois. Les côtes méditerranéennes : italiennes, espagnoles, françaises ont eu notre préférence tant que les enfants ont été petits. Plus tard, mon épouse et moi avons choisi des voyages culturels dans des pays plus éloignés.

Sans doute, en conclurez-vous qu'un médecin à la campagne, dans la deuxième moitié du vingtième siècle, n'avait pas lieu de se plaindre. Je ne suis pas loin de penser comme vous.

Un jour, un ami médecin, croque-notes à ses heures, me proposa de mettre en musique un poème de ma composition. Il me savait rimailleur et je ne pus refuser sa proposition. Voici les paroles de cette « œuvre », avec mes excuses de ne pas vous transmettre la musique. Je crois n'avoir jamais eu la partition en ma possession et mon ignorance musicale ne me permet pas d'en retranscrire les notes si même j'en ai retenu vaguement l'air.

LE MÉDECIN

Certains voudraient qu'il soit apôtre,
Un petit saint à leur merci.
Qu'il soit sorcier, voudraient les autres.
Mais lui ne croit pas aux grigris,
Pas plus qu'il croit aux patenôtres.
Médecin et... ça lui suffit.

Il doit soulager la souffrance,
Panser les corps, sécher les pleurs,
Guérir et porter assistance
À celui qui naît et qui meurt.
Et « honni soit qui mal y pense ! »
Si parfois la mort lui fait peur.

Ce soldat de première ligne,
Dans le combat, n'a que ses mains
Et ses sens à l'affût des signes
Pour sonder les cœurs et les reins
Et l'ennemi qu'on lui désigne
A plus de tours que le Malin.

C'est que l'ennemie est de taille,
C'est la mort qui brandit sa faux,
Qui le harcèle et qui le raille
Et qui ne craint rien pour ses os.
Il pourra gagner des batailles
Mais un jour elle aura sa peau.

Elle est là, qui partout le guette.
À tout moment prête à frapper.
Déjà convoite son squelette
Qui lui ressemble à s'y tromper.
Si son œil creux sur lui s'arrête,
Impossible d'en réchapper.

Sommaire